지식인마을25
쿤&포퍼
과학에는 뭔가
특별한 것이 있다

지식인마을 25 과학에는 뭔가 특별한 것이 있다
쿤 & 포퍼

저자_ 장대익

1판 1쇄 발행_ 2008. 6. 9.
1판 15쇄 발행_ 2025. 4. 1.

발행처_ 김영사
발행인_ 박강휘

등록번호_ 제406-2003-036호
등록일자_ 1979. 5. 17.

경기도 파주시 문발로 197(문발동) 우편번호 10881
마케팅부 031)955-3100, 편집부 031)955-3200, 팩스 031)955-3111

저작권자 ⓒ 2008 장대익
이 책의 저작권은 저자에게 있습니다. 서면에 의한 저자와 출판사의
허락 없이 내용의 일부를 인용하거나 발췌하는 것을 금합니다.

COPYRIGHTⓒ 2008 Dayk Jang
All rights reserved including the rights of reproduction in whole
or in part in any form. Printed in KOREA.

값은 뒤표지에 있습니다.
ISBN 978-89-349-2131-8 04400
      978-89-349-2136-3 (세트)

홈페이지_ www.gimmyoung.com   블로그_ blog.naver.com/gybook
인스타그램_ instagram.com/gimmyoung   이메일_ bestbook@gimmyoung.com

좋은 독자가 좋은 책을 만듭니다.
김영사는 독자 여러분의 의견에 항상 귀 기울이고 있습니다.

지식인마을 25

쿤&포퍼
Thomas S. Kuhn & Karl Raimund Popper

과학에는
뭔가 특별한 것이 있다

장대익 지음

김영사

Prologue1 이 책을 읽기 전에

〈지식인마을〉시리즈는…

　〈지식인마을〉은 인문·사회·과학 분야에서 뛰어난 업적을 남긴 동서양대표 지식인 100인의 사상을 독창적으로 엮은 통합적 지식교양서이다. 100명의 지식인이 한 마을에 살고 있다는 가정 하에 동서고금을 가로지르는 지식인들의 대립·계승·영향 관계를 일목요연하고 볼 수 있도록 구성했으며, 분야별·시대별로 4개의 거리(street)를 구성하여 해당 분야에 대한 지식의 지평을 넓히는 데 도움이 되도록 했다.

〈지식인마을〉의 거리

플라톤가 ｜ 플라톤, 공자, 뒤르켐, 프로이트 같이 모든 지식의 뿌리가 되는 대사상가들의 거리이다.

다윈가 ｜ 고대 자연철학자들과 근대 생물학자들의 거리로, 모든 과학 사상이 시작된 곳이다.

촘스키가 ｜ 촘스키, 베냐민, 하이데거, 푸코 등 현대사회를 살아가는 인간에 대한 새로운 시각을 제시한 지식인의 거리이다.

아인슈타인가 ｜ 아인슈타인, 에디슨, 쿤, 포퍼 등 21세기를 과학의 세대로 만든 이들의 거리이다.

이 책의 구성은

　〈지식인마을〉시리즈의 각권은 인류 지성사를 이끌었던 위대한 질문을 중심으로 서로 대립하거나 영향을 미친 두 명의 지식인이 주인

지식인마을25

쿤&포퍼
Thomas S. Kuhn & Karl Raimund Popper

과학에는
뭔가 특별한 것이 있다

장대익 지음

김영사

Prologue1 이 책을 읽기 전에

〈지식인마을〉시리즈는…

〈지식인마을〉은 '인문·사회·과학 분야에서 뛰어난 업적을 남긴 동서양대표 지식인 100인의 사상을 독창적으로 엮은 통합적 지식교양서이다. 100명의 지식인이 한 마을에 살고 있다는 가정 하에 동서고금을 가로지르는 지식인들의 대립·계승·영향 관계를 일목요연하고 볼 수 있도록 구성했으며, 분야별·시대별로 4개의 거리(street)를 구성하여 해당 분야에 대한 지식의 지평을 넓히는 데 도움이 되도록 했다.

〈지식인마을〉의 거리

플라톤가 플라톤, 공자, 뒤르켐, 프로이트 같이 모든 지식의 뿌리가 되는 대사상가들의 거리이다.

다윈가 고대 자연철학자들과 근대 생물학자들의 거리로, 모든 과학 사상이 시작된 곳이다.

촘스키가 촘스키, 베냐민, 하이데거, 푸코 등 현대사회를 살아가는 인간에 대한 새로운 시각을 제시한 지식인의 거리이다.

아인슈타인가 아인슈타인, 에디슨, 쿤, 포퍼 등 21세기를 과학의 세대로 만든 이들의 거리이다.

이 책의 구성은

〈지식인마을〉시리즈의 각권은 인류 지성사를 이끌었던 위대한 질문을 중심으로 서로 대립하거나 영향을 미친 두 명의 지식인이 주인공으로 등장한다. 그리고 다음과 같은 구성 아래 그들의 치열한 논쟁을 폭넓고 깊이 있게 다룸으로써 더 많은 지식의 네트워크를 보여주고 있다.

초대 각 권마다 등장하는 두 명이 주인공이 보내는 초대장. 두 지식인의 사상적 배경과 책의 핵심 논제가 제시된다.
만남 독자들을 더욱 깊은 지식의 세계로 이끌고 갈 만남의 장. 두 주인공의 사상과 업적이 어떻게 이루어졌으며, 그들이 진정 하고 싶었던 말은 무엇이었는지 알아본다.
대화 시공을 초월한 지식인들의 가상대화. 사마천과 노자, 장자가 직접 인터뷰를 하고 부르디외와 함께 시위 현장에 나가기도 하면서, 치열한 고민의 과정을 직접 들어본다.
이슈 과거지식인의 문제의식은 곧 현재의 이슈. 과거의 지식이 현재의 문제를 해결하는 데 어떻게 적용될 수 있는지 살펴본다.

이 시리즈에서 저자들이 펼쳐놓은 지식의 지형도는 대략적일 뿐이다. 〈지식인마을〉에서 위대한 지식인들을 만나, 그들과 대화하고, 오늘의 이슈에 대해 토론하며 새로운 지식의 지형도를 그려나가기를 바란다.

지식인마을 책임기획 장대익
서울대학교 자유전공학부 교수

Prologue2 지식여행을 떠나며

과학 낯설게 하기

　미국산 쇠고기 수입 문제가 연일 뉴스의 헤드라인을 장식하고 있다. 훗날 역사가들은 오늘의 촛불 시위를 매우 흥미로운 사건으로 조명할 것이다. 이 광우병 파동의 한 복판에서 과학은 어떤 목소리를 내고 있는가? "한국인은 인간 광우병에 걸릴 위험이 훨씬 높다"는 한 과학자의 발언이 촛불 시위를 촉발시켰는가 하면, "광우병은 곧 사라질 질병"이라는 다른 과학자의 단언은 광우병 우려를 '괴담' 수준으로 끌어내렸다. 하지만 양쪽 모두가 과학은 자기네 편이란다. 입장은 달라도 과학의 권위만큼은 양쪽 모두가 끔찍이 인정하고 있는 셈이다.

　도대체 과학이 뭐길래 이런 최종 권위를 가져도 된다는 말인가? 과학에 뭔가 특별한 것이라도 있는가? 20세기 과학철학자들은 이 물음에 답하기 위해 지난 한 세기 동안 치열한 논쟁을 벌였다. 나는 이 논쟁을 독자들에게 생생하게 소개하고자 이 책을 썼다.

　물론 현대의 과학 논쟁은 거의 언제나 사회·문화·정치적 쟁점들과 뒤엉켜있다. 지난 정권에서는 황우석 스캔들을 통해, 이번 정권에서는 광우병 파동과 대운하 논쟁을 통해, 이 뒤엉킴은 적나라하게 드러났다. 다행히도 20세기 후반의 과학철학은 이런 과학의 사회성과 정치성 문제를 외면하지 않고 오히려 논의의 중심에 올려놓았다. 충분하진 않지만, 나는 이 책에서 그런 논의의 명암도 함께 다루려 했다.

　"침대는 과학입니다"라는 유명한 광고 카피가 말해주듯이 '과학'이라는 용어는 이미 일상이 되었다. 하지만 막상 "과학이 뭐냐?"라고 물었을 때 시원스런 대답을 찾기는 쉽지 않다. 아마도 과학이 '안방의 공기'와 같이 우리 삶의 일부가 되어 있기 때문일 것이다. 그래서 오히려 과학을 낯설게 만드는 일이 필요할지 모른다. 이 '낯설게 하기'는 과학에게 '제자리 찾아주기'로 이어진다.

  이 책을 쓴 나도 여기까지 오는 데 비슷한 경로를 밟았다. 마징가 제트를 꿈꾸던 철없는 과학도에게 과학을 낯설게 만들어주고, 대학원에서 과학의 제자리가 어딘지를 맘껏 찾도록 격려해주신 서울대 조인래 교수님께 먼저 감사드린다. 한국의 과학철학도들에게 필독서를 제공해주신 강원대 신중섭 교수님은 이 책의 초고도 꼼꼼히 리뷰해주셨는데, 다 반영하지 못한 점이 아쉽고 죄송스럽다. 서강대 김경만, 서울대 홍성욱, 한양대 이상욱, 서울시립대 이중원 교수님은 과학기술학 전반에 대한 깊은 통찰로 내 생각을 늘 격상시켜주셨다. 머리 숙여 감사드린다.

  이 책의 주요 내용들은 지난 몇 년 동안 서울대학교와 카이스트에서 개설된 내 수업에서 그대로 다루었던 것들이다. 손혜민 양은 강의 녹음을 풀어주는 수고까지 해줬다. 미숙한 선생의 수업임에도 열심히 공부해준 학생들이 고마울 뿐이다. 이 책은 그들과 함께 쓴 것이나 다름없다.

2008년 5월 장대익
서울대학교 자유전공학부 교수

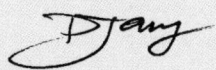

Contents 이 책의 내용

Prologue1 이 책을 읽기 전에 · 4
Prologue2 지식여행을 떠나며 · 6

Chapter 1 초대

과학엔 뭔가 특별한 것이 있나? · 10
B형 남자는 괴팍하다? | 침 맞는 (양)의사들 |
공룡과 인간이 한 마을에? | 무엇이 과학인가? 〈X파일〉 VS. 〈콘택트〉

Chapter 2 만남

1. 철학의 군살빼기 : 논리 실증주의의 세계관 변혁 운동 · 28
   20세기 지성의 진원지, 빈 학파 | 철학의 군살을 빼면 과학이 남는다
   빈 학파와 바우하우스

2. 과학은 귀납이다 : 논리 실증주의의 과학관 · 41
   과학은 방법이다 | 귀납으로 과학하기 | '편견 없이'는 가능할까?
   귀납의 문제에 부딪힌 러셀의 칠면조 | 꿈꾸는(?) 과학자들
   귀납은 철학의 스캔들이다

3. 반박될 수 없다면 과학이 아니다 : 포퍼의 반증주의 · 67
   비트겐슈타인, 포퍼를 향해 부지깽이를 들다 |
   대담한 추측하고 혹독하게 비판하라! | 과학적 진술은 어떻게 다른가?
   비판을 받아들이지 않는 지식은 사이비다!

4. 뉴턴을 사이비로 모는 반증주의 · 86
   반증 사례에 눈 감는 과학자들 | 반증할 수 없지만 과학인 것들
   무엇이 틀렸는지 꼭 집어 말할 수 있을까? | 과학에 필요한 것은 이력서만이 아니다
   반증주의, 변칙 사례의 바다에 빠지다

5. 쿤의 위험한 생각 : 과학자는 연습 문제만 푼다 · 101
   쿤의 위험한 생각 | 이론을 등에 업은 관찰 | 패러다임이 뭐길래
   과학자는 평생 연습 문제만 푼다! | 도그마가 있어야 과학이다!

6. 과학혁명은 어떻게 오는가? · 130
   타이타닉호의 침몰과 과학혁명 | 과학혁명이 남긴 것, 한 이름 딴소리
   과학은 합리적 활동인가?

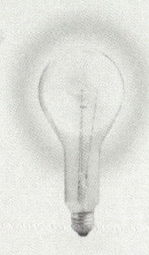

7. 포퍼 VS. 쿤 · 151
쿤과 포퍼의 이력서는 어떻게 다를까? | 포퍼의 이상과 쿤의 실상 | 쿤의 유산

8. 포퍼와 쿤의 사이에서 : 라카토슈의 '절묘한' 줄타기 · 161
과학 이론은 섬이 아니다 | 땜질만으로는 과학이 될 수 없다
포퍼와 쿤 사이의 절묘한 줄타기

9. 포퍼와 쿤을 넘어서 : 파이어아벤트의 "네 맘대로 하세요" · 174
기인, 파이어아벤트 | 과학의 규칙, '그때그때 달라요' | 학교에 마술을 허하라!

10. 추락하는 과학에는 날개가 있는가? · 185
소칼의 자작극과 과학자들의 대반격
협상 테이블에 올라온 과학 | 사회 구성주의자들의 사례 사냥

11. 과학엔 뭔가 특별한 것이 있다 · 205
인상적이지만 초라한 사례 사냥 | 과학철학의 오남용
자연은 말괄량이? | 과학엔 뭔가 특별한 것이 있다

Chapter 3 대화

쿤의 법정 · 220

Chapter 4 이슈

- 과학과 종교는 적인가? · 242
- 이공계 학생들이 과학철학을 배워야 하는 이유 · 255

Epilogue 1 지식인 지도 · 262   2 지식인 연보 · 264
3 키워드 찾기 · 268   4 깊이 읽기 · 273
5 찾아보기 · 277

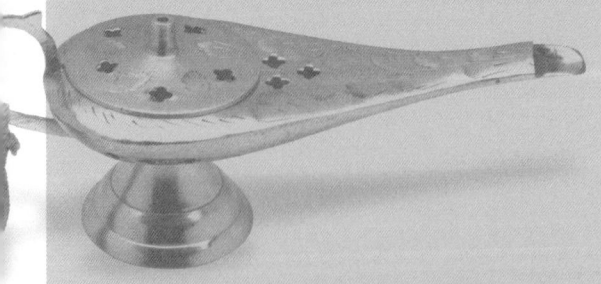

※ Karl Popper는 정부에서 발효한 외래어 표기법에 따라 '카를 포퍼'로 쓰되
이전에 '칼 포퍼'로 출간된 책 이름은 검색이 용이하도록 그대로 적었습니다.

Thomas S. Kuhn

Chapter 1

✉ 초대
INVITATION

Karl R. Popper

초대

과학엔 뭔가 특별한 것이 있나?

대통령 후보들의 합동 연설회장으로 가보자. 유력한 대통령 후보 A가 연설을 시작한다. "과학기술의 발전은 우리의 미래입니다. 그것이 없었다면 우리가 이만큼 발전하지 못했을 것이고, 그것이 있기 때문에 우리의 미래가 있는 것입니다. 제가 집권하면 과학기술 관련 예산을 획기적으로 증액하겠습니다."

대다수의 청중들은 별로 놀랄 것 없다는 반응이다. 그들은 현대사회에서 과학기술의 도움 없이 세상을 살아갈 수는 없을 것이며, 국가간의 무한 경쟁 속에서도 과학기술이 가장 큰 무기라고 생각하기 때문이다.

그런데 그와 박빙의 승부를 펼치고 있는 후보 B가 다음과 같은 연설을 한다고 해보자. "종교가 우리의 미래입니다. 그것이 없었다면 우리가 이만큼 발전하지 못했을 것이고, 그것이 있기 때문에 우리의 미래가 있는 것입니다. 제가 집권하면 종교 발전을 위해 획기적으로 예산을 증액하겠습니다."

과연 청중들의 반응은 어땠을까? A 후보의 연설에 고개를 끄덕이던 사람들이 과연 B 후보의 연설에 대해서도 똑같은 반응을 보일까? 아마 "저 후보 오늘 좀 이상하네" 하며 고개를 갸우뚱할 사람들이 적지 않을 것이다. 물론 우리가 종교적 세계관이 온 세상을 지배하던 중세에 살고 있다면 이야기는 달라진다. 하지만 지금은 2007년이다. 오늘날 '과학적^{scientific}'이라는 단어만큼 호의와 권위를 상징하는 말은 별로 없는 듯하다. '국가의 명운이 과학기술에 달렸다', '줄기세포 연구만 성공하면 10~15년 뒤 대한민국 국민을 전부 먹여 살릴 수 있다'라는 구호에 고개를 끄덕이는 것도 어쩌면 그 단어의 힘 때문인지도 모른다.

하지만 이토록 사랑받고 있는 '과학적'이라는 단어 앞에 '비'나 '사이비'가 붙으면 사정은 전혀 달라진다. 그것은 기피와 혐오의 대상이 된다. 이렇게 사람들은 과학에 무엇인가 특별한 것이 있다고 믿는 것 같다. 과연 그 특별함이란 무엇일까? 아니, 그런 것이 과연 있기나 한 것일까? 우리가 만일 과학과 과학 아닌 것(비과학과 사이비 과학)을 가르는, 이른바 '구획 기준$^{demarcation\ criteria}$'을 명확하게 제시할 수 있다면 과학 지식의 특별함과 우월함을 당연한 것으로 받아들이는 듯한 현대인들의 사고방식을 상당 부분 이해하게 될 것이다. 사실 이 문제는 20세기 과학철학자들의 최고 화두였다. 도대체 과학이란 무엇인가?

B형 남자는 괴팍하다?

지난 몇 해 전부터 국내에서도 '혈액형 심리학'이라는 것이 크게 유행하고 있다. 삼삼오오 모여서 서로의 성격과 행동에 대해 이야기하는 자리가 생기면 거의 어김없이 상대방의 혈액형 맞추기 게임이 시작된다. "나는 A형이라 좀 소심한 편이잖아. 그런데 너는 성격이 좀 괴팍하니까 B형이 틀림없어. 우리 모임에는 사교적인 O형이 더 필요해. 어디서 O형 남자애 좀 데려올 수 없니?" 얼마 전엔 아예 〈B형 남자친구〉(2005)라는 제목의 로맨틱 코미디 영화가 개봉을 하더니, 급기야 비슷한 제목의 유행가도 등장했다. 그 노랫말을 보면 이런 내용이 나온다.

욱하는 성격에 금방 또 반성도 잘해 / 예민해 밤잠은 설치고 존심도 강해 / 황당한 사고에 sometime 진실은 보여 / 많이 좋아만 하기엔 내 맘만 다치고 있어 / …… / 야? 너 B~형이지?

발 빠른 다이어트 회사는 한술 더 떠 혈액형 별로 다음과 같은 다이어트 전략까지 내놓았다.

목표 의식이 강해 라이벌을 만들어 다이어트를 하면 O형의 경우에는 성공할 확률이 아주 크다. 평상시 건강 관리에 유난히 신경을 많이 쓰지만 끈기와 노력이 부족한 편이라서 다이어트에 쉽게 지치고 포기하고 만다. 그렇기 때문에 기간을 정해놓고 속도전을 펴보는 것이 중요하다.

여성 잡지나 스포츠 신문 등에서 사주풀이처럼 심심풀이로 한 귀퉁이를 차지하던 혈액형 관련 이야기들이 이제 많은 사람들에게 기정사실처럼 받아들여지고 있는 느낌이다. 아니 사실의 차원을 넘어 그것을 응용하는 단계까지 올라와 있다고 해야 할 것이다. 웃자고 하는 이야기라고 하기에는 '혈액형 ○○○'은 이미 너무 많은 사람의 고개를 끄덕이게 만들고 있다. 특히 사주나 각종 점들과는 달리 그것은 생물학적 사실에 근거해 있다는 느낌마저 준다. 그렇다면 심심치 않게 사람들의 입에 오르내리는 혈액형과 성격의 상관 관계는 과연 과학적 신빙성을 갖춘 것일까? 좀더 근본적으로 생각해보자. 혈액형 인간학을 과학이라고 할 수 있을까?

침 맞는 (양)의사들

이른바 일류 대학을 나와 한의대에 입학하거나 편입하려고 입시 공부를 다시 하는 사람들이 있다. 이 길을 선택하는 이유야 저마다 다르겠지만 대한민국에서 한의사로 살아간다는 것이 매력적이지 않고서야 그런 고생을 스스로 선택할 사람이 어디 있겠는가. 분명 대한민국은 서양 의학만큼이나 전통 의학을 인정하는 몇 안 되는 국가에 속한다. 그런데 서양에서는 우리의 한의학 같은 것에 '대체 의학'이라는 꼬리표를 달아 놓는다. 어쨌든 주류 의학은 아니라는 뜻이다. 그리고 사람들은 이 '대체 의학'에 대해 상반된 반응을 보인다. 대다수의 서양인들은 한의학이란 과학이 아니라 일종의 '위약 효과placebo effect'이며, 기껏해야 질병 예방에나 도움이 되는 전통적 지식 체계일 뿐이라고 일축한다. 반면 서양 의학이 포기한 질병마저도 근원적으로 치료하는 혁명적 의학 체계라고 주장하는 이들도 적지 않다.

이 땅에 서양 의학이 선교사를 통해 들어오기 전에 침을 맞고 약제를 달여먹으며 질병을 이겨냈던 우리에게 양의-한의 논쟁은 첨예할 수밖에 없었다. 1990년대 초에는 이 논쟁이 누가 한약을 조제하고 판매할 것인가를 놓고 약사와 한의사 간의 분쟁으로 이어졌고, 이 과정에서 한의대 학생들이 수업을 거부하고 급기야 집단으로 유급되는 사태에 이르기도 했다.

'한의학이 과연 과학인가?'라는 물음은 이런 분쟁이 있을 때마다 어김없이 등장하는 화두였다. 물론 이런 질문을 던지는 쪽은 서양 의학을 더 우월한 지식 체계로 믿는 사람들이다. 일단 그들은 모든 의과대학에서 배우는 서양 의학 체계는 매우 과학적이라고 전제한 상태에서 한의학 체계가 거기에서 얼마나 동떨어져 있는지를 지적한다. 한의학의 근간을 이루는 음양오행陰陽五行설이 경험적으로 검증 가능한 원리냐고 따진다.

반면 늘 '한의학의 과학성' 물음에 대해 뭔가 설득력 있는 대답을 해야 할 것만 같은 한의사들도 서양 의학의 한계와 부작용들을 일일이 열거하며 계속되는 똑같은 질문에 짜증을 내기 일쑤이

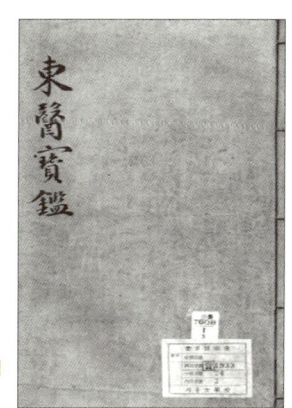

『동의보감』 한의학의 근간을 이루는 음양오행설은 과연 경험적으로 검증 가능한 것일까?

다. 과연 한의학은 과학일 수 있는가?

아마 이 물음 자체가 잘못되었다고 생각하는 이들도 있을 것이다. 역사적으로 보면 과학은 서양에서 시작된 것인데, 서양과는 다른 지적인 전통을 가진 동양에서 시작된 한의학을 서양 과학의 틀 속으로 집어넣으려는 발상 자체가 잘못됐다는 것이다. 이보다 더 급진적인 사람들도 있다. 그들은 한의학을 과학이 아니라고 하는 과학관이라면 그 과학관 자체가 잘못된 것이라고 주장한다. 정말로 과학이란 서양만의 것인가? 도대체 과학이란 어떤 것인가? 과학자란 어떠한 지적 활동을 하는 사람을 일컫는 용어인가?

과학을 어떻게 규정짓든 간에 만일 한의학이 과학이 아니라는 결론이 나온다면 문제는 그리 간단하지 않다. 과학 지식이 엄청난 권위를 갖고 있는 작금의 현실에서 과학적이지 않은 의료 행위는 기피와 혐오의 대상이 될 것이며, 부러움의 대상이던 한의사들이 졸지에 비과학적인 의료 행위 종사자로 전락하고 말 것이다. 한의학이 과학일 수 없다고 믿는 사람들에게는 몇 해 전 폭발적인 인기를 모았던 드라마 〈허준〉은 한의학이라는 잘못된 신화를 창조해낸 나쁜 드라마일 것이다. 그렇다면 그 시간에 오히려 미국 시카고의 병원을 배경으로 한 의학 드라마 〈E·R〉이 방영되었어야 했을까?

어쨌든 한의학의 과학성 논란이 국내 한의-양의 논쟁의 전면을 차지해온 것은 사실이다. 하지만 이런 과학철학적 논란만 있는 것은 아니다. 상당히 다면적이다. 한의-양의 간의 이권 다툼도 있고, 국민 여론을 얻으려는 광고 경쟁도 있고, 골치 아픈 정책 대립도 있다. 또한 이중적이기까지 하다. 양의사라 하더라도 겹질린 다리와 아픈 허리를 붙잡고는 적잖이 한의원에 가 침을 맞고, 폐렴에 걸린 아들을 등에 업은 한의사는 한의원보다는 대학병원 내과로 달려간다. 그렇다면 서양 의학과 한의학이 모두 과학이란 말인가?

공룡과 인간이 한 마을에?

창조과학 creation science 은 과학과 과학 아닌 것을 가르는 기준이 심각하게 적용되고 있는 또 다른 분야이다. 창조과학은 우주, 지구, 생명 그리고 인간이 성서(특히 「창세기」)의 문자 그대로 창조되었고 그런 사실이 과학적으로 입증된다고 주장하는 일부 개신교의 창조론이다. 이는 크게 두 가지 견해로 세분되는데, 그중 하나는 지구의 나이가 1만

년 이내라고 주장하고 다른 하나는 지구의 나이는 45억 년이라 해도 좋지만 생물종이 진화하지는 않았다는 주장을 펼친다. 흔히 전자를 '젊은 지구 창조론', 후자를 '늙은 지구 창조론'이라 한다. 물론 현대의 주류 과학에서는 이 두 견해 모두를 인정하지 않고 있다.

예컨대 젊은 지구 창조론자들은 지구가 1만 년 이전에 탄생했다는 자신들의 주장을 현대 과학의 성과와 일치시키기 위해 엉뚱해 보이는 가설 하나를 첨가한다. 그것은 이미 오래된 지구의 모습을 가지고 지구가 탄생했다는 가설이다. 즉 지구가 45억 살 먹은 모습으로 1만 년 전쯤에 탄생했다는 기발한 발상이다. 한편 늙은 지구 창조론자들은 자연계에서 지금도 일어나고 있는 종의 진화를 사실로 받아들이지 않는다. 대신「창세기」의 기록을 문자 그대로 받아들여 생명이 '그 종류대로' 신에 의해 창조되었으며 이는 과학적으로 입증된 사실이라고 주장한다.

이런 창조론은 기독교 일파의 입장에 불과한 사이비 과학일 뿐인가, 아니면 주류 과학자들도 귀를 기울여야만 하는 좋은 과학적 가설인가? 흥미로운 사실은 창조과학자들이 자신들의 이론은 과학적이지만 오히려 진화론은 그렇지 않다고 주장하고 있다는 점이다. 당신은 어떤 편의 손을 들어주겠는가?

창조과학이 과학인지 아닌지, 과학이라면 좋은 과학인지 저질 과학인지, 그리고 과학이 아니라면 사이비 과학인지 아니면 단순히 비과학인지를 판단하기 위해서는 역시 구획 기준에 대한 논의를 먼저 해야 할 것이다. 이렇게 구획 기준 문제는 현재 우리의 종교적 삶에도 영향을 미치고 있다. 만일 창조과학이 정말로 사이비 과학으로 판명되면 자신의 신앙을 포기할 수밖에 없는 창조론자들이 적지 않을 것이기 때문이다.

무엇이 과학인가?
〈X파일〉 vs. 〈콘택트〉

한의학, 창조과학, 혈액형 심리학 외에 과학성을 의심받는 또 다른 사례들이 있다. 그중에 'UFO학'이라는 가설이 있다. 이 가설은 외계인의 존재뿐만 아니라 UFO의 존재, 외계인에 의한 지구인 납치, 외계인의 지구 정복 시나리오 등을 믿는 사람들이 만든 것이다. 상당히 황당해 보이기도 하지만 UFO학의 신봉자 멀더 요원이 주인공으로 등장하는 〈X파일〉를 통해 대중들에게 널리 유포된 가설이다.

그렇다면 UFO학은 과학인가? 아니면 사이비 과학인가? 그것도 아니면 초과학인가? UFO학과 대비되는 흥미로운 분야가 있다. 그것은 '세티 프로젝트 SETI project'라는 '외계지성체 탐사 프로젝트'이다. 이 분야는 칼 세이건 Carl Edward Sagan, 1934~1996 원작의 영화 〈콘택트〉(1997)를 통해 널리 알려졌는데, 이 영화에는 남들이 전혀 알아주지도 않는 외계지성체 탐사에 인생을 건 젊은 여자가 주인공으로 등장한다. 하지만 흥미롭게도 그녀는 과학자의 전형으로 묘사되고 있다. 냉철하고 경험적 입증을 중시하며 과학적이지 않다고 생각하는 것은 인정하려 들지 않는 모습으로 말이다.

그렇다면 왜 우리는 세티 프로젝트는 좋은 과학이라는 데 대체

UFO학을 소재로 한 〈X 파일〉과 세티 프로젝트를 알린 〈콘택트〉. 세티 프로젝트는 좋은 과학이라는 데 동의하지만 UFO학에 대해서는 회의적인 이유는 무엇인가?

로 동의하면서도 UFO학에 대해서는 고개를 가로젓는가? 혹시 전자는 세이건같이 뛰어난 과학자가 주장하는 이론이고, 후자에는 그런 대표 과학자가 없기 때문에 그렇게 판단하는 것은 아닐까? 결국 이런 질문도 '도대체 과학이란 무엇인가?'라는 하나의 물음으로 귀결된다.

흥미롭게도 이 질문에 가장 큰 관심을 기울인 부류는 과학자가 아니라 철학자였다. 이는 '영화란 무엇인가?'라는 물음에 영화감독보다 오히려 영화 평론가들이 더 큰 관심을 기울이는 것과 같은 이치일 것이다. 특히 20세기 초에 유럽에서 활동하던 일군의 철학자들은 아인슈타인의 상대성 이론을 비롯한 당시의 물리학 이론이 경험적으로 엄청난 성공을 거두고 있는 사실에 크게 고무되어 있었다. 그리고 '과학'이라는 이런 지식 체계와 행위들이 무슨 이유 때문에 그렇게 인상적인 성공을 거두고 있는지를 해명하기 시작했다.

이것은 어쩌면 당연한 수순일 것이다. 만일 어떤 이들이 뭔가를 열심히 만들어 다른 사람들에게 보여주기 시작했더니 그것이 엄청나게 많은 이들의 관심을 끌었다고 해보자. 그리고 그들이 그것에 '영화'라는 이름을 붙여줬다고 해보자. 그렇다면 틀림없이 그 '영화'가 무엇인지, 왜 그렇게 많은 이들의 이목을 끄는지, 다른 것들과는 무엇이 다른지 등을 연구하고 밝히려는 부류들이 생길 것이다. 아마도 최초의 '영화 평론가'는 이렇게 해서 탄생했을 것이다. 마찬가지로 과학의 정체를 탐구하는 과학철학자도 이와 비슷한 과정을 거치면서 생겼다.

이 책은 '과학이란 무엇인가?'라는 물음을 놓고 20세기 과학철학자들이 벌인 치열한 논쟁을 담고 있다. 그들은 대개 과학에는 특별한 것이 있다고 주장한다. 하지만 그 특별한 것이 무엇인가에 대해서는 서로 다른 이야기를 한다. 예컨대 어떤 이는 경험적으로 입증할 수 있는 것만이 과학이라고 말하지만, 오히려 경험적으로 반증이 될 수 있는 것만이 과학이라고 주장하는 이도 있다. 주장은 다르지만 이들은 모두 과학에는 뭔가 특별한 '방법'이라는 것이 있으며, 과학자들이란 바로 그런 '방법'을 엄격하게 따르는 사람들이라고 믿는다. 여기서 '방법'이란 특정한 논리적 절차를 뜻한다. '반증주의'라는 과학 방법론을 발전시킨 카를 포퍼 Karl Raimund Popper, 1902~1994 는 과학의 특별한 논리적 절차에 주목했던 대표적인 과학철학자이다.

하지만 이런 주장들이 과학의 실상과는 너무도 동떨어진 것이라고 비판하는 이들도 있었다. 그들은 과학자들이 그런 절차를 전혀 따르지 않는다고 지적했다. 가령 뉴턴$^{\text{Sir Isaac Newton, 1642~1727}}$ 같은 훌륭한 과학자들도 그런 절차에 비춰보면 사이비 과학자 혹은 비과학자로 전락할 수밖에 없다는 것이다. 과학의 실제 역사를 중요하게 취급한 이들은 과학의 특성을 전혀 다르게 파악했다. 가령 토마스 쿤$^{\text{Thomas Samuel Kuhn, 1922~1996}}$은 과학에서 도그마와 같은 기능을 하는 '패러다임^{paradigm}'의 존재 여부가 과학의 가장 중요한 특징이라고 주장한다.

과학에 대한 동상이몽^{同床異夢}을 꿈꾸는 과학철학자들의 중심에는 이렇게 영국의 포퍼와 미국의 쿤이 있었다. 20세기 과학철학은 이 양대 산맥의 사상을 계승하거나 비판하려는 과학철학자들의 논쟁사라 해도 과언이 아니다. 심지어 '과학도 다른 지식과 별 다를 게 없다'고 믿는 이들(주로 최근의 과학사회학자들)에게도 포퍼와 쿤은 넘어야만 하는 커다란 산맥이다.

누가 뭐래도 과학은 20세기의 가장 중요한 키워드들을 양산한 분야이다. 사전 편집자들은 과학 분야에서 생성된 신조어를 추가하느라 해마다 사전을 증보해야 할 지경이다. 만일 '교양'을 '당대의 믿을 만한 지식의 총체'라고 정의할 수 있다면 20세기의 교양은 단연코 과학 지식일 것이다. 좋든 싫든 우리는 '과학'이라는 공기를 들이마시며 사는 현대인들이다. 이 책은 그 공기의 성분을 궁금해하는 모든 독자들을 위해 쓰였다. 여기서는 한의학, 창조과학, 혈액형 심리학, UFO학의 구체적 내용이 무엇인지를 얘기하지는 않지만, 그것들을 과학 혹은 사이비 과학으로 만드는 것이 과연 무엇인지를 이야기한다.

당신은 과학 지식에 특별한 권위를 부여해야 한다고 믿는가? 아니면 다른 지식과 동등하게 대우해야 한다고 믿는가? 아니 좀 더 구체적으로 묻자. 당신은 '이공계 살리기' 프로그램에 정당한 근거가 있다고 생각하는가? 아니면 '인문학 살리기' 프로그램에도 똑같은 지원을 해야 한다고 믿는가? 생물학자가 되고 싶은데 부모님은 의대나 법대를 가라고 하는가? 교회에서는 창조론을 배우고 학교에서는 진화론을 배우는 통에 무엇을 믿어야 할지 혼란스러운가? 무슨 일이 있을 때마다 점집에 가는 부모님을 어떻게 설득해야 할지 모르겠는가? 이런 질문들은 모두 직·간접적으로 과학 지식의 특이성과 관련되어 있다. 이 책은 그 특이성에 관한 것이다. 정말 과학에는 뭔가 특별한 것이 있는 것일까?

> 깊이
> 읽기

사이비과학의 역사와 특징에 대해서는 다음의 도시를 참조할 만하다. 세 권 모두 서양의 현상을 주로 다루고 있기 때문에 한의학의 과학성 여부에 대해서는 별도의 논의가 필요하다. 하지만 여러 과학철학적 입장에서 한의학의 과학성을 다룬 저작은 아직까지는 없는 듯하다. 창조론에 대해서는 이 책 [대화]의 깊이 읽기 부분을 참조하시오.

- 『왜 사람들은 이상한 것을 믿는가』 마이클 셔머 저|류운 역, 바다출판사, 2007년
- 『과학의 변경 지대』 마이클 셔머 저|김희봉 역, 사이언스북스, 2005년
- 『아담과 이브에게는 배꼽이 있었을까』 마틴 가드너 저|강윤재 역, 바다출판사, 2002년

Thomas S. Kuhn

Chapter 2

만남
MEETING

Karl R. Popper

만남 1

철학의 군살 빼기
논리 실증주의의 세계관 변혁 운동

말할 수 없는 것에 대해서는 침묵해야 한다.
–비트겐슈타인, 『논리철학 논고』(1921)

20세기 지성의 진원지, 빈 학파

1936년 6월 22일 오스트리아 비엔나 대학의 철학 교수 모리츠 슐리크(Moritz Schlick, 1882~1936)가 강의실을 향해 계단을 올라가고 있었다. 어디선가 갑자기 나타난 청년이 주머니에서 권총을 꺼내 그를 향해 방아쇠를 당겼다. 화약 냄새가 가시기도 전에 그의 심장은 멎었고, 도망간 청년은 붙잡혔으나 석연치 않게 곧 풀려난다. 이 사건은 당시 오스트리아의 반유대인 정서와 맞물려 일어난 비극이었다. 하지만 슐리크는 유대인도 아니었고 살인자는 슐리크의 빈 대학 제자로 밝혀졌다.

슐리크는 인류 지성사에서 한 획을 그은 대가는 아니었지만 그들의 산파였다. 1920~30년대 빈 대학의 한 강의실에는 매주 젊은 지식인들이 모여들었다. 그들은 밤새도록 과학과 철학에 대해 토론하며 새로운 지성 운동을 준비하고 있었다. 그들은 스스로 '빈 학파 Vienna circle'라고 했으며, 자신들의 사상을 '논리 실증주의 logical positivism' 혹은 '논리 경험주의 logical empiricism'라고 칭했다. 말하자면 슐리크는 빈 학파의 수장이었다.

빈 학파의 논리 실증주의를 인류 지성사의 새로운 흐름이라고 감히 할 수 있는 이유는 그들이 지식에 대한

빈 학파의 산파역을 담당했던 모리츠 슐리크

새로운 상을 제시했을 뿐만 아니라 1백 년이 지난 지금도 우리가 그 영향 속에서 살고 있기 때문이다. 그들은 당시 철학계의 무서운 신예들이었다. 예컨대 빈 학파에는 모임을 주도했던 슐리크, 노이라트 Otto Neurath, 1882~1945, 카르납 Rudolf Carnap, 1891~1970에서 괴델 Kurt Gödel, 1906~1978, 파이글 Herbert Feigl, 1902~1988과 같은 정규 회원에 이르기까지 주로 30~40대 철학자들이 주류를 이루었다. 독일 베를린 대학에도 빈 학파와 뜻을 같이하는 토론 집단이 생겼는데, 주축 인물인 라이헨바흐 Hans Reichenbach, 1891~1953와 헴펠 Carl Gustav Hempel, 1905~1997 등은 자신들을 '베를린 학파'라고 했다. 이들은 훗날 모두 20세기 과학철학사의 전설이 된다.

이 책의 주인공인 포퍼는 빈 학파에 정식으로 초대받아본 적도 없었고, 훗날 논리 실증주의를 반박하는 이론으로 유명해졌지만, 일찍이 논리 실증주의의 기본 정신에 흥분을 감추지 않았던 사람이었다. 또한 논리 실증주의를 커다란 곤경에 빠뜨린 쿤도 빈 학

파가 발간하는 시리즈물의 저자로 참여하다가 '대형사고'를 친 경우였다. 쿤은 포퍼와 함께 이 책의 공동 주연이다.

한편 20세기 후반부의 영미 철학을 이끌었던 콰인^{Willard Van Quine, 1908~2000}은 논리 실증주의의 독단을 비판하면서 자신의 철학을 시작했다. 마지막으로 20세기 초 '철학자들의 철학자'로 군림하던 비트겐슈타인^{Ludwing Josef Johann Wittgenstein, 1889~1951}은 논리 실증주의자들의 우상이었다. 그리고 그의 『논리철학 논고^{Logisch-philosophische Abhandlung}』(1921)는 그들의 바이블이었다. 이처럼 20세기 지성사의 거장들은 빈 학파와 밀접히 연관되어 있었다. 도대체 그들의 어떤 생각이 이토록 뛰어난 사람들을 많이 끌어들일 수 있었을까?

철학의 군살을 빼면 과학이 남는다

수년 동안의 정규 모임을 통해 내공을 쌓은 빈 학파는 1929년에 공개적으로 선언문을 발표하기에 이른다. 일군의 철학자들이 자신들의 철학관을 공식적으로 선언하는 것은 매우 이례적인 일이었는데, 선언문 맨 앞에는 '과학적 세계관 : 빈 학파'라는 제목이 붙어 있었다. 선언문 요지는 크게 네 가지로 요약할 수 있다.

첫째, 그들은 '논리적 분석^{logical analysis}'만이 철학적 문제들을 해결하는 방법이라고 선언했다. 그들에 따르면 철학의 모든 문제들은 그동안 철학자들이 일상적인 언어가 아닌 뜬구름 잡는 언어로 철학을 해왔기 때문에 생긴 것이다. 이것이 과연 무슨 뜻일까? 혹시 철학자들이 쓴 글을 읽다가 도저히 이해할 수 없어 좌절해본

적이 있는가? 자신의 무식함을 자책하면서 말이다. 빈 학파의 철학자들은 말한다. 그건 당신이 멍청해서가 아니라 그 철학자들이 자신도 헷갈리는 횡설수설을 늘어놓았기 때문이라고! 그들은 논리적으로 분석할 수 없는 철학자들의 애매한 글쓰기가 철학을 망쳐놓았다고 주장하며, 적확한 언어를 사용하라고 선배들을 나무랐다. 따라서 어렵고 난해한 개념으로 유명한 독일의 관념론자 헤겔^{Georg Wilhelm Friedrich Hegel, 1770~1831}과 실존주의 철학자 하이데거^{Martin Heidegger, 1889~1976}는 그들에게 공공의 적이었다. 실제로 라이헨바흐는 자신의 책에서 헤겔의 '이성' 개념을 난센스라고 표현했고, 카르납은 하이데거의 '무^無' 개념이 논리적으로 얼마나 말이 안 되는지를 비꼬곤 했다. '철학 공포증'에 걸린 대중들과 철학함의 의미를 고민하던 당시의 신세대 철학자들에게 이런 지적은 지적 갈증을 해소해줄 시원한 생수였다. 반면 그들의 표현대로 '언어 놀음'에 재미를 붙인 철학자들에게는 강력한 도전장이었다. 어쨌든 이때부터 서양 철학의 지도에는 '분석철학^{analytic philosophy}' 혹은 '언어철학^{philosophy of language}'이라는 새로운 이정표가 등장하게 된다.

둘째, 논리 실증주의자들은 명제의 의미가 참과 거짓을 가리는 방식에 의해서 결정된다고 주장했다. 이 주장이야말로 그들을 규정하는 가장 중요한 것이었는데, 뭔가 어려운 소리처럼 들리지만 알고 보면 아주 명확하다. 그들은 이 세상에 단 두 종류의 명제가 있다고 보았다. 의미 있는 명제와 의미 없는 명제. 의미 있는 명제는 다시 둘로 나뉜다. 그중 하나는 명제의 참과 거짓이 그 명제의 의미 분석을 통해서만 결정되는 경우이다. 가령 '모든 총각은 결혼하지 않은 남성이다'라는 명제(문장)가 있다고 해보자. 이 문장은 참인가 거짓인가? 참일 뿐만 아니라 언제나 참이다. 좀 더 전문적으로 말하면 '동어반복 tautology'이다. '총각'이라는 단어의 의미 속에 이미 '결혼하지 않은 남성'이라는 뜻이 담겨져 있기 때문이다. 이 문장의 참·거짓을 알아보기 위해 세계에 대한 지식을 가질 필요는 없다. 그저 단어의 뜻만 알면 그만이다. 논리 실증주의자들은 이런 명제를 '분석 명제 analytic statement'라고 했다. 수학과 논리학은 분석 명제들로만 구성된 학문이다.

반면 문장의 의미 분석만을 통해서는 그 문장의 참·거짓을 가릴 수 없는 경우가 있다. 예컨대 '모든 백조는 희다'와 같은 명제가 여기에 해당한다. '백조'의 의미와 '희다'의 의미를 아무리 분석한들 이 명제가 참인지 거짓인지를 가릴 수는 없다. 그것은 경험을 통해서 결정된다. 즉 백조가 흰지 아닌지를 직접 눈으로 관찰해봐야만 이 명제의 진위를 알 수 있다. 논리 실증주의자들은 경험을 통해서만 진위가 확인되는 이런 명제를 '종합 명제 synthetic statement'라고 했다. 수학이나 논리학과는 달리 생물학이나 물리학과 같은 자연과학은 이런 종합 명제들로 구성되어 있다.

그들은 여기서 이른바 '검증 가능성 원리 verifiability principle'를 도출한다. 이 원리에 따르면 명제의 의미를 안다는 것은 그 명제를 '검증할 수 있는 verifiable' 방법이 무엇인지를 안다는 것이다. 바꿔 말하면 검증할 방법이 없는 명제는 무의미하다는 뜻이다. 그들은 경험적이지 않은 지식은, 그것이 분석 명제가 아닌 이상, 아무리 화려하게 치장을 한다 해도 논리적으로 분석해보면 아무런 의미가 없다고 주장했다. 즉 오직 경험만이 의미 있는 지식을 얻을 수 있는 유일한 원천이라는 것이다. 그래서 논리 실증주의는 흔히 '논리 경험주의'라고도 한다(어떤 이들은 이 둘을 구분하기도 하고 후자를 더 적절한 용어라고 보기도 한다. 하지만 여기서는 굳이 구분하지 않고 혼용해서 쓰겠다).

그렇다면 철학의 왕좌를 차지해왔던 (관념론적) 형이상학이나 신학의 운명은 어찌 되는 것인가? 이 점이 바로 논리 실증주의자들의 세번째 주장과 연결된다. 그들은 형이상학과 신학에서 나오는 명제들은 의미가 없다고 배격했다. 왜냐하면 그것들은 경험에 의해서 진위를 결정할 수 있는 성질의 것이 아닐 뿐만 아니라, '원은 둥글다'와 같은 문장처럼 단어의 의미만으로 참·거짓을 결정할 수 있는 분석 명제도 아니기 때문이다. 이 때문에 대다수의 빈 학파 회원들은 형이상학과 신학을 노골적으로 거부했다. 비트겐슈타인은 '말할 수 없는 것에 대해서는 침묵해야 한다'라는 유명한 경구를 남기며 그의 『논리철학논고』를 끝맺었다. 의미가 없는 것에 대해서는 아무리 많은 말을 해봐야 소용이 없다는 뜻이다. 이렇게 '군살'을 빼면 남는 것은 무엇일까? 논리 실증주의자들에게 그것은 자연과학이었다.

논리 실증주의자들은 다양한 분야의 연구 성과들이 서로 연결되고 조화를 이루어 궁극적으로는 '통일 과학 unified science'으로 나아가야 한다고 믿었다. 그리고 그 통일 과학의 가장 밑바닥에는 물리학이 자리 잡고 있다고 생각했다. 즉 화학, 생물학, 심리학, 경제학 등이 기술하고 있는 복잡한 현상들을 궁극적으로는 물리학의 근본 법칙들로 환원하여 설명할 수 있을 것이라고 믿었다. 그들의 글에서 통일 unity, 환원 reduction, 설명 explanation 과 같은 키워드를 쉽게 발견할 수 있는 이유가 여기에 있다. 실제로 그들은 『통일 과학 unified science』 시리즈, 『국제 통일 과학 사전 international encyclopedia of unified science』 시리즈 『과학적 세계관 monographs on the Scientific World-Conception』 시리즈를 발간하며 과학에 대한 그들의 비전을 실현하고자 했다.

흥미로운 사실은 포퍼의 데뷔작인 『탐구의 논리 Logik der Forschung』 (1934)가 『과학적 세계관』 시리즈의 8권에, 쿤의 문제작인 『과학혁명의 구조 The Structure of Scientific Revolutions』(1962)가 『국제 통일 과학 사전』 시리즈의 거의 마지막 권으로 출간되었다는 점이다. 이것만 보더라도 과학철학 분야에서 빈 학파의 영향력이 얼마나 막강했는지를 실감할 수 있다.

지금 들어봐도 이들의 사상에는 분명 급진적인 면이 있다. 이들은 단지 세계에 대한 하나의 가설을 세우는 것에 만족한 사람들이 아니었다. 그리고 그 가설을 의미 있게 만드는 것이 무엇인지에 대해 지대한 관심이 있었던 사람들이었다. 그들의 작업은 거창하게 말하면 인간의 모든 지식 활동에 대한 '메타적 논의'라고 할 수 있다.

'지식 감찰관'이라는 직업이 있다고 상상해보자. 그들은 사람들이 지식을 생산하고 유통시킬 때마다 감시한다. 그것이 쓰레기(무의미한)인지 아니면 의미 있는 것인지를 말이다. 20세기 초의 논리 실증주의자들은 마치 이런 지식 감찰관의 역할을 자임한 것과 같았다. 그들은 형이상학적 담론을 유배시키고 과학적 세계관이 통치하는 세상을 실현하고자 했다.

논리와 경험을 강조하고, 형이상학을 거부하며, 통합 지식을 꿈꿨던 '지식 감찰관'들의 비전은 당시 지식계에 하나의 도발이었다. 그때가 컴퓨터가 발명되기도 전인 20세기 초반이라는 점을 감안하면 그들의 사상이 얼마나 급진적인 것이었는지를 쉽게 짐작할 수 있다. 뿐만 아니라 빈 학파는 인류의 지성사에서 철학자들이 집단적으로 선언문을 발표하고, 방대한 시리즈물을 출판하며, 국제적으로 연대한 최초의 사례였다고 해도 과언이 아니다. 그들은 자신들이 일종의 '운동^{movement}'을 하고 있다고 생각했다. 모든 운동에는 타도해야 할 대상이 있게 마련이다. 그들이 타도해야 할 적은 바로 형이상학, 관념론, 신학, 신비주의, 민족주의, 나치주의였다.

빈 학파와 바우하우스

여기서 흥미로운 사실 한 가지는 그들의 사상이 문화적 맥락을 갖고 있다는 점이다. 하버드 대학의 과학사학자 겔리슨$^{Peter\ Galison,\ 1956~}$은 20세기 초 예술계의 뚜렷한 흐름이었던 '바우하우스^{Bauhaus} 운동'이 논리 실증주의 운동과 밀접히 연관되어 있음을 밝혀냈다. 그는 당시 베를린 남서쪽에 위치한 데사우^{Dessau} 지방의 바우하우스를 방문한 철학자들과 그들이 그곳에서 한 강연록들을 조사했다. 그리고 이를 통해 당시 예술계와 철학계의 서로 다른 두 운동이 어떤 방식으로 공통의 목표를 향해가고 있었는지를 추적했다.

잘 알려져 있듯이 건축계의 바우하우스 운동을 한마디로 요약하면 '모든 장식에 대한 혐오'라고 할 수 있다. 바우하우스 운동을 주도한 이들은 몇 가지 기초 색상과 기하 형태만으로 기능성

논리 실증주의와 깊은 교감이 있었던 바우하우스의 전경

있는 건축물을 설계하는 것이 최고의 미학이며 미덕이라고 주장했다. 거기에는 낭비가 없기 때문이다. 그들은 아무리 복잡한 건축이라도 결국 기본적인 단위로 쪼개져서 설계될 수 있다고 생각했다. 그래서 그들이 설계하고 지은 건물들을 보면 이리저리 포개진 몇 개의 직육면체를 보는 듯하다. 서울역 광장 맞은편에 늘름하게(?) 서 있는 대우 본사 빌딩을 본 적이 있는가? 마치 직육면체에 구멍(유리창)을 규격에 맞게 뚫어놓은 것처럼 보인다. 이 빌딩은 바우하우스의 정신이 극단적으로 표현된 경우라 할 수 있을 것이다. 멋도 없고 무미건조해 보인다. 하지만 20세기 초 서양에서는 이런 건축 양식이 모더니즘 modernism의 상징이었다. 바우하우스 운동에 참여한 예술가들은 그런 멋 없어 보이는 예술이 진정으로 아름다운 것이라며 사람들을 설득하고 있었다. 모더니즘의 깃발 아래….

바우하우스의 정신이 빈 학파의 주장과 뭔가 닮아 보이지 않는가? 우선 논리 실증주의의 형이상학에 대한 혐오가 바우하우스의 장식에 대한 혐오와 아주 비슷하다. 앞서 설명했듯이 논리 실증주의에 따르면 형이상학이나 신학의 명제는 논리적 관점에서 무의미한 군더더기일 뿐이었다. 이는 장식을 혐오하는 바우하우스 운동과 같은 맥락이라고 볼 수 있다. 또한 가장 기초적인 색상과 형태를 기본 단위로 하여 복잡한 건축물을 설계하고 짓겠다는 발상은 기본적인 경험 자료(관찰 자료)를 통해 복잡한 과학 이론을 만들고 검증하겠다는 논리 실증주의 발상과 닮은꼴이다.

두 운동이 쌍둥이처럼 닮은 것은 단지 우연히 발생한 사상적 수렴일 뿐일까? 흥미롭게도 두 운동 사이에는 실제적인 교류가 있었다. 1929년 10월 15일 빈 학파의 젊은 기수 역할을 하고 있던 카르납이 바우하우스를 방문한다. 그는 막 『세계의 논리적 구조 Der Logische Aufbau der Welt』(1928)라는 대작을 출판한 직후였다. 이 책은 논리 실증주의의 기본 원리를 정교하게 집대성한 것으로 철학계에서 형이상학을 축출하려는 목표를 가진 '위험한' 책이었다. 그는 바우하우스에서 '과학과 삶'이라는 제목으로 강연을 한다.

> 저는 과학 분야에서, 여러분은 시각 예술 분야에서 일을 하지만 두 분야는 모두 똑같은 삶 single life 의 다른 측면일 뿐입니다.

바우하우스의 예술가들은 마치 절친한 동지나 만난 듯이 그의 강연을 경청했다. 그가 언급한 그 "똑같은 삶"은 결국 철학과 예술에서의 '모더니즘'이었을 것이다.

한편 비트겐슈타인은 예술과 철학에서 논리 실증주의와 바우하우스의 쌍둥이 정신을 몸소 실천했던 특이한 인물이다. 『논리철학 논고』로 빈 학파의 정신적 지주가 된 그는 1926년 어느 날 여동생으로부터 새집을 짓는 것을 도와달라는 부탁을 받는다. 건축에 조예가 깊었던 그는 동생의 새집을 설계하고 짓는 과정에서 바우하우스의 정신을 찬양하는 한 건축가와 의기투합 했다. 그 결과 아래 사진과 같은 건축물이 탄생했다. 이런 양식은 바우하우스 건축의 전형적인 사례이다. 비트겐슈타인은 이 집의 외양뿐 아니라 내부 인테리어에서도 바우하우스의 정신을 꼼꼼하게 구현했다. 가령 문고리나 히터 등의 위치 하나 하나에도 단순성과 대칭성을 지키려고 심혈을 기울였다고 한다. 케임브리지 대학의 후임 교수가 그 집을 방문하고는 "이 집은 『논리철학 논고』와 동일한 구조적 아름다움을 지녔다"며 혀를 내둘렀을 정도였다.

　20세기 초 빈과 바우하우스는 '모더니즘'이라는 바다로 흘러들어가는 거대한 두 줄기의 강이었다. 논리 실증주의(경험주의)는 단순히 철학 분야의 새로운 사조가 아니었다. 그것은 모더니즘적

비트겐슈타인이 설계한 여동생 집의 현재 전경. 일명 '비트켄슈타인 하우스'라고 함.

세계관을 위한 변혁 운동이었다. 승승장구하는 과학은 그 운동을 위한 최적의 무기였다. 논리 실증주의자들은 모더니즘의 바다에 귀납주의 inductirism 와 '가설 연역주의'라는 배 두 척을 띄운다. 이 둘은 논리 실증주의자들이 그토록 떠받들던 과학에 대한 그들의 공식 입장이었다. 1백 년 전쯤부터 항해를 시작한 이 두 척의 배는 온갖 풍랑에 만신창이가 되기도 했다. 그래서 어떤 철학자들은 더 이상 수리가 불가능하니 갖다 버리라고 한다. 맞는 말일 수도 있다. 하지만 적어도 그것들은 과학이 무엇인지 알고 싶은 이들이라면 한 번쯤은 반드시 승선해봐야 하는 배들이다. 자, 승선할 준비가 되었는가?

■■ 논리 실증주의의 세계화

빈에서 시작된 논리 실증주의가 10여 년 만에 국제적인 철학 운동으로 빠르게 확산되는 데 가장 중요한 역할을 한 것은 히틀러였다. 언제 나치에 함락될지 모르는 빈을 아지트로 삼을 수는 없었던 빈 학파의 멤버들은 미국을 주 망명지로 선택했다. 빈 학파의 선언문 작성에 크게 기여한 카르납은 시카고 대학에서, '논리 실증주의'라는 용어를 처음 사용한 파이글은 미네소타 대학에서 교수가 되어 세계 최초의 과학철학센터를 만들었다. 그리고 '불완전성 정리'로 유명한 논리학자 괴델은 프린스턴 대학에서, 물리철학을 발전시킨 라이헨바흐는 UCLA에서, 논리 실증주의의 입증 및 설명 이론을 발전시킨 헴펠은 피츠버그 대학에서 후학을 양성했다. 이들의 영향으로 그 제자들과 동료 철학자들은 20세기 중반부터 전 세계 과학철학계의 주축 세력으로 성장했다. 콰인, 쿤, 라카토슈, 파이어아벤트 등이 그들이다.

깊이 읽기

논리 실증주의의 주장과 간략한 역사에 대해서는 『**이성과 언어**』(이명현 저, 문학과지성사, 1990년)와 『**현대철학의 쟁점들은 무엇인가?**』(브리이언 매기 저/이명현 역, 심설당, 1989년)를 참조할 만하다. 논리 실증주의 역사에 관심이 깊어진다면 프리드먼^{Friedman, M}의 다음 책이 도움이 될 것이다. 하지만 이 책은 논리 실증주의에 대한 통상적 견해를 비판하며 논리 실증주의가 칸트의 철학을 계승했다고 주장한다.

- Friedman, M.(1999), Reconsidering Logical Positivism, Cambridge University Press.

비트겐슈타인의 철학에 대해서는 『**논리-철학 논고**』(루트비히 비트겐슈타인 저/이영철 역, 책세상, 2006년)와 『**철학적 탐구**』(루트비히 비트겐슈타인 저/이영철 역, 책세상, 2006년)를 읽길 권한다. 이 중에서 전자는 그의 전반기 철학을, 후자는 그의 후반기 철학을 대변한다. 비트겐슈타인의 철학을 개략적으로 이해하고자 한다면 『**비트겐슈타인**』(P.M.S.해커 저/전대호 역, 궁리, 2001년)이 도움이 될 것이다.

분석철학의 주장과 역사에 대해서는 『**현대 분석 철학**』(M. K. 뮤니츠 저/박영태 역, 서광사, 1997년)이 교과서 역할을 할 것이다. 미국 하버드대학의 저명한 과학사학자 겔리슨^{P. Galison}은 바우하우스 학파와 논리 실증주의의 깊은 관계를 다음의 논문에서 흥미롭게 분석하고 있다.

- Galison, P.(1990), Aufbau/Bauhaus: Logical Positivism and Architectural Modernism, Critical Inquiry 16, 709-752.

만남 2

과학은 귀납이다
논리 실증주의의 과학관

귀납은 과학엔 영광이요 철학엔 스캔들이다.
- 브로드, 『윤리학과 철학의 역사』(1952)

과학은 방법이다

현대를 '과학기술의 시대'라고들 한다. 과학기술이 뒤처지면 미래는 없다고 한다. 그런데 막상 '과학이란 무엇인가?'라는 질문을 받으면 당황스러워진다. "실험을 해야 과학이지", "자연법칙을 찾아내는 것이 과학 아닌가?" 심지어 "과학자들이 하는 게 과학이지, 다를 게 뭐가 있나?"라는 대답도 들을 수 있다.

그렇다면 과학이 무엇인지를 묻지 말고 과학이 아닌 것 같은 분야와 과학이 뭐가 다른지를 비교해보면 어떨까? 과학은 미학과 어떤 점에서 다를까? 과학은 종교와는 무엇이 다를까? 점성술, 창조과학, 최면술처럼 이른바 사이비 과학과 과학은 어떻게 구별되는가? 이런 질문과 그에 대한 대답들은 과학의 본질을 이해하는 데 매우 중요한 항목들이다. 논리 실증주의자들은 이 질문에 대해 과학은 특별한 '방법'을 가진다고 했다. 다른 지식 체계를 축적하는 것과는 다른 방식의 뭔가가 있다는 것이다. 그것은 과연 무엇일까?

중세의 가장 첨예한 논쟁 중 하나는 "바늘 끝에 천사가 몇이나 올라앉을 수 있나?"라는 것이었다. 지금 들으면 정말 말도 안 되는 얘깃거리지만 당시에는 바늘 끝의 천사와 신의 존재를 증명하기 위해 수많은 논의들이 오갔고 별의별 방법들이 다 동원되었다. 그들은 경험과는 상관없이 오직 사유를 통해서만 어떤 원리를 얻어내려고 했다. 이런 의미에서 어쩌면 중세인들이 우리보다 먼저 가상 세계를 발명했는지도 모른다. 어쨌든 중요한 것은 당시에 그런 방법이 대단한 성공을 거두지는 못했다는 점이다.

이에 반해 17세기에 본격적으로 등장한 '근대 과학'이라는 지식 체계는 세계에 대한 이해뿐만 아니라 일상의 모습도 혁명적으로 변화시켰다. 과학을 통해 우리는 지구 반대편에 살고 있는 사람의 얼굴을 보면서 실시간으로 대화할 수 있고, 우주 탐사선이 전송한 토성의 띠를 텔레비전으로 볼 수 있으며, 시속 1백 킬로미터로 달리는 자동차 안에서 생중계되는 야구 경기도 볼 수 있다. 컴퓨터가 발명되기도 전에 활동하던 논리 실증주의자들은 이미 그 시대에 과학기술의 눈부신 미래를 내다본 듯하다. 그들 중 상당수가 아인슈타인의 상대성 이론에 매료되어 과학철학에 입문했다는 사실은 눈여겨 볼 만하다. 과학은 그들에게 그 어떤 유형의 지식보다 매력적이고 중요한 것이었다. 오늘날의 과학은 마치 공기처럼 평상시에는 잘 인식하지 못하지만, 과학 지식의 중요성에 대해서 논하자면 우리도 그들만큼 할 얘기가 많다. 그렇다면 도대체 어떤 방법을 사용했기에 과학은 그렇게 성공적이었을까?

여기서 과학을 매우 성공적이고 매력적인 것으로 묘사하는 것에 내해 혹시 불편한 독자들이 있을지 모르겠다. 그들은 과학기술의 폐해도 봐야 한다고 주장하는 사람들일 것이다. 물론 과학기술에는 환경 문제, 전쟁, 범죄, 인간 소외 등과 같이 어두운 측면도 분명 존재한다. 그리고 이런 문제는 반드시 진지하게 다루어야 할 중요한 주제이다. 이를 부인하는 것은 아니다. 하지만 과학기술의 본질을 이해하기 위해서는 그런 지식이 어떻게 생성되고 유통되고 받아들여지며 사용되는가에 대한 전체적인 분석과 조망이 우선적으로 필요하다. 처음부터 과학기술의 명암만을 가지고 싸우다 보면 이념 갈등으로 끝나기 쉽고 별로 생산적이지도 못하다(과학기술의 명암 문제에 대해서는 이 시리즈의 『현대기술의 빛과 그림자: 토플러 & 엘륄』을 참조하시오).

다시 질문으로 돌아가보자. 이에 대한 답을 찾다 보면 영국 계몽주의 사상가였던 프란시스 베이컨 Francis Bacon, 1561~1626에게까지 거슬러 올라가게 된다. 그는 편견 없는 관찰과 귀납 추론 inductive inference 을 통해서만 지식의 축적이 가능하다고 역설하며 '귀납주의'라는 지식 방법론을 최초로 집대성했다. 논리 실증

귀납주의 방법론을 집대성한 철학자, 프란시스 베이컨

주의자들은 베이컨의 귀납주의를 정교화하는 과정에서 자신들의 과학관을 확립했다.

귀납으로 과학하기

베이컨의 귀납주의가 무엇인지를 논하기 전에 일단 귀납^{induction} 혹은 귀납 추론이 무엇인지부터 알 필요가 있다. 추론(혹은 추리)이란 전제에서 결론을 이끌어내는 논리적 과정을 의미하며 거기에는 크게 연역 추론^{deduction}과 귀납 추론이 있다. 연역 추론은 전제들이 참이기만 하면 결론이 항상 참이 되는 추론이다. 즉 연역 추론은 항상 전제에 포함되어 있는 내용만을 결론으로 이끌어낸다. 다음을 살펴보자.

모든 사람은 죽는다. 　　　　　전제 1
철수는 사람이다. 　　　　　　　전제 2
―――――――――――――――――――――
따라서 철수는 죽는다. 　　　　결론

모든 까마귀는 검다.
여기에 까마귀 한 마리가 있다.
―――――――――――――――――――――
따라서 이 까마귀는 검다.

모든 금속은 열을 받으면 늘어난다.

구리는 금속이다.

따라서 구리는 열을 받으면 늘어난다.

위 추론의 경우 전제들이 참이면서 결론이 거짓인 경우는 있을 수 없다. 가령 모든 사람이 죽고, 철수가 사람이라면 철수가 죽지 않을 수 없다. 또한 모든 까마귀가 검다면 어디에 사는 까마귀든 검은 색을 띠지 않을 수 없다. 다른 말로 하면 연역 추론에서는 전제들이 참이면 결론은 무조건 참이 된다. 이렇게 전제의 진리(참)가 결론의 진리(참)를 보증하는 추론을 가리켜 '진리 보존적 추론'이라고 하며 연역 추론이 그에 해당한다. 연역 추론의 대표적인 예는 수학이다. 몇 가지 공리 axiom 에서 중요한 정리 theorem 를 이끌어내는 과정은 전형적인 연역 추론 과정이다. 그러나 전제 속에 이미 결론의 내용이 포함되어 있는 연역적 방법만으로는 자연에 대한 지식을 쌓는 데 한계가 있다. 실제로 베이컨은 연역 추론을 강조한 아리스토텔레스의 『기관 Organum』에 대한 반론으로서 『신기관 Novum Organum』(1620)이라는 책을 썼는데, 거기서 그는 연역 추론만으로는 자연에 대한 지식의 축적은 불가능하다고 주장했다. 신기관, 즉 새로운 방법이란 귀납 추론을 뜻하는 것이었다.

귀납 추론은 연역 추론과는 달리 전제들이 참이라고 해서 결론의 참이 늘 보장되지는 않는다. 하지만 결론을 이끌어내는 일반화의 과정에서 전제에는 없는 새로운 내용들이 추가된다. 다음을 보자.

타이레놀을 먹으면 대체로 열이 떨어진다.   전제 1

고열이 있는 철수가 타이레놀을 먹었다.　　　전제 2

철수는 열이 내릴 것이다.　　　결론

광주에 있는 까마귀는 검다.
대전에 있는 까마귀도 검다.

모든 까마귀는 검다.

우리 반 영희는 오빠가 있다.
우리 반 순희도 오빠가 있다.

우리 반 모든 여학생은 다 오빠가 있다.

　　귀납 추론은 전제들이 결론을 이끌어내는 데 긍정적인 역할을 하지만, 그렇다고 해서 결론의 참을 보증해주지는 않는다. 위의 사례들에서 철수는 이상한 바이러스에 감염되어 타이레놀로도 열이 떨어지지 않을 수도 있고, 광주와 대전의 까마귀가 검다고 해서 반드시 모든 까마귀가 검으리라는 법도 없다. 또한 우연찮게 영희와 순희에게 오빠가 있다 하더라도 같은 반의 모든 여학생에게 오빠가 있다고 말할 수는 없다. 따라서 귀납 추론은 연역 추론과는 달리 진리를 보존하지 못한다. 대신 결론이 이미 전제 속에 포함되어 있는 연역 추론과는 달리 귀납 추론의 결론에는 전제에 없는 새로운 사실들이 추가된다. 그래서 사람들은 귀납 추론을 '내용 확장적 추론'이라고도 한다.

귀납주의자들은 관찰을 통해 자연 속의 규칙성을 발견하고 그것을 귀납 추론을 통해 정식화하는 경우에만 과학이 된다고 말한다. 그들에게 수학은 과학이 될 수 없다. 왜냐하면 수학에는 상당히 복잡한 연역 논리학만을 사용하기 때문이다.

실제로 베이컨은 귀납 추론을 방해할 수 있는 것들을 '마음의 우상'이라 하고 네 가지를 열거했다. 첫째는 종족의 우상이다. 이 우상은 선입견 때문에 진리를 보지 못하는 인간의 경향을 지칭한다. 둘째, 동굴의 우상은 개인의 성격적 특성 때문에 추론에 오류를 범하는 경우를 뜻한다. 셋째, 시장의 우상은 우리들이 사용하는 언어와 용법들이 부적절해서 생기는 언어적 혼동을 의미한다. 넷째, 극장의 우상은 아리스토텔레스의 학문 방법과 잘못된 방법과 결부되어 있는 철학 체계 때문에 발생하는 오류를 말한다.

베이컨에 따르면 진리에 이르기 위해서는 이 네 우상의 손아귀에서 벗어나야 할 뿐만 아니라 관찰과 실험을 통해 자료를 수집하여 일반적인 결론을 내려야 한다. 그의 귀납주의를 좀 더 자세히 분석하면 다음과 같은 세 단계로 구성되어 있음을 알 수 있다.

① 자료수집 단계 : 관찰과 실험으로부터 사실들을 '편견 없이' 수집한다.
② 일반화 단계 : 수집된 사실들을 귀납 추론을 통해 일반화하여 가설을 얻는다.
③ 가설 정당화 단계 : 이 가설로부터 새로운 관찰과 실험 결과들을 '연역적'으로 이끌어낸 다음 이를 실제 경험 자료와 비교하여 '시

험'해본다.

한마디로 귀납주의 과학론은 과학 지식이 귀납에 의해 생성되고 정당화된다는 견해이다. 베이컨은 사람들이 이런 원칙에 따라 주의 깊게 행동한다면 누구든 객관적이고 확실한 지식에 도달할 수 있다고 굳게 믿었다. 달리 말하면 그런 지식에 도달하지 못하는 것은 탐구자의 편견과 부주의 때문이지 방법 자체의 문제는 아니라는 것이다. 사실 이런 식의 과학적 방법론은 매우 상식적이어서 오늘날에도 별 의심 없이 통용되고 있다.

그 이유를 추적해보기 위해 우선 위의 세 단계를 두 가지 맥락으로 구분해서 생각해보자. ①과 ②는 과학적 탐구에서 가설이 생성 혹은 발견되는 맥락이다. 반면 ③은 생성된 가설을 경험에 비추어 그 정당성을 결정하는 맥락이다. 그래서 20세기 초의 과학철학자 라이헨바흐는 전자를 '발견의 맥락 context of discovery'으로, 후자를 '정당화의 맥락 context of justification'으로 구분했다. 어떤 과학 방법론이 적절한지를 판단하려 할 때 이 두 맥락을 구분하여 논의를 하는 것이 유용하다.

귀납주의 방법론자들은 우선 발견의 맥락에서는 자료를 수집하는 단계(위의 ①의 단계)에서 객관성이 확보되고, 귀납 추론이 사용된 자료의 일반화 단계(②의 단계)에서 논리적 합리성이 보장된다고 주장한다. 이런 주장은 과학사에 비춰볼 때 일견 그럴듯해 보인다. 예컨대 16~17세기 천문학자 케플러 Johannes Kepler, 1571~1630는 행성 운동에 대해 브라헤 Tycho Brahe, 1546~1601가 오랫동안 축적해 놓은 관찰 자료들을 장기간에 걸쳐 집요하게 살핀 뒤에 행성의 운동 법칙에 도달했던 것처럼 보이기도 하고, 다윈 Charles Robert Darwin, 1809~1882은 비글호를 타고 항해하면서 얻은 수많은 자료들을 오랜 기간 동안 수집한 뒤에야 자연선택론에 이른 것처럼 보인다.

어떤 생물학자가 대전 까마귀, 서울 까마귀, 부산 까마귀 등을 편견 없이 수집했다고 하자. 이런 식으로 1천 마리를 수집한 결과 모두 검은색이었다. 그래서 그런 자료를 바탕으로 '모든 까마귀는 검다'라고 일반화했다. 이것이 경험적 일반화이다. 그 뒤 이 결론을 도출하는 데 사용되지 않은 새로운 사례들, 가령 제주도 까마귀가 검은지를 확인해본다. 관찰 결과 제주도 까마귀 역시 검은색이었다면 그 가설은 입증이 된다. 하지만 제주도 까마귀가 검지 않고 회색이었다면 그 가설은 기각된다.

귀납주의자들은 이 세 단계를 정확하게 지켜야 하는 것이 과학이라고 주장한다. 다시 말하면 과학자는 편견 없이 자료를 수집하고, 그 수집된 자료를 귀납 추론을 통해서 일반화하고, 이 경험적 일반화에서 연역된 새로운 예측들이 실제와 부합하는지를 시험해봐야 한다.

'편견 없이'는 가능할까?

하지만 이러한 방법론은 매우 심각한 문제들을 안고 있다. 그중 하나는 과학사에 기록된 위대한 과학자들도 그런 방법론을 따르지 않았다는 사실이고, 다른 하나는 그런 방법론을 따를 때 발생하는 논리적 취약점이 매우 심각하다는 점이다. 이 문제들을 차례로 검토해보자.

귀납주의 방법론의 첫째 단계는 베이컨이 특히 힘주어 말한 부분이다. 여기에는 역사적인 맥락이 있다. 베이컨이 활동하던 16~17세기는 지식인들이 마치 유행처럼 저마다 자신의 이데올로기를 자랑하던 시기였다. 즉 지식을 쌓는 방법에 대해 온갖 견해들이 난립하던 시기였다. 베이컨은 그런 세태를 비판하면서 올바른 귀납 추리를 방해하는 것들을 '마음의 우상'이라고 했다. 그리고 이러한 우상을 철저히 배격하면서 편견 없는 지식을 얻는 것이 무엇보다 중요하다고 얘기했다. 좋은 얘기 아닌가? 여기에 무슨 문제가 있단 말인가? 하지만 '편견 없이 자료를 수집한다'는 것이 과연 가능한가?

우선 '편견 없이'라는 것이 어느 범위까지를 의미하는지를 생각해볼 필요가 있다. 우연히 까마귀 한 마리를 보게 되었는데 검은색이었다. 그 사람의 머릿속에는 '모든 까마귀는 검다'라는 가설이 떠올랐다. 이때 '모든 까마귀는 검다'라는 가설로 시작을 했다면 편견 없이 자료를 모은다는 것은 무엇일까? 까마귀만 본다는 것일까? 아니면 그것과 다른, 예를 들어 까치도 봐야 하고, 신발도 봐야 한다는 것일까? 어떤 관찰이 그 가설과 상관이 있고 없음을 어떻게 알 수 있을까? 까마귀에 대한 가설이니 까마귀만 관찰하면 되지 않을까? 하지만 이것도 일종의 편견일 수 있다. 왜냐하면 까마귀가 아닌 다른 것들도 까마귀에 대한 간접 정보가 될 수 있기 때문이다.

너무 까다로운 규정인가? 그렇다면 한발 양보를 해서 까마귀에 한정해서 자료를 수집하는 것을 '편견 없이' 수집하는 것이라 해보자. 이 정도로 범위를 한정한다면 '편견 없이' 자료를 수집하는 것은 가능할까? 하지만 이 역시 가능하지도 효율적이지도 않아 보인다. 까마귀에 한정한다 해도 편견 없이 자료를 수집하려면 세상의 모든 까마귀를 다 불러내야 하기 때문이다. 수없이 많은 까마귀 중 죽은 까마귀들도 있을 것이고, 앞으로 태어날 미래의 까마귀들도 무수히 많다. 또한 까마귀는 한국에만 살지 않는다. 미국, 유럽, 아프리카의 까마귀도 있다. 이들을 다 조사한다는 미션은 절대 불가능하다. 즉 '편견 없이'라는 용어를 제한된 의미로 받아들인다 해도 모든 시공간 속에 존재하는 무수한 사례들을 다 관찰할 수는 없다.

그렇다면 또 한발 양보해서 수많은 과학자들이 협동하여 편견 없이 수집을 했다고 치자. 이것이 과연 바람직한 일일까? 아무리 부지런한 과학자라도 일생 동안 단 하나의 가설도 세우지 못하고 죽게 될 것이다. 너무 비효율적인 방식이다. 사실 과학자들은 아무런 배경 지식도 없이 자료를 모으지는 않는다. 자신이 잠정적으로 가지고 있는 가설들을 바탕으로, 그리고 그것의 인도를 받아 사실들을 수집한다.

일종의 편견을 가지고 이렇게 자료를 수집하는 것이 정말로 과학자들의 일상일까? 그저 그런 과학자들이나 이런 방식을 택하는 것은 아닐까? 훌륭한 과학자의 전형이라 할 수 있는 뉴턴의 경우는 어떤가? 과연 뉴턴이 귀납주의자들의 주장처럼 자료를 수집하고 가설을 만들었을까?

흔히 뉴턴이 떨어지는 사과를 보고 만유인력을 발견했다고들 한다. 하지만 과학사학자들은 대부분 그것이 거짓이라고 말한다. '뉴턴의 사과'는 실제로 뉴턴이 진술한 내용이기는 하다. 뉴턴은 말년에 어떻게 자신이 만유인력의 법칙을 발견했느냐는 질문에 "내가 사실은 케임브리지 대학에 다닐 때 교정에 앉아 있다가 사과가 떨어지는 것을 보고 두 물체가 서로 끌어당기기 때문에 떨어지는 것이 아닐까 생각하고 만유인력을 발견했다"는 식으로 술회했다. 사실 그 당시는 인력 법칙에 대한 선취권 논쟁이 일어나고 있었다. 즉 누가 먼저 만유인력을 발견했느냐를 가지고 후크R. Hook라는 학자와 논쟁을 하던 시기였다. 후크가 먼저 발견했다는 주장에 대해 뉴턴은 자기를 변호해야 했을 것이다. 오늘날 '뉴턴의 사과' 이야기가 유명하게 된 것은 자신의 선취권을 주장하기 위한 뉴턴의 진술을 액면 그대로 받아들인 결과라고 할 수 있다. 그렇다면 뉴턴이 편견 없이 자료를 수집한 뒤 귀납 추론을 통해 가설을 세운 것이 아니란 말인가?

뉴턴은 평생 동안 프랑스의 대학자 데카르트를 의식하며 살았다. 지금의 학문 분류법으로 보면 물리학자이기도 했던 데카르트Rene Descartes, 1596~1650는 이른바 기계론적 철학mechanical philosophy에 근거해서 역학을 발전시켰다. 데카르트는 회의주의를 극복하기 위해서 선험적으로 몇 가지 원리들을 기정사실처럼 받아들인 뒤에 그것으로부터 모든 지식을 연역해냈다. 그의 역학도 그런 과정에서 나왔다. 뉴턴은 데카르트의 방법론에 경험적 요소가 전혀 개입되지 않았다고 생각했다. 그래서 그는 데카르트를 염두에 두면서 "나는 가설을 만들지 않는다"라는 유명한 말을 남겼다. 즉 뉴턴은 데카르트가 그랬던 것처럼 선험적으로 무엇인가를 끄집어내어 거기서부터 연역해 나가는 방식으로 과학 활동을 하지 않을 것이며, 오직 경험에서 출발해서 경험으로 끝을 맺겠다는 뜻이었다.

그러나 정작 뉴턴의 『프린키피아 Principia』를 보면 경험적이지 않은 것들이 상당히 많다. 예컨대 멀리 떨어져 있는 두 물체 사이에 힘이 존재한다는 것이 과연 경험적 일반화를 통해 얻어질 수 있는 사실일까? 중력이나 원거리 작용 action at a distance 이 존재한다는 것은 일종의 전제이지 경험을 통해 얻을 수 있는 명제는 아니다. 물론 그가 데카르트보다는 훨씬 더 경험을 강조한 것은 사실이다. 하지만 뉴턴에게도 경험만 있었던 것은 아니었다. 그런 의미에서 뉴턴이 귀납주의 과학자의 전형적인 모습을 보여주었다고 하기는 어렵다(뉴턴과 데카르트의 관계에 대해서는 지식인마을 시리즈 중 『거인의 어깨에 올라선 거인: 뉴턴 & 데카르트』를 참조하시오).

그렇다면 우리가 훌륭한 과학자로 칭송해 마지않는 뉴턴이 과학자로서의 자질을 갖추지 못했다는 말인가? 만일 귀납주의자들이 과학은 자신들이 규정하는 방식으로만 해야 한다고 주장한다면 뉴턴도 과학자 목록에서 탈락할 가능성이 높다. 뉴턴이 과학자가 아니라면 도대체 누가 과학자가 될 수 있겠는가?

귀납의 문제에 부딪힌 러셀의 칠면조

이제 가설이 만들어지는 맥락의 둘째 단계, 수집된 사실들을 귀납 추론을 통해 일반화하는 단계로 시선을 옮겨 보자. 여기서 발생하는 문제는 이른바 '귀납의 문제'로 앞에서 논의했던 문제와는 비할 수 없을 정도로 심각하다. 실제로 귀납주의자들은 앞선 문제점들에 대해서는 자신들의 논지를 해치지 않는 범위에서 얼마든지 물러설 수 있다.

가령 "그래, 좋다. 자료 수집에서 배경 이론의 중요성, 다시 말해 기존 이론의 안내를 받아 자료를 수집할 필요성은 인정하겠다"라고 답해버리면 그만이기 때문이다. 이렇게 하면 과학의 객관성도 별 탈 없이 보존할 수 있다. 그러나 귀납의 문제는 차원이 다르다. 18세기 영국 철학자 흄 David Hume, 1711~1776에 의해서 본격적으로 제기된 이 문제는, 관찰된 몇몇 사례로부터 경험적 일반화로 나아가는 것은 그 수가 아무리 많다 해도 논리적 오류라는 논제이다. 이런 문제는 앞서 귀납 추론에 대한 논의에서 이미 예시되었듯이 전제들의 참으로부터 결론의 참을 이끌어낼 수 없기 때문에 발생한다.

우리는 의식적으로 느끼고 있지는 않지만 늘 귀납 추론을 하면서 살아가는 존재이다. 가령 우리는 아침에 버스나 지하철을 타고 별 생각 없이 등교를 해서 책상 앞에 앉는다. 별 생각 없이 교실에 들어갈 때에도 무의식은 이렇게 말하고 있을 것이다. "2년 전에도, 1년 전에도, 어제도 교실 지붕은 무너지지 않았으니까 오늘도 괜찮을 거야." 하지만 우리는 이런 귀납 추론의 문제점에 대해 그 누구보다 매우 뼈아픈 기억을 갖고 있다. 삼풍백화점 붕괴, 성수대교 붕괴와 같은 사건들이 바로 그것이다. 20세기 영국 철학자 러셀 Bertrand. Russell, 1872~1970은 귀납의 문제를 다음과 같이 희화적으로 표현했다

어떤 사람이 칠면조를 기르고 있었다. 그는 하루도 거르지 않고 매일 아침 칠면조에게 먹이를 가져다주었다. 그래서 칠면조는 '주인은 아침마다 내게 먹이를 가져다주는구나'라고 생각했다. 그런데 백 일째되는 날 아침, 그날도 여전히 칠면조는 음식을 가

져다 줄 주인을 기다리고 있었다. 그런데 이게 웬일인가? 주인은 그날 아침 먹이 대신 칠면조 자신의 목에 칼을 들이대는 것이 아닌가! 그날이 바로 추수감사절이었기 때문이다. 99일 동안 먹이를 가져다주었다는 사실로부터 백 일째 되는 날에도 먹이를 가져다줄 것이라는 기대를 갖는 것은 이렇게 위험이 따를 수 있다. 이것이 바로 귀납의 문제이다.

귀납 추론의 경우에는 언제나 내용의 확장이 일어나기 때문에 전제들이 참이라고 해서 결론의 참이 보장되지 않는다는 문제점이 발생한다. 만약 이 문제가 만족스럽게 해결될 수 없다면 귀납주의자들은 치명타를 입게 될 것이다. 왜냐하면 그들은 과학의 합리성을 귀납 추론의 합리성에서 찾으려고 했기 때문이다.

그렇다면 이 상황에서 크게 두 가지 대응이 가능할 것이다. 하나는 귀납의 문제가 해

결될 수 없는 난제라는 것을 인정하고 귀납 추론이 배제된 과학 방법론을 제시하는 방법이고, 다른 하나는 귀납의 문제를 해결 가능한 것으로 판단하고 그 해결책을 찾기 위해 노력하는 방법이다. 포퍼는 적어도 과학과 관련해서 귀납은 불필요하며 귀납 없이도 과학의 합리성을 보존할 수 있는 다른 방법이 있다고 제안한다. 이런 입장을 우리는 포퍼의 '반증주의falsificationism'라고 한다.

한편 몇몇 철학자들은 귀납을 실용적 차원에서 정당화하려고 하기도 했다. 귀납 추론을 통해 우리가 별 문제 없이 살아왔기 때문에 그 추론은 정당화될 수밖에 없다고 주장한 것이다. 하지만 이런 정당화는 귀납 추론을 귀납 추론으로 정당화한다는 순환의 문제를 갖고 있다. 귀납의 문제가 난제인 것만은 틀림이 없고, 이와 같은 난제를 그 중심 영역에 갖고 있는 귀납주의 방법론 역시 그 적합성이 의심스러운 것 또한 사실이다.

지금까지는 발견의 맥락에서 귀납주의 방법론이 어떤 문제점들을 드러내는지 살펴보았다. 특히 귀납의 문제는 매우 치명적인 것이어서 귀납의 문제를 해결하거나 귀납 추론이 개입되지 않은 과학 방법론을 개발해야 할 필요성이 대두되었다. 이에 대해 논리 실증주의 내부에서 일차적인 대안으로 제시된 것이 바로 가설 연역적 방법론이다.

꿈꾸는(?) 과학자들

가설 연역적 방법론은 발견의 맥락에 대한 귀납주의 방법론은 거부하지만 정당화의 맥락에 대해서는 그것과 동일한 견해를 가진다. 이 견해에 의하면 경험적 가설은 귀납 추론에 의해 형성되지 않고 다양한 방법을 통해 '창안'된다. 즉 과학자들은 자연 속에 있는 규칙성을 귀납 추론에 의해 경험적 일반화로서 '발견'하기보다는 주어진 문제에 대한 해답으로서 가설들을 제안할 뿐이라는 것이다. 예컨대 어떤 과학자는 문제 해결에 골몰하다가 잠깐 조는 사이에 꿈을 통해 영감을 받아 성공적인 가설을 세우기도 하고, 또 어떤 사람들은 특정한 형이상학적 신념에 의해 가설을 창안하기도 한다.

케쿨레 Friedrich August Kekule von Stradonitz, 1829~1896 라는 화학자의 이름을 들어본 적이 있을 것이다. 그는 독일의 화학자로 벤젠 benzene 의 구조를 처음으로 발견한 사람이다. 그런데 그가 벤젠의 구조를 발견하게 된 과정은 믿기지 않을 정도로 흥미롭다. 당시에 그는 유기화학이라는 새로운 연구 분야에 몰두하면서 탄소(C) 원자와 수소(H) 원자 등을 결합하여 유기물의 구조를 설명하는 새로운 이론을 확립해 나갔는데, 그 구조의 정체가 계속해서 수수께끼로 남아 있었다. 그것은 요즘 우리가 알고 있는 '벤젠(C_6H_6)'이라는 물질이었다. 그가 확실히 알고 있었던 사실은 벤젠이 탄소 6개와 수소 6개로 구성되어 있다는 것뿐이었고, 별의별 결합 방식을 다 동원해봐도 벤젠의 구조가 정확히 포착되지 않았다.

그러던 어느 날 벽난로 옆에서 깜빡 잠이든 케쿨레는 뱀들이 춤을 추는 꿈을 꾸었다. 뱀 한마리가 다른 뱀의 꼬리를 물고 꼬리를 물린 뱀은 또 다른 뱀의 꼬리를 물면서 뱅글뱅글 도는 춤이었다. 드디어 처음 뱀이 마지막 뱀의 꼬리를 물고 원형을 그리자 잠에서 깨어났다. 케쿨레는 잠에서 번뜩 깨자마자 "유레카!"를 외치며 육각형 모양의 벤젠의 구조를 노트에 그리기 시작했다. 이것이 바로 벤젠 구조의 발견에 얽힌 일화이다.

이렇듯 과학자의 창조력이라는 것이 편견 없는 관찰이나 실험을 통해서만 오는 것이 아니라 가끔씩은 이런 엉뚱한 방식으로 나올 수도 있다. 가설 연역주의는 분명 귀납주의 방법론에 비해 실

제 과학자들의 탐구 활동과 잘 부합하는 면이 있다. 그리고 가설 형성의 효율성 측면에서도 귀납주의보다 더 바람직해 보인다. 온갖 종류의 상상력을 막는다면 과학의 발전은 지금보다 훨씬 더 지지부진했을지도 모른다.

어디 케쿨러의 사례뿐이겠는가? 3개월 동안 회로도를 그리기 위해서 애를 썼지만 도저히 풀리지 않자 집에 들어갔던 전기공학자가 있다. 머리도 식힐 겸 샤워를 하고 있는데 갑자기 좋은 아이디어가 떠올라서 비눗물만 대충 씻고 곧바로 실험실로 달려가서 석 달 동안 풀지 못한 문제를 푼다. 이런 종류의 이야기들은 과학자들에게 전혀 낯설지 않다.

과학자들은 항상 문제의식을 가지고 있고, 그 문제에 대한 해결책으로 뭔가를 제시한다. 이때 직관력이 크게 작용하기도 하는데, 물리학자 파인먼 Richard Phillips Feynman, 1981~1988 의 책을 읽어보면 이런 직관의 힘을 느낄 수 있다. 그는 『물리학 강의』에서 복잡한 수식은 거의 사용하지 않으면서도 깊은 통찰력으로 독자들을 심오한 물리학의 세계로 안내한다.

전기공학자들에게 널리 회자되는 신화 같은 이야기도 있다. 특정한 기능을 수행하는 회로를 설계하기 위해 슈퍼 컴퓨터를 사흘 동안 돌려서 회로도를 손에 넣었는데, '회로의 대가'라는 어떤 학자는 대충 훑어보더니 '여기쯤에 얼마 정도의 저항을 걸어주면 되겠고……' 하는 식으로 마치 도사처럼 대강의 회로도를 만들었다. 그런데 나중에 비교를 해보니 슈퍼 컴퓨터만큼이나 정확했다고 한다. 무선전신을 발명한 마르코니 Guglielmo Marconi, 1874~1937 같은 사람이 대표적 사례이다. 그들은 복잡한 계산보다는 직관적 통찰의 달인들이다. 그래서 어떤 학자들은 유비 추론이나 직관력이 뛰어난 과학자들을 연구해서 과학적 탐구의 논리를 찾아내려고도 한다. 어쨌든 가설 연역주의는 가설 생성의 맥락에 대해 귀납주의의 경직됨을 극복하려는 하나의 시도이다. 그러면 이제 가설 연역주의 방법론을 정식화해보자.

① 주어진 문제를 해결하기 위해 추측을 비롯한 온갖 방법을 동원하여 가설을 제시한다.
② 이 가설로부터 새로운 관찰과 실험 결과들을 연연적으로 이끌어 낸 다음 이를 경험에 비춰 시험해본다.

위에서 보듯이 가설 연역적 방법론의 둘째 단계는 귀납주의 방법론의 셋째 단계와 실제로 동일해 보인다. 즉 정당화의 맥락에 대해 두 견해 모두 '경험에 비춰 시험'해본다고 되어 있다. 그렇다면 이 과정에는 문제점이 없을까?

귀납은 철학의 스캔들이다

불행히도 이 과정에도 만만치 않은 복병이 기다리고 있다. 그것은 이른바 '검증의 문제' 또는 '입증의 문제'로 표현되는데, 추론의 일반화의 경험적 귀결들이 실제 경험과 부합하는 방식과 관련있다. 다음과 같은 장면을 떠올려보자. 어떤 생물학자가 '모든 까마귀는 검다'라는 가설을 세웠다고 하자. 그런 다음 가설이 정말로 맞는지를 확인하기 위해 새로운 까마귀를 발견할 때마다 색깔이 검은지를 확인하고 있다. 가설을 얻은 뒤 지금까지 그가 새롭게 관찰한 까마귀는 백 마리였고, 그것들은 모두 검은 까마귀들이었다. 그리고 연구실에 돌아온 그는 흥분한 어조로 "내 가설이 증명되었다!"라고 외쳤다. 그런데 이 경우 과연 그의 가설이 '증명'되었다고 볼 수 있을까?

이때 당장 나올 수 있는 반응은 가설이 '증명'되지 않았다는 대답일 것이다. '증명'이라는 것은 어떤 사항이 논리적으로 가능한 모든 경우에 대하여 모순 없이 만족되었다는 뜻일 터인데, 이 생물학자는 겨우 백 가지 경우만을 따져보지 않았는가? 그렇다면 한발 물러나 '증명proof' 대신 '검증verification'이라는 단어를 썼다면 어땠을까? 곤란하기는 마찬가지다. '모든 까마귀는 검다'라는 가설을 검증하기 위해서는 경험적으로 가능한 모든 까마귀를 관찰해야 하기 때문이다. 지금 지구상에 존재하는 모든 까마귀로도 부족하다. 백 년 전, 백 년 뒤의 까마귀도 다 관찰해야만 한다. 초창기의 논리 실증주의자들은 바로 이런 반론에 직면했다.

1장에서 자세히 살펴보았듯이 그들은 경험에 의해 검증 가능한 진술만이 의미 있는 진술이라는 '검증 가능성 원리'를 제안하고, 형이상학이나 종교 등을 의미 있는 진술들의 집합에서 제외시키려 했다. 그러나 그런 원리를 받아들이면 '모든……'(가령 '모든 까마귀는 검다')으로 시작하는 경험적인 보편 진술은 앞서 지적한 대로 검증 불가능(혹은 증명 불가능)하고, 따라서 검증 가능성 원리에 따라 무의미한 명제가 되어버린다. 이런 결과는 논리 실증주의자들에게 매우 심각한 것이었다. 왜냐하면 과학 이론의 상당수가 '모든······'으로 시작하는 보편 진술들로 구성되어 있기 때문이다.

　가령 '모든 금속은 열을 받으면 늘어난다', '모든 새는 알을 낳는다', '일정한 온도에서 고정된 질량을 가진 기체는 압력과 부피의 곱이 일정하다'(보일의 법칙), '빛이 거울에 입사하는 각도와 반사하는 각도는 같다'(반사 법칙), '어떤 매질을 통과하는 빛의 입사각과 굴절각의 비율은 일정하다'(스넬의 법칙), '두 물체 사이의 힘은 거리 제곱에 반비례하고 질량에 비례한다'(인력 법칙) 등과 같은 일반화(혹은 법칙)들을 생각해보라. 표현 방법이 다소 다르기는 하지만, 이 진술들은 엄밀히 말해 '모든······'으로 시작하며, 오늘날에도 통용되는 과학의 중요한 부분이다. 그런데 검증 가능성 원리를 엄격히 적용하면 이런 진술들은 무의미해진다.

　'검증 가능성 원리'의 이런 심각한 문제에 대해 논리 실증주

∷ 용어의 미묘한 차이 : 증명 · 검증 · 입증(확증) · 반증

과학에 대해 이야기할 때 "······ 이론이 증명되었다"라는 표현을 많이 사용한다. 과학 관련 기사나 과학자들의 인터뷰 내용에서도 '증명(proof)' 혹은 '검증'이라는 단어가 심심치 않게 등장한다. 하지만 '증명'은 수학이나 논리학에서 사용해야 하는 용어이고, '검증'은 매우 강한 개념이다. 따라서 경험 과학 분야(물리학, 화학, 생물학, 심리학 등)에서 '증명'이나 '검증'보다는 '입증'이라는 표현을 쓰는 것이 더 적절하다('confirmation'을 '확증'으로 번역하는 경우도 있다). 흔히 "······ 이것은 이론이 옳다는 것을 반증한다"라는 식의 기사도 많은데, '반증(falsification)'이 이론을 반박한다는 뜻인 만큼 이런 표현은 오용이다.

자들은 한발 물러날 수밖에 없었다. 결국 그들이 생각해낸 묘안은 '검증' 대신 '입증confirmation'이라는 개념을 도입하자는 것이었다. 이것은 귀납주의자들처럼 경험이 가설을 검증했느냐 아니냐를 더 이상 묻지 말자는 제안이다. 대신 가설을 얼마만큼 지지하는가를 묻자는 것이다. 예를 들어 한 가설을 지지하는 어떤 증거가 나왔다고 해보자. 검증 가능성 원리를 받아들이는 사람이라면 이 증거가 '모든……'으로 시작하는 가설을 검증했느냐 하지 않았느냐를 따질 것이다. 하지만 이제 입증 개념을 들고 나온 이들은 다르게 이야기하기 시작한다. 즉 "그런 증거들이 참일 때 그 가설이 참일 개연성(확률)이 얼마나 될까"를 따지자는 것이다. 엄밀히 말해 검증이란 그 개연성이 1백 퍼센트인 경우이다. 가령 여의도에서 발견된 검은색 까마귀는 '모든 까마귀는 검다'를 결코 검증할 수 없고, 단지 일정 정도 입증할 수 있을 뿐이다.

그러나 이런 묘안에도 불구하고 문제는 쉽게 사라지지 않는다. 입증의 경우에도 보편 진술을 검증할 때와 똑같은 종류의 문제가 발생하기 때문이다. 생각해보면 간단하다. 보편 진술을 개별 관찰 진술들이 입증해줄 확률은 결국 유한수 나누기 무한수이지 않는가? 개별 사례를 아무리 더한들 무한수인 '모든……'으로 나누면 그 값은 결국 '0'이 된다. 다시 말해 어떤 보편 언명도 경험적 증거에 의해 입증될 수 없다는 것이다. 사실 이 문제는 개별 사례로부터 일반 진술로 나아갈 때 발생하는 문제이므로 근본적으로 귀납의 문제라 할 수 있다. 귀납 추론은 그 광범위한 용도에도 불구하고 철학적으로는 정당화되기가 매우 힘든 큰 골칫거리이다. 귀납으로 과학의 본질을 설명하려고 했던 논리 실증주의자들도 이로써 큰 곤경에 빠진다. 그들의 두 척의 배, 귀납주의와 가설 연역주의는 바로 이 '귀납의 문제'라는 물귀신 때문에 점점 가라앉고 있었다. 영국의 철학자 브로드^{C. D. Broad, 1887~1971}가 "귀납은 과학에는 영광이요 철학에는 스캔들"이라고 했던 것도 아마 이런 상황을 두고 한 말일 것이다. 귀납으로는 곤란하다면 도대체 어떻게 과학을 하라는 말인가?

> 깊이
> 읽기

이 장에서 귀납주의, 가설·연역주의, 그리고 반증주의를 구분해서 논의했다. 논리 실증주의자들이 과학의 본질을 귀납추론으로 보고 귀납주의와 가설·연역주의를 발전시켰으며, 포퍼는 '귀납 없는 과학'의 가능성을 자신의 반증주의로 발전시켰다고 했다. 그런데 어떤 이들은 가설·연역주의를 반증주의와 같은 것으로 보기도 한다. 반증주의가 과학에 '반증'이라는 연역 논리만을 사용하자고 제안하는 입장이기에 그렇게 볼 수도 있을 것이다. 하지만 귀납 논리를 버리지 않고 입증confirmation 이론을 발전시킨 사람들(가령, 대표적 논리실증주의자인 카르납처럼)에게 우리가 통상적으로 가설·연역주의자라는 꼬리표를 달아주는 이상, 가설·연역주의와 반증주의를 동일한 방법론으로 놓는 것은 관례상 적절하지 않아 보인다. 이런 용어의 혼동을 줄이기 위해서라도 귀납주의, 가설·연역주의, 반증주의의 구분보다 '검증주의verificationism, 입증주의confirmationism, 반증주의'의 구분이 더 분명해보일 수도 있을 것이다. 하지만 '입증주의'라는 용어가 널리 통용되지 않기 때문에 나는 여기서 전자의 삼분법을 따랐다.

프란시스 베이컨은 **『신기관 : 자연의 해석과 인간의 자연 지배에 관한 잠언』**(프란시스 베이컨 저/진석용 역, 한길사, 2001년)에서 아리스토텔레스의 지식 방법론을 비판하며 그 대안으로 귀납에 근거한 새로운 자연철학을 제시한다. 귀납주의 과학철학에 대해서는 **『귀납논리학 : 선택과 승률』**(B.스킴스 저/김선호 역, 서광사, 1990년)과 **『귀납논리와 과학철학』**(이초식 등저, 철학과 현실사, 2000년)이 도움이 될 것이다. 대표적 논리 실증주의자 루돌프 카르납의 **『과학철학입문』**(R. 카르납 저/윤용택 역, 서광사, 1993년)에서는 논리 실증주의 정신과 기본

주장들이 잘 드러나 있다. 뉴턴과 데카르트의 과학 방법론에 관해서는 지식인 마을 시리즈 10권인 『거인의 어깨에 올라선 거인: 데카르트 & 뉴턴』(박민아 저, 김영사, 2006년)을 참조하시오.

보편 언명의 입증도가 결국 '0'일 수밖에 없다는 것이 입증confirmation에 관한 유일한 문제는 아니다. 또 다른 심각한 문제가 있다. 다음을 보자. '검은 까마귀'는 "모든 까마귀는 검다"라는 보편 진술의 입증 사례confirming instance이고 '흰 까마귀'는 그 진술의 반증 사례이다. 그런데 "모든 까마귀는 검다"라는 진술은 그것의 대우명제인 "모든 검지 않은 것은 까마귀가 아니다"라는 진술과 논리적으로 동치이다. 그리고 어떤 진술을 입증하는 사례는 그 진술의 논리적 동치인 또 다른 진술도 틀림없이 입증할 것이다. 여기서 문제가 발생한다. "모든 까마귀는 검다"라는 진술과 논리적 동치인 "모든 검지 않은 것은 까마귀가 아니다"를 생각해보자. 논리적으로 보면 '빨간 구두'는 후자의 입증 사례이며 그것의 동치인 전자의 입증 사례도 되어야 한다. 즉, '빨간 구두'가 "모든 까마귀는 검다"를 입증하는 사례가 된다는 뜻이다! 이런 결론은 직관적으로 받아들이기 쉽지 않다. '빨간 구두', '흰 분필', '회색 머리카락' 등이 어떻게 까마귀에 대한 가설을 입증한다는 말인가? 논리 실증주의자였던 헴펠C. G. Hempel은 입증과 관련된 이 문제를 '까마귀 역설raven paradox'이라 부르며, 논리 실증주의가 입증 사례가 무엇인지조차 결정하기 힘든 문제를 안고 있다고 논증했다.

만남 3

반박될 수 없다면 과학이 아니다
포퍼의 반증주의

과학 지식은 추측과 반박을 통해 성장한다
– 포퍼, 『추측과 논박』(1963)

 귀납의 문제는 과학철학의 뜨거운 감자다. 해결하자니 답이 보이지 않고 그냥 무시하자니 귀납 없는 과학은 상상하기조차 어렵기 때문이다. 적지 않은 철학자들이 이 문제를 해결하려고 덤볐지만 '되로 주고 말로 받는 격'이었다. 귀납 추론을 사용하지 않고 과학을 할 수 있는 방법은 정말 없는 것일까? 철학자 카를 포퍼는 "귀납의 문제는 도저히 해결할 수 없으며, 귀납이 아닌 연역만으로도 과학을 할 수 있는 방법이 있다. 그것은 바로 반증이다"라고 주장하며 '반증주의'라는 새로운 해법을 내놓았다.

비트겐슈타인, 포퍼를 향해 부지깽이를 들다

40대 중반의 남성이 연단 위에서 강의실이 쩌렁쩌렁 울릴 정도로 열변을 토하기 시작했다. 하지만 채 10분도 흐르기 전에 청중처럼 보이는 50대 중반의 남성이 부지깽이를 집어 들고는 연단 위의 남자를 향해 휘두르기 시작했다. 어떤 노신사가 제지하자 그는 씩씩거리며 문을 박차고 나가버렸다.

1946년 10월 25일 영국 케임브리지 대학 킹스 칼리지의 한 강의실에서 실제로 일어난 사건이었다. '모럴 사이언스 클럽'의 정기 학술 세미나가 진행되고 있던 그 강의실에서 그 부지깽이를 흔들다 뛰쳐나간 사람은 루트비히 비트겐슈타인이고, 그를 말린 사람은 그 모임의 좌장이었던 버트란트 러셀이었다. 그리고 초청 연사는 카를 포퍼였다. 그중 러셀과 비트겐슈타인은 당시에 이미 철학계의 거성이었고, 포퍼는 이른바 '뜨는 별'이었다. 한 시대를 풍미했던 철학자 셋이 이렇게 한날한시에 같은 자리에 앉아 있는 일은 그 전에도 없었고 그 뒤로도 없었던 사건이다. 이런 역사적 만남에 부지깽이가 웬 말인가! 비트겐슈타인은 포퍼의 강연에 대해 왜 그런 엽기적인(?) 반응을 보였을까? 정말로 그런 일이 벌어지긴 했단 말인가?

이것은 흔히 '부지깽이 스캔들'이라는 이름으로 전설처럼 회자되어 온 유명한 사건이다. 그런데 흥미로운 사실은 이 사건의 전말에 대한 참석자들의 증언과 포퍼의 증언이 사뭇 다르다는 점이다. 포퍼는 훗날 『끝나지 않은 탐구 Unended Quest』(1976)라는 자서전에서 이날을 다음과 같이 회상한다.

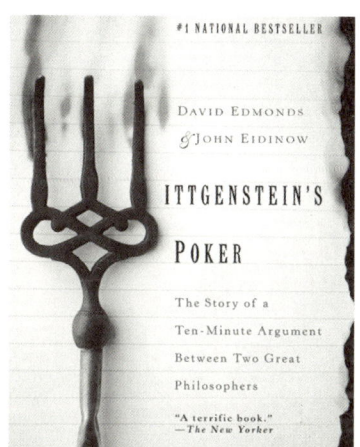

'부지깽이 스캔들'의 진실을 해명하기 위해 비트겐슈타인과 포퍼의 성장 배경, 교육 환경, 철학적 차이 등을 한 편의 드라마로 재구성한 『비트겐슈타인은 왜?』

그 자리에서 비트겐슈타인에게 도발적인 질문을 던졌다. 사실 나는 그날의 결전을 위해 많은 준비를 했다. 그 결과 비트겐슈타인을 꼼짝 못하게 만들었다. 화가 난 그는 나를 향해 부지깽이를 흔들며 위협하더니 자리를 뜨고 말았다. 승자는 바로 나였다.

하지만 그 세미나에 참석했던 비트겐슈타인의 제자들은 전혀 다른 진술을 했다. 그가 부지깽이를 손에 쥔 것은 사실이지만 포퍼가 증언한 것처럼 날카로운 대결이 있지는 않았다는 것이다. 비트겐슈타인은 자신의 마음에 들지 않는 이야기가 나오면 그 사람이 누구든 간에 종종 그런 괴팍한 행동을 하곤 했다는 것이다. 더욱이 비트겐슈타인은 그 전까지 포퍼가 누구이고 어떤 철학적 견해를 갖고 있는지조차 전혀 관심이 없었다고 했다. 그들은 포퍼가 과시욕 때문에 그 사건을 부풀려 떠벌이고 있다고 불편해했다.

도대체 사건의 진상은 무엇인가? 지난 2001년 국내에서 번역·출간된 『비트겐슈타인은 왜? Wittgenstein's Poker』의 저자들은 그 사건의 진실을 해명하기 위해 두 철학자의 성장 배경, 교육 환경, 철학관의 차이 등을 추적하여 한 편의 드라마로 재구성했다. 도대체 비트겐슈타인과 포퍼는 어떤 사람이었는가?

논리 실증주의자들에게 '철학의 신'으로 군림했던 비트겐슈타인

루트비히 비트겐슈타인은 오스트리아에서 막강한 재력을 자랑하던 제철업자 집안의 아들로 태어났다. 작곡가 브람스 Johannes Brahms, 1833~1897가 그 집안의 음악 교사였을 정도였다. 그는 영국 맨체스터 대학에 항공 역학을 공부하러 갔다가 수학에 흥미를 느껴 당시 케임브리지 대학의 수리철학 교수였던 러셀을 찾아갔다. 비트겐슈타인의 비범함을 금방 알아차린 러셀은 스승으로서 많은 격려와 배려를 해주었지만 비트겐슈타인의 천재성과 괴팍한 성격 때문에 몹시 불편해하기도 했다. 어쨌든 20세기 철학을 차례로 뒤바꿔놓은 두 권의 저서 『논리철학 논고』와 『철학적 탐구 Philosophical Investigations』(1953)는 모두 케임브리지 대학에서 나왔다. 논리 실증주의자들은 『논리철학 논고』에 매료되어 빈 학파 모임에 한 번도 참석하지도 않은 비트겐슈타인을 신주 모시듯 했다. 하지만 그는 그런 대접을 전혀 의식하지 않고 오히려 30년 뒤에는 첫 책의 주장을 완전히 뒤엎는 새로운 철학을 제시하기도 했

다. 비트겐슈타인의 발끝만 보고 좇아가던 수많은 철학자들에게 "이 산이 아닌게벼" 하고 말한 꼴이 된 것이다. 부지깽이 사건이 있었던 1946년 비트겐슈타인은 한마디로 '철학의 신'으로 군림하고 있었다.

당시에 포퍼도 무명은 아니었다. 그는 나치의 유대인 학살을 피해 뉴질랜드에서 『열린 사회와 그 적들The Open Society and its Enemies』 (1945)이라는 책을 출간하여 전체주의를 호되게 비판한 것으로 꽤 유명세를 타고 있던, 철학계의 떠오르는 스타였다. 포퍼는 비트겐슈타인보다 13년 뒤에 오스트리아 빈에서 태어났다. 그리고 빈 대학에서 수학, 물리학, 철학을 공부하고 철학박사를 받았다. 포퍼의 아버지는 변호사였지만 가세가 기울어서 그리 넉넉하게 생활하지는 못했다. 나치의 박해를 피해 영국으로 망명을 떠나던 부자 유대인들과는 달리 그는 뉴질랜드행 배를 타야 했다.

학계든 스포츠계든 스타가 되고자 한다면 꼭 염두에 두어야 할 전략이 있다. 그것은 대가와 싸워 이기는 것이다. 이른바 '잔챙이'들과 붙어 아무리 승리를 많이 거둔다고 해도 스타가 되기에는 2퍼센트가 부족하다. 미국 메이저리그에서 활약하고 있는 박찬호 선수가 미국 야구계에서 주목을 받기 시작한 결정적 계기는 사이 영상Cy Young award에 빛나는 대투수, 존 스몰츠John Andrew Smoltz와의 맞대결에서 거둔 짜릿한 승리였다. 포퍼는 그날 '철학의 신'과 대결하기 위해 정말로 논리의 칼을 갈았는지도 모른다. 사실 포퍼는 당시 빈 학파가 자신을 한 번도 초청해주지 않은 것에 대해 상당히 섭섭하게 생각하고 있었다. 그리고 그 동안의 모든 열등감과 경쟁심을 단번에 해소할 수 있는 확실한 기회를 잡았던 것이다.

**대담하게 추측하고
혹독하게 비판하라!**

포퍼와 비트겐슈타인은 성장 배경의 차이만큼이나 철학관에서도 큰 차이를 보인다. 논리 실증주의의 정신적 지주였던 비트겐슈타인은 만남1에서 살펴본 바대로 기본적으로 언어 문제에 굉장히 관심이 많았다. 심지어 모든 철학의 문제는 사람들이 언어를 잘못 사용하기 때문에 생긴 '가짜 문제'라고 주장했다. 그래서 '해결 resolve'될 문제는 없고 '해소 dissolve'될 문제만 있다고 보았다. 실제로 그는 『논리철학 논고』를 출판한 뒤 철학에 더 이상 해결할 문제가 없다고 판단하고는 철학을 그만두고 시골로 내려가 초등학교 교사로 지내기도 했다. 반면 포퍼는 철학자들이 물어야 하는 고유한 문제들이 있다고 생각했다. 사실 그는 『열린 사회와 그 적들』, 『역사주의의 빈곤 The poverty of historicism』과 같은 저서를 통해 사회·정치·철학 분야에서도 큰 공헌을 했다.

귀납에 대해서도 두 사람은 서로 다른 입장을 견지했다. 포퍼는 귀납의 문제는 해결될 수 있는 성질의 것이 아니기 때문에 귀납 추론이 개입하지 않는 과학의 논리를 만들어야 한다고 생각했다. 반면 비트겐슈타인을 정신적 지주로 모신 논리 실증주의자들은 귀납의 문제는 대체로 받아들였으나 귀납 없이는 과학이 불가능하다고 생각했다. 그렇다면 포퍼의 대안은 무엇이었는가? 그것은 이른바 '반증주의'라는 그의 과학 방법론이다.

포퍼에 따르면 과학은 다음과 같은 논리적 절차를 따른다. 가설은 가설 연역주의자들과 마찬가지로 어떠한 방식으로든 창안할 수 있다. 예를 들어보자. 원앙새를 보니 알을 낳았다. 그래서 '새는 알을 낳는가 보구나' 하고 생각했다. 그리하여 '모든 새는 알을 낳는다'라는 가설을 만들어냈다. 물론 여기서는 경험적 일반화를 시도하지 않았다. 그냥 사례 하나만 보고 대담하게 가설을 툭 던진 것이다. 이제 그 가설에서 시작해보자. 모든 새는 알을 낳는다고 했으니 타조도 새이므로 알을 낳아야 한다. 그런데 만일

반증주의라는 새로운 과학 방법론을 제시한 포퍼

타조가 알을 낳지 않는다고 하자(물론 타조는 알을 낳지만 낳지 않았다고 가정해 보자는 것이다). 이것이 바로 반증 사례이다. 반증 사례가 나오면 '모든 새가 알을 낳는 것은 아니다' 혹은 '알을 낳지 않는 새도 있다'는 식으로 반증이 일어난다.

만약 타조도 알을 낳았다면 어떻게 되는가? 귀납주의자나 가설연역주의자들은 이것이 가설을 입증하는 경우라고 말할 것이다. 하지만 귀납을 받아들이지 않는 포퍼는 입증 개념을 받아들일 수 없다. 그래서 그는 새로운 제안을 한다. "입증되었다"라고 말하지 말고 "반증(의 시도)에서 견뎠다"라고 말하자는 것. 도대체 이것이 무슨 차이가 있는가? 후자의 의미는 그 가설이 언젠가 틀릴 수 있을지 모르지만 지금까지는 혹독한 시험에 잘 견뎌왔다는 뜻이다. 이후에 어떻게 될 것인지에 대해서는 어떠한 예견도 할 수 없다는 것이다. 그래서 포퍼는 '입증'이라는 용어가 아닌 '확인^{corro-boration}'이라는 새로운 용어를 만들어냈다. 요약하면 반증주의라는 새로운 과학 방법론을 제시한 포퍼는 과학 활동을 다음과 같은

절차로 규정했다.

① 주어진 문제들을 잘 설명하는 듯 보이는 가설을 제시하라(가설 창안의 단계).
② 가설을 반박하는 경험적 사례가 발견되면 그 가설을 곧바로 폐기한다. 그렇지 않은 경우에는 그 가설을 그대로 유지한다. 이때 가설이 입증되었다고 주장해서는 안 된다. 그저 몇 차례 혹독한 경험적 시험에 잘 견뎌왔다고 말할 수 있을 뿐이다.

과학적 진술은 어떻게 다른가?

포퍼는 연역만으로 작동하는 과학 방법론을 제시함으로써 귀납의 문제로 발목이 잡혀 있던 과학철학자들에게 새로운 돌파구를 마련해줬다. 그리고 '비판에 직면하라' 혹은 '반증을 시도하라'라는 규칙을 과학자가 따라야 할 최고 덕목으로 규정함으로써 과학의 합리성^{rationality}을 지키려고 했다. 까마귀의 예를 들어 반증의 구도를 좀 더 명확히 살펴보자.

모든 까마귀가 검다면 X라는 까마귀도 검어야 한다.
그런데 X라는 까마귀가 실제로는 검지 않다.

따라서 모든 까마귀가 검은 것은 아니다.

위에서 알 수 있듯이 가설은 전제들이 참이면 결론도 반드시 참일 수밖에 없는 연역 추론에 의해 반증된다. 포퍼에 의하면 지금 우리가 사실로 받아들이고 있는 많은 이론들은 이런 반증의 시도에서 잘 건너온 진술들이나. 사랑 '모든 금속은 열을 받으면 늘어난다', '모든 금속은 전기를 전도한다'와 같은 법칙들은 지금까지 수없이 많은 반증의 시도로부터 살아남았다.

그런데 포퍼는 모든 진술이 반증의 시도에 놓이는 것은 아니라고 말한다. 즉 아무리 반증을 해보려 해도 반증할 수 있는 사례가 존재하지 않기 때문에 반증 자체가 아예 불가능한 진술들이 존재한다는 것이다. 그는 반증이 가능한 진술과 불가능한 진술을 구분하여 반증이 가능한 진술만 '과학적 진술scientific statement'이라고 규정한다.

반증 가능성falsifiability은 쉽게 말하면 '경험적으로 반박할 수 있는 가능성'이라고 할 수 있다. 예를 들어보자. '모든 금속은 전기를 전도한다'라는 것은 반증 가능하다. 그렇다면 이는 과학적 진술이라고 할 수 있는 것일까? 물론 그렇다. 왜냐하면 금속 중에 전기를 전도하지 않는 것이 있는지 없는지를 경험적으로 시험해 볼 수 있기 때문이다. 그렇다면 '오늘은 비가 오거나 혹은 오지 않는다'라는 진술은 어떠한가? 이것은 항상 참인 진술이며, 반박할 수 있는 사례는 존재할 수가 없다. '모든 결과는 원인을 갖는다'라는 것은 과학적 진술인가? 이것은 형이상학적인 주장이며 반박할 수 있는 사례가 없다. 결과가 있는 것 중에서 원인이 없는 것을 찾아낼 방도가 있을까? 다른 예로 '신은 다른 존재자의 도움 없이 스스로 존재한다'는 어떤가? 이 또한 반증 불가능하다.

'모든 총각은 결혼하지 않았다'라는 문장 또한 반증 불가능하다. 왜냐하면 '총각'이라는 단어 안에는 '결혼하지 않았음'이라는 의미가 이미 포함되어 있기 때문이다.

몇 가지 사례들을 더 살펴보자. '인간은 자유의지를 지닌다'는 어떨까? 인간이 자유의지를 지니는지, 그렇지 않는지를 경험적으로 알아볼 수 있는 방법이 있을까? 또 '모든 노이로제 증상은 어렸을 때 경험했던 정신적 충격이 원인이다'라는 것은 과학적 진술인가? 노이로제라는 것은 이론적인 용어인데, 그것을 반증한다는 것이 대체 무엇이며, 그에 관련된 반박 사례라는 것이 도대체 무엇인지가 명확하지 않다. 반면 '지구는 평평하다'는 것은 놀랍게도 과학적 진술이다. 왜 그럴까? 그 진술을 반박할 수 있는 사례가 존재하기 때문이다. 그 진술은 반증 가능한 진술일 뿐만 아니라 이미 반증이 되어버린 진술이기도 하다. 실제로 마젤란^{Ferdinand Magellan, 1480~1521}처럼 항해를 통해 지구가 평평하지 않다는 사실을 보일 수 있고, 우주선을 타고 지구 밖으로 나가서 지구의 모양이 둥글다는 것을 확인할 수도 있다. 즉 지구가 평평하지 않다는 사실을 보여준 사례들이 실제로 존재했다. 이런 진술을 우리는 '반증 가능하고 실제로 반증된' 진술이라고 할 수 있다. 어쨌든 포퍼의 반증 가능성 기준에 따르면 이미 반증된 진술도 과학적 진술이기는 하다. 아직도 지구가 평평하다고 주장하며 정기 모임까지 하고 있는 몇몇 사람들에게는 기쁜 소식처럼 들린다. 하지만 여기서 혼동하지 말아야 할 것이 있다. 반증이 되어버린 진술을 부여잡고 있는 행위는 포퍼에게 사이비 과학자의 전형일 뿐이다. 중요한 것은 과학적 진술들을 얼마나 갖고 있느냐가 아니라 얼마나 정직하게 반증 사례를 받아들여 그런 진술들을 포기하느냐 포기하지 않느냐이다.

정리해보자. 포퍼의 기준으로 봤을 때 어떤 진술이 과학적이냐 아니냐를 결정하는 것은 그것이 반증 가능한가 불가능한가이다. 그런데 어떤 사람이 '과학자냐, 아니냐? 혹은 사이비 과학자냐?'를 구분하는 것은 이와는 조금 다른 맥락을 갖는다. 반증은 가능하지만 거의 대부분의 사람들에 의해 이미 틀렸다고 판명된 진술을 계속 부여잡고 있는 사람이 있다면 포퍼는 그에 대해 뭐라고 할까? "어쨌든 반증 가능한 진술을 믿고 있는 사람이기 때문에 과학자다"라고 말하지는 않을 것이다. 어떤 사람이 '과학자냐, 사이비 과학자냐'라는 문제는 그의 태도나 행위와 관련된다. 포퍼에 따르면 과학자는 반증 가능한 진술들을 던져놓고 그것을 혹독하게 반증하려는 사람들이다. 훌륭한 과학자는 반증 가능성이 더 높고 더 대담한 이론을 제시하고 그것을 비판적으로 검토하는 사람들이며, 사이비 과학자는 비판에 정면으로 대응하지 않고 계속 변명을 하는 사람들인 것이다.

비판을 받아들이지 않는 지식은 사이비다!

훌륭한 지식인이라면 누구나 일생의 화두가 한두 개쯤은 있다. 다윈의 화두는 '자연계에 만연해 있는 생명체의 놀라운 적응을 어떻게 설명할 수 있는가?'였다. 그는 이 문제에 대한 해답을 얻기 위해 평생을 바쳤다 (이에 대해서는 『진화론도 진화한다: 다윈 & 페일리』를 참조하시오).

그렇다면 포퍼의 일생을 관통하는 화두는 무엇이었을까? 그의 인생을 되짚어보면 그것은 아마도 '인간의 지적 활동을 어떻게 합리적으로 만들까?'였을 것이다.

포퍼가 이 화두를 배낭에 짊어지고 떠난 지식 여행의 출발지는 뜻밖에도 아인슈타인의 상대성 이론이었다. 포퍼는 대학에서 물리학을 공부하면서 아인슈타인의 일반 상대성 이론의 대담함에 매료되었다. 빛이 중력장 속에서 휜다는 사실을 예측한 그 이론은 1919년 개기일식 당시에 영국의 과학자들에 의해 실제로 관측되었다. 그리고 그로 인해 아인슈타인은 과학계의 확실한 스타로 자리잡게 된다. 포퍼는 아인슈타인이 당시로는 매우 대담한 가설을 제시했다는 점에 주목했다. 그리고 명확한 예측을 통해 어떤 경우에 자신의 이론이 거짓으로 판명되는지를 분명하게 밝혔다는 사실에 크게 매료되었다. 포퍼는 여기서 힌트를 얻어 '대담한 추측과 혹독한 시험'으로 요약할 수 있는 반증주의를 창시하게 된다. 그는 과학 지식의 합리성은 바로 이런 명료한 논리적 절차를 통해 확보된다고 생각했다.

1959년에 『과학적 발견의 논리 The Logic of Scientific Discovery』라는 이름의 영문본으로 재출간된 『탐구의 논리 Logik der Forschung』(1934)는 포퍼의 반증주의가 시작된 지점이다. 하지만 포퍼는 나치의 박해 때문에 지식인들의 연구 활동을 위한 최고의 장소였던 빈을 떠나 뉴질랜드에 정착해야만 했다. 뉴질랜드의 캔터베리 대학에서 교수 생활을 하면서 그는 일생의 역작인 『열린 사회와 그 적들』을 집필하게 되는데, 이 책에서는 어떤 사회가 합리적인 사회인지를 묻고 있다. 그는 전체주의 사회는 닫힌 사회, 비합리적인 사회이며, 지혜의 화신인 철학자에 의해 통치되는 이상 국가를 그린 플라톤, 혁명을 통해 문제가 해결된다는 마르크스^{Karl Marx, 1818~1883} 등이 바로 전체주의 사회를 만든 대표적 원흉이라고 말한다. 포퍼는 사회구성원들도 자유로운 토론과 비판을 통해 열린 사회^{open society}를 만들어야 한다고 역설했다. 그의 또 다른 저서인 『역사주의의 빈곤』도 비슷한 테마인 반증주의에 대한 변주곡이다. 그리고 『추측과 논박^{Conjecture and Refutation}』(1963)은 바로 이 반증주의를 집대성한 책이다.

포퍼는 자신의 반증주의에 기초하여 그 당시 많은 사람들이 과학이라 믿었던 프로이트^{Sigmund Freud, 1856~1939}의 정신분석 이론과 마르크스의 사회주의 이론을 사이비라고 비판했다. 예를 들어 어린이를 익사시키려고 물속에 집어던지는 사람이 있고, 반대로 어린이의 생명을 구하기 위해 물속에 뛰어드는 사람이 있다고 하자. 이 두 행동에 대해서 프로이트는 첫 번째 사람의 행동은 억압 본능으로 인한 고통에 그 원인이 있다고 설명할 것이다. 반면 두 번째 사람의 행동은 억압 본능이 '승화^{sublimation}' 된 것이라고 설명할 것이다.

프로이트를 이은 정신분석학자 아들러^{Alfred Adler, 1870~1937}도 이렇게 서로 상반된 행동을 똑같은 원리로 설명하기는 마찬가지이다. 그에 따르면 첫 번째 사람은 열등감 때문에 고통받고 있는 사람으로서 자신이 죄를 범할 수 있다는 사실을 스스로에게 증명할 필요가 있었던 반면, 두 번째 사람은 열등감 때문에 고통은 받고 있었지만 자신이 그 아이를 구할 수 있을 정도로 용감하다는 사실을 스스로에게 보일 필요가 있었다. 즉 프로이트와 아들러 모두 상반된 행동을 동일한 원리에 의해 설명할 수 있다고 주장하고 있다.

포퍼는 바로 이 점이 문제라고 지적한다. 정신분석학은 너무나 많은 것들을 설명하기 때문에 어떤 개별 사례들과도 양립할 수 있으며, 따라서 그 이론을 반박할 수 있는 사례가 거의 없다는 것이다. 반박할 수 없는 이론이라면 그것은 진짜 과학이 아니다. 사이비요, 짝퉁이다. 포퍼는 프로이트와 아들러의 심리학에 관심을 가지고 한때 아들러 밑에서 방치된 아이들을 위한 사회사업을 펴기도 했지만 정신분석학을 사이비로 규정하고 그들과 결별했다.

포퍼는 마르크스의 사회주의 이론도 반증 불가능한 사이비 과학이기는 마찬가지라고 주장했다. 가령 19세기 영국에서 노동자의 안전과 복지를 위한 정책이 도입되었는데 이는 자본주의의 지배 계급은 빈민 계층의 후생복리에 전혀 신경 쓰지 않는다는 마르크스 이론과 상충되어 보였다. 하지만 마르크스주의자들은 오히려 그런 사례가 자신의 이론을 입증하는 것이라고 우겼다. 그런 정책의 도입이야말로 자본가들이 곧 일어날 프롤레타리아 혁명을 저지하거나 지연시키기 위한 당근에 불과하다고 해석할 수 있기 때문이다. 또한 자본주의가 꽃을 피우지도 않은 러시아에서 최초로 사회주의 혁명이 일어난 것은 마르크스 이론의 명백한 반증 사례인데도 마르크스-레닌주의자들은 이를 대수롭지 않게 얼버무렸다. 포퍼는 대학 시절 사회주의 학생연맹에 가입하여 한때 마르크스주의자로 살기도 했지만, 마르크스 이론이 갖는 경직성 때문에 그 이론을 사이비 과학으로 규정할 수밖에 없었다.

포퍼가 사이비라는 딱지를 붙인 또 한 가지는 점성술^{astrology}이다. 별의 위치, 모양, 밝기 등을 통해 국가의 안위나 개인의 운명을 예견하는 점성술은, 서양에서는 아주 오래된 전통이다. 지금 우리로 치면 생시로 사주팔자를 보는 것과 비슷한 경우이다. 서양의 점이든 동양의 점이든 개인의 운명을 예견하는 방식은 비슷하다. 포퍼는 점성술은 너무나 일반적인 내용을 담고 있어 반박할 수 있는 사례가 존재하지 않는다고 비판한다. 가령 '올 한 해 운수 대통할 팔자야'라는 점괘가 나왔다고 하자. 이 점괘가 정말로 맞는지 틀린지를 정확하게 알 수 있는 방법이 과연 있을까? 그 점괘를 받은 사람이 1년 내내 힘겨운 삶을 살다가 연말에 다시 점성술사를 찾아가 점괘가 틀렸으니 환불해달라고 따진다면 점성술사는 어떻게 대응할까? "올해 큰 사고를 당할 뻔했는데 그걸 막은 게 운수대통이지 뭐냐?"라고 발뺌할 수도 있을 것이다. 이런 식의 변명이 가능한 이유는 점성술 체계가 반증 불가능한 진술들로 가득 차 있기 때문이다. 이런 이유로 포퍼는 점성술이 사이비 과학의 전형이라고 비판했다.

"마르크스 정치경제학과 프로이트의 정신분석학이 비판으로부터 닫혀 있기 때문에 그것들은 사이비 과학일 수밖에 없다"는 포퍼의 주장은 그 이론들은 신주단지처럼 떠받들던 당대 지식인 사회를 향한 큰 도발이었다. 흥미로운 것은 포퍼가 처음(1940년대)에는 진화론도 사이비 과학이라고 주장했다는 사실이다. 그의 논리는 다음과 같았다.

어떤 개체가 살아남느냐고 물으면 진화론은 적응을 잘한 개체가 그렇다고 대답한다. 그렇다면 적응을 잘한 개체는 무엇이냐고 물으면 더 잘 살아남은 개체라고 답한다. 이런 식의 진화론은 동어반복에 지나지 않으며 반증이 불가능하다. 따라서 진화론은 사이비 과학이다.

하지만 포퍼는 진화론에 대한 자신의 이해가 얼마나 모자랐는지를 금방 깨닫고 진화론을 사이비 과학으로 규정했던 것에 대해 정식으로 사과했다. 심지어 말년에는 생물 진화론과 지식 변동론을 결합시킨 이른바 진화 인식론Evolutionary Epistemology을 발전시켜 『객관적 지식: 진화론적 접근Objective Knowledge: An Evolutionary Approach』 (1972)을 출간하기도 했다. 지식 성장의 원리인 '대담한 추측과 혹독한 반증'은 생물 진화의 원리인 '맹목적 변이와 선택적 보존blind variation and selective retention'을 빼닮았다고 생각했기 때문이다.

▌▌ 칼 포퍼와 금융계의 전설 조지 소로스

전 세계의 헤지펀드(개인투자자조합) 가운데 최고의 실적을 자랑하는 투자기금인 '퀀텀 펀드'를 소유하고 있는 조지 소로스(George Soros, 1930~)는 국제금융계의 최고 거물로서 세계 자본주의의 흐름에 커다란 영향력을 행사하는 인물이다. 헝가리 태생의 유대인인 그는 영국의 런던정경대학(London School of Economics)에서 포퍼를 만나 그의 '열린 사회' 개념에 큰 감명을 받는다. 소로스는 학교를 졸업한 뒤 파란만장한 인생을 살다가 금융계에 입문하여 투자자로서 엄청난 성공을 거둔다. 그 결과 1979년부터는 미국, 유럽, 러시아, 중앙아시아, 남아프리카, 중남미 등에 지부를 둔 '열린사회재단(Open Society Foundation)'을 설립하여 포퍼의 열린사회 이념을 실제로 적용해보고 있다. 이 재단의 목적은 닫힌 사회를 열고 열린 사회는 더 발전시키며 비판적 사고를 장려하는 데 있다. 그가 열린 사회의 전도사가 된 데에는 헝가리의 나치와 공산주의의 폭정에서 살았던 그의 경험 때문이었지만, 자유와 비판을 강조하는 열린 사회 개념은 현대 자본주의 혹은 자유주의와 맥을 같이 한다.

포퍼가 일평생 화두로 삼았던 '합리성'은 비판에 직면하여 반증의 시도에 눈을 감지 않는 지식인의 정직성에서 나오는 것이었다. 이것은 비단 과학 지식에만 적용되는 것이 아니다. 포퍼는 그의 반증주의에 입각하여 자유로운 비판이 가능한 열린 사회를 꿈꿨다. 포퍼의 과학철학과 정치철학을 꿰뚫고 있는 중심 원리는 바로 반증주의였다. 이런 포퍼의 사상을 사람들은 '비판적 합리주의 critical rationailism'라고 한다.

깊이 읽기

『비트겐슈타인은 왜?』(데이비드 에드먼즈 등 저/김태환 역, 웅진닷컴, 2001년)는 비트겐슈타인의 부지깽이 사건에 대한 역사적·철학적 재구성으로서 '철학 저널리즘'의 정수를 보여준 책이다. 포퍼의 반증주의는 『추측과 논박 1』, 『추측과 논박 2』에 집약되어 있고, 반증주의의 서막을 알렸던 『과학적 발견의 논리』(카를 포퍼 저/박우석 역, 고려원, 1994년)는 아쉽게도 국내에서 절판되었지만, 원서는 다음과 같다.

- Popper, K. R.(1959), The Logic of Scientific Discovery/Logik der Forschung (1934)의 영어판.

국내에 소개된 포퍼의 또 다른 저작들 중에는 그의 주저라 할 수 있는 『열린사회와 그 적들 1』, 『열린사회와 그 적들 2』가 있다.

한편 포퍼의 과학철학에 대한 국내 학자의 저서들 중에서 『포퍼와 현대의 과학철학』(신중섭 저, 서광사, 1992년)과 『칼 포퍼 과학철학의 이해』(박은진 저, 철학과 현실사, 2001년), 그리고 『포퍼의 열린 사회와 그 적들』(신중섭 저, 자유기업센터, 1999년)이 내용이 풍부하다. 특히, 포퍼의 진화 인식론 evolutionary epistemology 은 『칼 포퍼 과학철학의 이해』에 잘 소개되어 있다.

포퍼의 사상과 인생에 관한 책으로는 『포퍼』(프레데릭 라파엘 저/신중섭 역, 궁리, 2001년)과 『칼 포퍼 : 그의 과학철학과 사회철학』(브라이언 매기 저/이명현 역, 문학과지성사, 1995년) 등이 있고, 다음의 책도 유용하다.

- Schilpp, P.A.(ed.)(1974), The Philosophy of karl Popper(2 Vols), Routledge.(국내 미번역)

포퍼의 주요 저서 중에서 국내에 제대로 번역·출판되지 않은 책들은 다음과 같다.

- Popper, K. R.(1961), The Poverty of Historicism (2nd. ed), Routledge.
- Popper, K. R.(1972), Objective Knowledge: An Evolutionary Approach, Clarendon Press.
- Popper, K. R.(1976), Unended Quest; An Intellectual Autobiography, Fontana.
- Popper, K. R.(1977), The Self and Its Brain: An Argument for Interactionism(with J.C. Eccles), Springer.
- Popper, K. R. & D. W. Miller(1985), Popper Selections, Princeton University Press.

인터넷에 공개되어 있는 스탠퍼드 철학사전Stanford Encyclopedia of Philosophy에서는 포퍼의 생애와 사상을 일목요연하게 정리해놓았다. 다음의 사이트가 도움이 될 것이다.

- http://plato.stanford.edu/entries/popper/

만남 4

뉴턴을 사이비로 모는 반증주의

이론은 태어나자마자 변칙 사례의 바다에 빠진다
— 라카토슈, 『과학적 프로그램 방법론』(1978)

지나가는 과학자를 붙잡고 한번 물어보라. "당신은 귀납주의, 가설 연역주의 그리고 반증주의 중에서 어떤 과학론이 맞다고 생각하는가?"라고. 과반수 이상의 과학자들이 반증주의에 한 표를 던질 것이다. 왜냐하면 반증주의는 과학자를 철저한 자기비판적 태도를 견지하는 합리적인 사람으로 그리고 있기 때문이다. 포퍼에게 과학자는 그 어떤 유형의 지식인보다 열린 마음으로 자신의 이론을 혹독한 시험에 던져놓는 당당한 사람이다. 그런데 실제로 과학자가 그런 '위인'들일까?

**반증 사례에
눈 감는 과학자들**

이 질문에 대한 가장 확실한 답을 얻는 방법은 전형적인 과학자, 즉 그 누구도 그(혹은 그녀)가 과학자임을 의심할 수 없는 위대한 과학자를 선정하여 그가 과연 포퍼의 반증주의 원칙을 따른 사람이었는지를 검토해 보는 방법일 것이다. 만일 그가 반증주의를 따르지 않았다면 비난받는 것보다는 반증주의 자체의 적합성에 의문이 제기될 것이다. 왜냐하면 직관적으로 볼 때 위대한 과학자 혹은 과학자의 전형(화신)으로 평가되는 인물을 사이비로 전락시키는 과학관이라면 그 과학관 자체가 부적절한 것일 개연성이 크기 때문이다. 그렇다면 지구를 대표하는 과학자라 할 만한 뉴턴은 어땠을까?

뉴턴은 자신의 능력만큼이나 명성을 중요시했던 과학자였다. 후크와 만유인력 법칙에 대한 우선권 논쟁을 할 때에는 자신이 케임브리지 대학 학부 시절에 떨어지는 사과를 보며 이미 만유인력의 아이디어를 떠올렸다는 신화 같은 이야기를 진술하기도 했고, 라이프니츠 Gottfried Wihelm von Leibniz, 1646~1716 와의 미적분학 분쟁에서도 자신의 우선권을 끝까지 포기하지 않았다. 한편 상당히 겸손한 듯한 태도를 보이기도 했다. 예컨대 "나는 마치 망망대해의 모래 백사장에서 조개 하나를 발견하고 기뻐하는 어린아이에 불과하다. 이 우주에 존재하는 법칙과 원리들은 너무나 방대해서 내가 아는 것은 백사장의 모래알만도 못하다"와 같은 유명한 말을 남겼다.

그렇다면 뉴턴은 정말로 어떤 모습의 과학 활동을 펼쳤는가? 그는 1687년에 출간한 『프린키피아』에서 자신이 이미 20년 전인 1666년에서 1667년 사이에 만유인력의 법칙을 깨달았다고 진술했다. 그러면 왜 그 당시에 발표를 하지 않았을까? 사실 뉴턴은 이에 대해 뚜렷한 해명을 하지 못했다. 그런데 논리 실증주의 과학철학자 라이헨바흐는 당시 뉴턴이 발견한 만유인력의 법칙에 뭔가 중대한 문제가 있었기 때문에 발표하지 않았다고 해석했다. 그것은 바로 만유인력 법칙으로 계산한 달의 공전 주기가 실제 관측치와 너무나 달랐다는 것이다. 라이헨바흐는 이 대목에서 뉴턴을 변호하고 나섰다. 즉 20년 동안이나 뉴턴이 이론을 공표하지 않은 이유는 바로 그런 변칙 사례^{anomaly}들을 설명할 수 없었기 때문이라는 것이다. 이 해석을 받아들이면 뉴턴은 포퍼의 칭찬을 듣기에 충분한 훌륭한 과학자일 것이다.

하지만 여기에 흥미로운 사실이 있다. 그는 실제로 20년 뒤에도 그 문제를 풀지 못한 상태로 『프린키피아』를 출간했다. 그 문제가 무엇인지를 명확하게 인지하고 있으면서도 말이다. 이는 '혹독한 시험에 내놓으라'라는 반증주의 정신에 크게 어긋날 뿐만 아니라 오히려 반증주의에 정반대되는 행동이었다. 또 다른 예가 있다. 공기 속에서 음파의 속도를 계산하는 문제에서 뉴턴은 실제 값보다 20퍼센트나 차이가 나는 값을 예측했다. 이 정도의 차이는 단순한 오차라기보다는 이론의 오류에서 발생하는 차이로 보였다. 하지만 이번에도 뉴턴은 오히려 당당하게 실제 관측치와 20퍼센트의 차이가 난다고 이야기하고는 쓱 넘어갔다. 반증주의의 잣대로 보면 뉴턴의 이런 행동은 사이비 과학자들이나 하는 수법이다.

하지만 이런 뻔뻔한 행동이 몇 해 뒤에는 오히려 빛을 발했다. 왜냐하면 달의 공전 주기를 계산할 때 뉴턴이 그냥 생략하고 지나갔던 차수를 다시 넣어 계산해보니 놀랍게도 이론과 실제가 정확하게 일치했기 때문이다. 또한 음파의 속도 문제도 뒤에 라플라스^{Pierre Simon de Laplace, 1749~1827}에 의해 해결되었다. 음파가 전달되면서 응축 현상이 생기면서 그 열로 인해 속도가 달라진다는 사실이 밝혀진 것이다. 그것을 감안해 계산하면 예측된 음파 속도는 측정치와 정확히 일치한다. 만일 뉴턴이 반증주의를 의식해 자신의 이론을 일찌감치 포기했더라면 이런 극적인 성공을 경험하진 못했을 것이다.

해왕성 발견은 반증 사례에 눈을 감아 생긴 성공 사례들 중에서도 가장 극적이라고 할 만하다. 뉴턴의 행성 법칙을 통해 예측된 천왕성의 궤도는 당시 천문대를 통해 관측된 궤도와 큰 차이를 보였다. 오차 범위 안에 있는 것이 아니라 관측이 틀렸거나 아니면 뉴턴의 행성 법칙이 틀렸거나 둘 중 하나일 정도로 차이가 컸다. 뉴턴을 의심하는 사람도 없진 않았지만 학자들 대부분은 뉴턴을 옹호하는 입장이었다. 17세기부터 19세기에 이르는 약 3백 년 동안 유럽을 지배했던 뉴턴의 이론을 거부하기는 힘들었을 것이다. 이후 1843년 영국의 젊은 과학도 애덤스와 1845년 프랑스 과학자 르브리에가 독립적으로 똑같은 묘안을 짜냈다. 천왕성의 궤도 바깥에 새로운 행성이 하나 더 있다고 가정하자는 제안이었다. 뉴턴주의자들이었던 그들은 그 새로운 행성이 태양 주위를 회전한다고 가정하면 천왕성의 궤도 문제가 말끔히 해결될 것이라고 믿었다. 흥미롭게도 1846년 독일의 베를린 천문대에서 그 행성이 발견되었고 예측치와도 거의 정확하게 일치했다. 그것이 바로 해왕성이다. 뉴턴주의의 놀라운 승리였다.

만일 뉴턴과 그의 후예들이 변칙 사례가 나오자마자 자신의 이론을 폐기했다면 어떤 일이 벌어졌을까? 적어도 해왕성이 그렇게 빨리 관측되지는 않았을 것이다. 이런 사례를 통해 볼 수 있듯

과학자들은 포퍼의 지침에 따라 행동하는 그런 위인들이 아니다. 그들은 반례들에 적당히 눈을 감을 줄 아는 능구렁이들이다. 문제를 무마시키기 위해 이런저런 보조 가설들을 넣어보는 현실주의자들이다. 그리고 해왕성 발견 등에서 알 수 있듯이 이런 행동 자체가 때로는 바람직한 결과를 가져오기도 한다.

우리는 무엇인가를 규정할 때 두 가지 측면을 고려해야 한다. 가령 생명을 정의할 때를 생각해보자. 무엇이 생명인가? 박테리아는 생명인가? 그렇다면 바이러스도 생명인가? 사람들은 보통 특정 조건들을 만족시키는 대상을 생명이라 정의한다. 하지만 만일 그 생명관이 우리가 직관적으로 생각할 때 생명체라고밖에 할 수 없는 어떤 대상, 가령 인간을 생명체가 아니라고 결론짓는다면 우리는 그 생명관을 적합하지 않은 관점이라고 탓할 것이다. 아무리 그럴듯하게 규정하더라도 우리의 직관적 이해와 너무 멀리 떨어져 있다면 그것도 큰 문제이다.

반증주의 기준으로 되돌아가보자. 그 기준에 따르면 뉴턴과 그 후예들은 전부 사이비 과학자로 분류되어야 하지 않는가? 도대체 뉴턴이 과학자가 아니라면 그 누가 과학자의 반열에 오를 수 있겠는가? 전형적인 위대한 과학자 뉴턴을 사이비 과학자로 모는 관점이라면 그것은 과학을 이해하는 데 적합한 견해가 될 수 없을 것이다. 포퍼의 반증주의는 과학자를 비판 정신으로 똘똘 뭉친 전문가로 기술하기 때문에 과학자들을 우쭐하게 만든다. 실제로 다수의 과학자들이 반증주의 과학관에 호감을 갖고 있다. 하지만 반증주의의 실상은 다소 생뚱맞다. 훌륭한 과학자를 사이비로 몰기 때문이다. 반례에 눈을 감는 몇몇 사이비들(포퍼의 소망대로 마르크스 이론, 프로이트 정신분석학, 점성술 등)을 지식계에서 추방하려다 뉴턴마저도 같이 몰아내야 할 판이 된 것이다. 빈대 잡으려다 초가삼간까지 태워야 할까?

반증할 수 없지만 과학인 것들

과학자들이 실제로는 반증주의를 따르지 않는다는 과학사적 사실과, 반증주의가 꼭 바람직한 것도 아니라는 방법론적 판단 외에도 반증주의를 곤란하게 만드는 또 다른 문제들이 있다. 그것은 첫째 반증 불가능하지만 과학에서 자주 사용되는 진술들이 있다는 것이다. 가령 '동전을 던졌을 때 앞면이 나올 확률은 2분의 1이다'와 같은 확률적 진술들은 반증이 불가능하다. 또한 '블랙홀이 존재한다', '유전자는 존재한다'와 같이 어떤 대상의 존재를 주장하는 진술들도 반증이 불가능하기는 마찬가지다. 왜냐하면 존재하지 않는다는 것을 경험적으로 입증하려다 보면 결국 귀납의 문제에 봉착하기 때문이다.

한편 중요한 과학 이론이지만 반증이 불가능한 것들도 있다. 가령 서로 떨어져 있는 두 물체 사이의 '원거리 작용 action at a distance'은 뉴턴의 만유인력 이론 체계 내에서는 매우 중요하지만 반증은 불가능한 하나의 원리이다. 뉴턴주의자들은 그것을 하나의 전제처럼 받아들이지만 모든 운동을 충돌로 설명하는 데카르트 역학 체계에서는 그것 자체가 해명되어야만 하는 사안이다. 또한 과학의 중심 원리이면서 반증될 수 없는 방법론적 원리들도 있다. 가령 '필요 이상으로 세상을 복잡하게 만들어서는 안 된다'는 '검약성 원리 principle of parsimony' 혹은 '단순성 원리'는 모든 과학자들이 중요하게 생각하는 가치지만 그것 자체는 반증이 불가능하다.

무엇이 틀렸는지 꼭 집어 말할 수 있을까?

하지만 반증주의의 치명적인 문제는 따로 있었다. 그것은 반증의 논리가 포퍼가 생각하듯이 그리 간단하지 않다는 점이다. 가령 어떤 현상 O가 가설 H에서 연역적으로 도출된다고 하자. 과학자가 실제로 관찰을 해보니 O가 아닌 현상이 발견되었다. 반증주의에 따르면 대우 명제에 의해 H는 기각된다. 이를 간단히 식으로 나타내면 다음과 같다.

$$H \supset O$$
$$\sim O$$
$$\therefore \sim H$$

도대체 이런 논리 구도가 무엇이 문제인가? '모든 까마귀는 검다(H)'에서 '대전 유성구에 있는 까마귀가 검다(O)'라는 명제는 연역적으로 도출된다. 그런데 실제로 유성구에 가서 조사를 해보니 회색 까마귀가 있었다고 해보자. 그러면 '모든 까마귀가 검은 것은 아니다(~H)'라는 결론이 나온다. 하지만 반증의 논리가 이렇게 단순할까? 까마귀한테로 다시 가보자. 실제로 '모든 까마귀는 검다'라는 가설 H에서 O가 나오려면 적어도 다음과 같은 전제들이 덧붙어져야 한다. '우리의 색각은 정확해서 색깔을 정확히 구별할 수 있다', '우리는 까마귀와 다른 새를 구분할 수 있는 능력이 있다' 등. 두 문장을 각각 h_1, h_2라 하면, O는 H가 아니라 $H+h_1+h_2$에 의해 연역된다고 해야 더 옳다. 이것을 일반화하여 정리하면 반증의 실제 구도는 다음과 같이 될 것이다.

$$[H + h_1 + h_2 + h_3 + \cdots + h_n] \supset O$$
$$\sim O$$
$$\overline{\sim [H + h_1 + h_2 + h_3 + \cdots + h_n]}$$

여기서 가장 중요한 것은 이 과정에서 반증되는 것은 하나의 가설 H가 아니라 가설들의 집합인 $[H + h_1 + h_2 + h_3 + \cdots + h_n]$라는 사실이다. 그러면 이것이 왜 문제란 말인가? $[H + h_1 + h_2 + h_3 + \cdots + h_n]$의 앞에 '∼'가 붙었다는 것이 무엇을 의미하는지 생각해보자. 그것은 H가 틀렸을 수도 있지만 h_1이 틀렸을 수도, h_2이 틀렸을 수도, h_3이 틀렸을 수도 있다는 뜻이다. 정확히 말하면 가설들 중 적어도 하나는 틀렸다는 뜻이다. 그런데 그 틀린 하나가 꼭 H라는 근거가 있는가? h_2가 틀렸을 수도 있지 않은가?

여기서 두 가지 중요한 사실이 부각된다. 하나는 경험에 의해 시험을 받고 있는 가설은 하나가 아니라 늘 여러 명제들로 이루어진 집합 전체라는 점이다. 다른 하나는 가설들의 전체가 시험을 받기 때문에 반증 사례가 나와도 그중 어떤 가설이 정말로 틀렸는지를 꼭 집어 이야기할 수 없게 된다는 사실이다.

이것을 미국의 분석철학자 콰인은 '경험적 전체론 empirical holism'이라고 했다. 그는 「경험주의의 두 가지 독단」(1951)이라는 기념비적 논문에서 논리 경험주의는 결정적 반증이 불가능하다는 문제점을 가지고 있다고 지적하며 그 대안으로서 전체론을 제시한다. 그는 "경험의 법정에 서는 것은 하나의 이론이 아니라 이론 전체다"라는 말로 자신의 전체론을 규정했다. 즉 반증되는 것은 이론의 전체이기 때문에 그 전체의 일부를 적절히 조정해서라도 이론 전체를 살릴 가능성이 늘 생긴다는 것이다. 이렇게 되면 특정한 가설을 반증하는 결정적 실험이나 관찰이 불가능해진다. 이처럼 귀납의 문제 때문에 입증의 방법마저 포기하고 연역 논리인 반증의 방법만을 주장하려던 포퍼에게도 생각지 못한 논리적 문제가 생긴 것이다.

:: **반증주의와 뒤엠-콰인 논제**

20세기 초에 프랑스의 물리학자 뒤엠(Pierre-Maurice-Marie Duhem, 1861~1916)은 콰인과 같은 생각을 했다. 그래서 이 전체론을 흔히 '뒤엠-콰인 논제'라고 한다. 하지만 반증에 직면해서 어떤 가설은 살리고 어떤 가설을 폐기할 것인가에 대해 두 사람의 견해는 달랐다. 콰인은 논리학, 기하학, 형이상학적 전제들이 확고부동의 전제들이라 보았지만, 뒤엠은 뉴턴 물리학에서 아인슈타인 물리학으로 넘어오면서 유클리드 기하학이 비유클리드 기하학으로 변했던 것처럼 기하학도 수정 가능한 항목이라고 말했다. 이런 관점에서 본다면 과학혁명은 확고부동한 전제들마저도 수정 가능한 항목이 되는 경우라 할 수 있을 것이다. 뒤엠-콰인의 전체론은 다음 장에서 살펴볼 쿤의 과학관과 일맥상통한다.

사실 반증의 논리가 이렇게 복잡하다는 점은 반증을 꺼리는 과학자의 태도에서도 어느 정도 예상된 바이다. 반증 사례에 직면했을 때에도 중심 이론을 포기하지 않고 다른 가설들을 적당히 수정해서 이론의 전체를 살렸던 뉴턴의 모습을 상기해보라. 포퍼의 반증주의 원칙에 따르면 이런 모습은 전형적으로 사이비 과학자의 모습이었다. 하지만 콰인의 말대로 이렇게 "일부 가설들을 적절히 수정하여 이론 전체를 살리는 방법"은 논리적으로 가능한 절차이며 심지어 뉴턴의 예에서처럼 바람직하기까지 하다.

그렇다면 포퍼는 이런 비판에 대해 어떻게 대응했을까? 그의 대답은 의외로 간단하다. "다른 가설들은 잘 확립된 배경 지식이라 하고 문제가 되는 가설만을 시험해보면 되지 않는가?"라는 대답이다. 가령 '모든 까마귀는 검다'라는 가설을 시험하는 경우에 '우리의 색각은 정확해서 색깔을 정확히 구별할 수 있다'나 '우

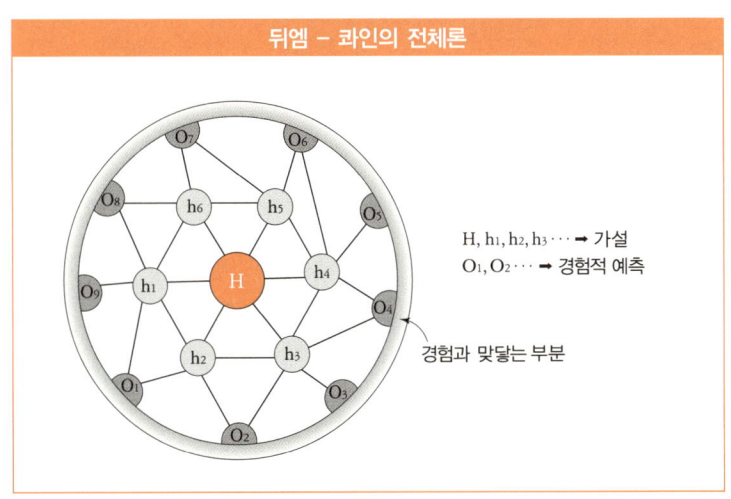

리는 까마귀와 다른 새를 구분할 수 있는 능력이 있다' 등과 같은 가설들은 의문의 여지가 없는 배경 지식으로 놓고 관찰되는 까마귀가 검은지 아닌지만 판단하면 된다는 것이다. 하지만 문제는 우리가 참이라고 믿었던 배경 지식들이 거짓으로 판명되는 역사가 바로 과학의 역사라는 데 있다. 그리고 비판적 합리주의자임을 자처하는 포퍼에게 '어떤 것은 참이라 믿고 시작하자'는 식의 전제는 잘 어울리지 않는 것 같다.

과학에 필요한 것은 이력서만이 아니다

이것 외에도 포퍼의 반증주의가 과학에 대한 적합한 관점인가를 의심하게 만드는 또 다른 문제가 있다. 반증주의에 따르면 아무리 혹독한 반증의 시도에서 살아남은 이론이라 할지라도 그 이론이 참이라고 할 수는 없다. 그리고 얼마나 많은 시험들을 통과했는지도 그 이론이 참일 개연성을 높여주지 않는다. 왜냐하면 그 순간 포퍼가 그리도 혐오했던 귀납의 문제에 빠지기 때문이다. 그래서 그는 '입증' 대신 '확인'이라는 용어를 사용하지 않았던가?

그런데 문제는 과학자들이 결코 '확인'하는 선에서 과학 활동을 하지 않는다는 사실이다. 어떤 이론에 대한 긍정적 증거들이 나오면 과학자들은 시험에 통과했다고 안심하는 데 머무르지 않고 그 이론을 사용하여 다른 무언가를 하려고 한다. 한강에 새로 다리를 놓는 상황을 상상해보자. 토목공학자들은 이를 위해 기존의 구조 역학 이론들 중 긍정적 증거가 많이 쌓인 이론을 선택하여 다리를 설계하고 지을 것이다. 왜냐하면 그들은 긍정적 증거가 많은 이론을 사용하면 그렇지 않은 이론을 사용할 경우보다 더 좋은 성과를 낼 수 있다는 믿음을 갖고 있기 때문이다. 이것은 매우 합리적인 생각이다.

반증주의자는 이런 상황에서 어떻게 하겠는가? 확인의 '정도(결국에는 입증도)'에 대한 언급은 전혀 할 수 없을 테니 그때까지 반증되지 않은 이론들만을 확인하고 있지 않겠는가? 반증주의는 이런 상황에서 과학자들에게 그 어떤 행동 지침도 내려주지 못한다. 그저 이 이론들이 지금까지 반증의 시험을 잘 통과했다고만 되풀이해서 이야기할 수 있을 뿐이다. 예를 들어 다리 공사의 경우에 반증주의를 믿는 토목공학자라면 구조 역학 이론들 가운데 반증되지 않은 이론들만 확인하고 있어야 한다. 어떤 이론을 적용하는 것이 가장 성공적일지는 전혀 예측할 수 없다. 왜냐하면 지금까지 문제가 없었던 이론이라고 해서 앞으로도(즉 이번 다리 공사에도) 문제가 없으리라는 법은 없기 때문이다.

어쩌면 반증주의 토목공학자는 직선 하나도 자신 있게 긋지 못한 채 제도 연필만 물어뜯고 있을지 모른다.

확인과 입증의 차이를 좀 더 명확히 이해하기 위해 이력서와 추천서를 비교해보자. 이력서는 지금까지 자신이 무슨 일을 했는지를 적게 되어 있다. 즉 과거에 관한 이야기이다. 반면 추천서는 과거의 경력만을 언급하지 않는다. 경력에 기반을 두어 미래의 수행 능력을 예측해보는 것이다. 즉 미래에 관한 이야기이다. 포퍼는 과학에는 이력서만 있으면 된다고 말한다. 하지만 누군가를 채용할 때 이력서만큼, 혹은 이력서보다 더 중요한 것이 바로 추천서이지 않는가? 과학자들도 이론의 과거만을 묻는 데 만족하지 않고 이 이론의 미래 수행 능력을 의미 있게 평가한다. 포퍼의 반증주의는 귀납을 버리다가 너무나 평범하고 중요한 과학의 작동 방식까지 함께 버리게 된 것 같다.

반증주의, 변칙 사례의 바다에 빠지다

20세기 전반을 풍미했던 철학적 사조인 논리 실증주의와 반증주의는 과학을 과학이게 만드는 결정적인 요소를 과학 특유의 '방법'에서 찾으려고 했다. 대표적으로 귀납적 방법론은 과학 지식이 경험적 일반화에 의해 생성될 뿐만 아니라 귀납적으로 정당화된다는 입장이고, 가설 연역적 방법론은 가설이 생성되는 방식은 문제 삼지 않고 가설이 정당화되는 맥락만을 논리적으로 제약하는 입장이다. 그러나 이 두 입장은 이른바 '귀납의 문제'라는 큰 암초에 부딪쳐 난파되는 신세가 되어버렸다. 이때 철학자 포퍼를 선장으로 한 반증주의라는 구조선이 등장했다. 포퍼는 귀납적 추론이 정당화될 수 없음을 인정하고 귀납이 개입되지 않는 과학적 방법론으로서 '반증 가능성'이라는 기준을 제시했다. '반증 가능성'은 간단히 말해 어떤 명제가 과학적 명제가 되기 위해서는 그 명제를 경험적으로 반박할 수 있는 진술이 존재해야 한다는 조건이다. 그리고 반증의 구도는 입증 과정과는 달리 귀납 추론이 개입되지 않는다.

하지만 앞서 살펴보았듯이 반증주의도 여러 가지 심각한 문제점을 노출했다. 논리 실증주의뿐만 아니라 반증주의도 큰 곤경에 빠진 것이다. 혹시 이렇게 과학의 특별한 논리를 찾으려는 시도 자체에 문제가 있는 것은 아닐까? 1950~60년대에 이르러 논리 실증주의와 반증주의를 비판하는 목소리가 강해졌다. 몇몇 철학자들은 과학 활동을 규정하는 형식 논리는 없으며 경험에 대한 지나친 신뢰는 금물이라고 주장하기 시작했다. 그리고 과학의 실제 역사를 중요하게 여기라고 충고했다. 그 선봉장이 바로 『과학혁명의 구조』를 쓴 토머스 쿤이다. 그는 기존의 과학관을 뒤엎는 과학철학의 혁명을 몰고 왔다.

깊이 읽기

뉴턴의 걸작 『프린키피아』(1687)은 국내에 몇 종의 번역서가 나와 있긴 하나 불행히도 추천할만한 번역서가 없다. 대신 『과학 고전 선집』(홍성욱 편역, 서울대학교출판부, 2006년)에서 제대로 번역된 『프린키피아』의 일부를 맛볼 수는 있을 것이다. 뉴턴의 인생과 사상에 관해서는 지식인마을 시리즈의 10권인 『거인의 어깨에 올라선 거인: 데카르트 & 뉴턴』(박민아 저, 김영사, 2006년)을 가장 먼저 참조할 만하다. 물론 국내에 번역·출간된 뉴턴 전기들 중 최고는 『프린키피아의 천재』(리처드 웨스트폴 저/ 최상돈 역, 사이언스북스, 2001년)이다.

포퍼의 반증주의가 갖는 문제점에 대해서는 라카토슈의 『과학적 연구 프로그램 방법론』(임레 라카토슈 저/존 워럴, 그레고리 커리 편/신중섭 역, 아카넷, 2002년)에 잘 정리되어 있다. 결정적인 반증이 불가능하다는 비판은 뒤엠과 콰인에 의해 독립적으로 제기되었다. 콰인의 '경험적 전체론 empirical holism'은 『논리적 관점에서』(W.V.O. 콰인 저/ 허라금 역, 서광사, 1993년)에, 뒤엠의 전체론은 다음 책에 전개되어 있다.

- Duhem, P.(1954), The Aim and Structure of Physical Theory, translation by P. P. Wiener, Princeton University Press.

만남 5

쿤의 위험한 생각
과학자는 연습 문제만 푼다

정상 과학 시기에 과학자들은 퍼즐 풀기에 몰두한다.
- 쿤, 『과학혁명의 구조』(1962)

앞 장에서 설명한 포퍼와 더불어 쿤은 20세기 지성사에 가장 큰 영향을 끼친 과학철학자이다. 만일 이 둘이 없었다면 과학철학은 어쩌면 20세기 지성사의 변두리에 불과했을지도 모른다. 이들은 평생 과학이라는 인간의 활동을 어떻게 이해해야 할지를 물었지만 그 대답은 전혀 달랐다. 과학에 대한 동상이몽이라고나 할까? 이 둘의 견해는 과학에 대해 매우 흥미로운 정正과 반反처럼 보인다. 그래서 이들의 논쟁을 보고 있으면 마르크스의 변증법Dialectic이 연상된다. 20세기 과학철학의 역사는 이 둘의 변주라 해도 과언이 아니다. 도대체 쿤은 누구인가?

우선 그가 학계에 얼마나 많은 독자들을 확보한 저자인지부터 이야기해보자. 쿤이 겨우 불혹의 나이에 출간한 『과학혁명의 구조』는 시카고 대학 출판부에서 1962년에 초판이 나온 이래로 최소한 16개국 언어로 번역되어 전 세계적으로 적어도 수백만 부

토마스 쿤 | 그의 저서 『과학혁명의 구조』는 20세기 지성사의 초베스트셀러로 꼽힌다.

이상이 팔려 나간 20세기 지성사의 초베스트셀러이다. 학술서가 이 정도로 많이 팔렸다는 이야기는 이 책의 독자가 저자의 연구 분야에만 한정되지 않았다는 뜻이다. 어떤 서평자는 "인류 지성사에 획을 그은 책으로서 저자의 전공 영역 밖의 독자들까지 매료시킨 대작"이라고 추켜세운다. 실제로 1987년 인문예술 부분 인용지수 조사에 따르면 이것은 20세기에 출간된 학술서 가운데 1976년부터 1983년까지 가장 많이 인용된 책이 바로 『과학혁명의 구조』이다. 또한 《타임스 문예 부록 The Times Literary Supplement》에서는 '제2차 세계대전 이후의 가장 영향력 있는 책 1백 권 가운데 하나'로 선정하기도 했다. 『과학혁명의 구조』는 그런 책이다.

쿤의 위험한 생각

놀랍게도 쿤은 원래 과학철학자도 과학사학자도 아니었다. 1922년 신시내티에서 태어나 1940년 하버드 대학 물리학과에 입학하여 1943년에 최우등으로 졸업한 물리학도였다. 당시는 제2차 세계대전 중이었는데 그는 졸업과 동시에 하버드 대학과 유럽에서 레이더 연구에 참여하게 된다. 그러다가 하버드로 돌아와 1946년과 1949년에 각각

석사 학위와 박사 학위를 받는다. 박사 학위의 연구 주제는 양자역학을 고체물리학에 적용해보는 것이었다.

하지만 물리학 자체에 약간 따분함을 느끼기 시작했고 오히려 역사와 철학에 대한 관심이 점점 커졌다. 그러던 중 쿤은 당시 하버드 대학 총장으로 있던 코넌트^{James Bryant Conant, 1893~1978} 교수의 추천으로 주니어 펠로우^{junior fellow}로 임명된다. 주니어 펠로우란 미국의 유수한 대학들이 각 분야에서 전도유망한 젊은 연구자들을 선발하여 마음껏 연구할 수 있는 여건을 마련해주는 제도로, 선발된 학자는 대개 특별한 의무 없이 자유롭게 창조적인 연구와 강의를 할 수 있게 된다. 주니어 펠로우로 임명된 쿤은 코넌트가 대학 교육 개혁의 일환으로 만든 일반교양 과정에 인문 대학생들을 위한 과학 강좌를 개설해 가르쳤다. 그러면서 자연스럽게 과학 고전들을 직접 읽고 연구할 수 있는 기회를 갖게 된다. 특히 현대 과학의 시각에서는 터무니없어 보이는 아리스토텔레스의 역학 체계와 프톨레마이오스^{Klaudios Ptolemaeos, 85~165}의 천문 체계 같은 것을 그들의 시각에서 진지하게 들여다보기 시작했다.

강의를 위해 아리스토텔레스, 프톨레마이오스, 뉴턴 등이 쓴 원전들을 직접 탐독하고 기존에 출판된 과학사 문헌들을 읽은 쿤은 과학에 대해 기존의 관점들(자신의 견해까지 포함하여)이 매우 잘못된 것임을 깨닫는다. 사람들은 그때만 해도 아리스토텔레스 물리학에서 뉴턴 물리학으로 넘어오면서 아리스토텔레스 역학이 해결하지 못한 점들을 뉴턴 역학이 해결했다고 생각했다. 그리고 이런 변화가 더 많은 것들을 설명하는 방식으로 누적되어 이루어진다고 생각했다.

하지만 그는 이른바 폐기된 옛 과학을 다시 읽으면서 신기한 체험을 하게 된다. 그들의 관점에서 세상을 보니 세상이 마치 그들이 말한 대로 굴러가는 것이 아닌가! 가령 물체가 자유 낙하하는 현상에 대해 아리스토텔레스는 다음과 같이 생각했다. '공기보다 무거운 물체의 본향本鄉은 지구의 중심이기 때문에 그것을 향해 가는 것이 물체의 본성이다.' 이런 식의 설명은 만유인력을 제창한 뉴턴에게는 도저히 납득되지 않았다. 물체의 본향이라는 게 있다니! 아리스토텔레스가 생각했던 운동은 물체의 이동만이 아닌 물체의 변화 일반을 의미하는 개념이어서 갈릴레오나 뉴턴이 생각한 근대적 운동과는 근본적으로 너무 달랐다.(아리스토텔레스 역학에 대해서는 지식인마을 시리즈 중 『자연철학의 조각 그림 맞추기: 아리스토텔레스 & 이븐루시드』를 참조하시오.)

문화 인류학자들은 원시 부족에게도 그들만의 정합적이고 합리적인 세계관을 가지고 산다는 사실을 체험하고 큰 깨달음을 얻곤 한다. 말하자면 쿤은 과학의 원시 부족에 들어간 과학 인류학자였다. 그는 거기서 과학 고전들을 재발견하면서 과학 지식이 누적적으로 성장한다는 생각은 잘못된 것이며, 오히려 과학의 역사는 개념적으로 서로 다른 지식 체계가 교체되는 과정이라고 주장했다. 예컨대 아리스토텔레스 역학에서 뉴턴 역학으로 넘어오는 과정에서 인류는 얻은 것도 많지만 잃은 것도 있다. 쿤이 보기에 옛 이론에 뭔가를 덧붙이는 방식으로 새 이론이 나온다는 생각은 잘못된 것이었다. 쿤에 따르면 과학의 역사는 벽돌을 차곡차곡 쌓아 커다란 건물 하나를 짓는 과정이라기보다는 한 건물을 어느 날 포크레인으로 밀어버리고 그 옆에 새 건물을 짓는 과정이다.

아리스토텔레스의 운동이론을 신봉하는 이들은 포탄이 옆의 그림처럼 날아갈 것이라고 설명했다. 포탄이 발사되는 것은 지구 중심으로 향하려는 물체의 본성에 반하는 것이므로 하늘로 올라간 포탄은 곧 강제된 운동을 끝내고 자연스러운 운동을 하며 아래로 뚝 떨어지게 된다.

뉴턴 역학에서 양자 역학으로, 뉴턴 이론에서 아인슈타인의 상대성 이론으로 전환되는 과정도 마찬가지다. 사람들은 이런 과정에서 발생하는 손실을 특별히 '쿤의 손실Kuhnian loss'이라고도 한다. 과학 발전에 언제나 이런 식의 손실이 있게 마련이라는 쿤의 생각은 축적적 과학 발전을 당연시했던 논리 실증주의자들과 반증주의자들을 당혹스럽게 만들었다.

이런 '위험한 생각'은 인문대학 학생들에게 과학의 본성을 가르치는 과정에서 점점 더 커졌다. 쿤은 1956년에 캘리포니아 대학(버클리 캠퍼스)의 과학사와 과학철학 교수로 임용되어 하버드 대학을 떠났다. 그리고 이듬해 자신의 첫 저작인 『코페르니쿠스 혁명The Copernican Revolution』(1957)을 출간했다. 이 책에서 쿤은 행성 천문학이 서양 과학에서 어떻게 발전했는지, 특히 프톨레마이오스 체계에서 어떻게 코페르니쿠스적 체계로 넘어오는지를 아주 자세하게 분석했다.

그런데 그 관점이 기존의 것들과 매우 달랐다. 예를 들면 대부분의 과학사가들은 프톨레마이오스 천문학을 코페르니쿠스 천문학에 비해 매우 조잡한 체계로 간주했다. 전자는 행성들(태양을 포함해서)이 지구를 중심으로 원운동을 한다고 생각했기 때문에 관측치에 부합하는 체계를 만들기 위해서는 어쩔 수 없이 주전원 epicycle이라는 기묘한 보조원들을 많이 도입해야 했다. 하지만 코페르니쿠스는 태양을 중심으로 행성들(지구까지 포함해서)이 원운동을 한다고 생각하여 천문학의 혁명을 몰고왔다. 그래서 일반적으로 코페르니쿠스는 중세 천문학 문제의 해결사로 간주된다.

하지만 쿤의 평가는 약간 삐딱했다. 쿤은 코페르니쿠스도 행성들이 원운동을 한다고 주장했기 때문에 주전원을 집어넣을 수밖에 없었고, 오히려 정확성이나 일관성 측면에서는 프톨레마이오스 체계가 더 높은 점수를 받아야 된다고까지 주장한다. 코페르니쿠스 체계가 가져온 변화란 단지 주전원의 개수가 80개에서 30개 정도로 줄어들었을 뿐이라는 것이다. 다시 말해서 천체 모형

::: 주전원

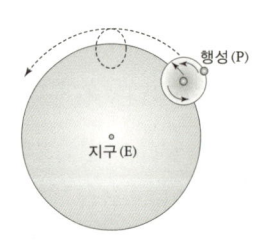

지구 중심 구조에서 행성의 역행을 설명하기 위한 개념으로 AD 140년경 그리스 천문학자 프톨레마이오스가 제창했다. 행성(P)이 지구(E)의 둘레를 그냥 도는 것이 아니라 지구 중심 궤도 위의 한 점을 중심으로 하는 작은 원 궤도 위를 돈다고 생각하는 것이다. 행성은 주전원 위를 돌고, 주전원의 중심은 지구 둘레를 돌게 되므로 지구에서 본 행성의 움직임은 그림과 같이 순행과 역행을 거듭하게 된다.

이 다소 간단해졌을 뿐 모든 면에서 코페르니쿠스가 프톨레마이오스 천문학을 압도한 것은 아니었다는 주장이다. 오히려 당시 사람들이 신플라톤주의의 영향을 받아 더 단순한 이론을 더 좋은 이론으로 평가하는 '미적 가치'를 소유하고 있었기에 그런 변화가 가능했다고 주장한다. 이 책은 몇 해 뒤에 다가올 과학철학 혁명의 전조와도 같았다.

드디어 1962년 『과학혁명의 구조』가 세상에 나왔다. 이 책에서 쿤은 당시에 널리 받아들여진 과학에 대한 이미지와 양립할 수 없는 아주 새로운 과학관을 제시한다. 쿤은 한마디로 실제 과학은 절대로 포퍼나 논리 실증주의자들의 규범대로 진행되지 않는다고 비판했다. 대신 과학에는 '도그마 dogma'와 같은 것이 필요하고 대부분의 정상적인 과학은 그것에 기댄 활동이며, 드물게 일어나는 과학혁명은 논리적 절차보다는 과학자들의 심리 상태에 더 크게 의존해 있다고 주장했다. 더욱이 혁명을 통한 과학의 변동이 꼭 진보적인 변화라고 볼 수도 없다고 말했다.

『과학혁명의 구조』는 과학의 객관성, 합리성, 진리, 진보 등과 같이 당시의 지식인들이 신주단지 모시듯했던 덕목들을 조목조목 깎아내린 엄청난 지적 도발이었다. 이런 도발의 핵심에는 패러다임 paradiqm이라는 용어가 자리 잡고 있다. "과학은 패러다임에 기반을 둔 활동"이라는 그의 주장이 얼마나 혁명적인지를 알려면 '패러다임'이라는 용어가 정확히 어떤 의미인지부터 살펴봐야 한다. 이 궁금증은 잠시만 묻어두고 『과학혁명의 구조』가 나오게 된 지적 배경을 조금만 더 추적해보자.

이론을 등에 업은 관찰

20세기 전반을 풍미했던 철학적 사조인 논리 실증주의(경험주의)는 과학을 과학이게 만드는 결정적인 요소를 과학 특유의 '방법'에서 찾으려 했다. 대표적으로 귀납주의 방법론은 과학 지식이 경험적 일반화에 의해 생성될 뿐만 아니라 귀납적으로 정당화된다는 입장이었고, 가설연역적 방법론은 가설이 생성되는 방식은 문제 삼지 않고 가설이 정당화되는 맥락만을 논리적으로 제약하는 입장이었다. 그러나 이 두 입장은 이른바 '귀납의 문제'라는 큰 암초에 부딪쳐 난파되고 마는 신세가 되었다. 이때 철학자 포퍼를 선장으로 한 반증주의라는 구조선이 등장하게 된다. 포퍼는 귀납 추론이 정당화될 수 없음을 인정하는 대신 귀납이 개입되지 않는 과학적 방법론으로서 '반증 가능성'이라는 기준을 제시했다. 간단히 말해 어떤 명제가 과학적 명제가 되기 위해서는 그 명제를 경험적으로 반박할 수 있는 진술이 존재해야 한다는 조건이다. 반증의 구도는 확증 과정과는 달리 귀납 추론이 개입되지 않는다. 우리는 과학에 대한 이런 식의 기준들을 통칭하여 과학에 대한 '전통적 견해'라고 할 수 있다.

  이 전통적 견해는 과학이라는 인간의 지적 활동이 합리적이고 객관적이라는 생각을 대변한다. 즉 논리 경험주의자는 자신이 상정했던 논리 절차들(입증과 반증)에 의해 과학의 합리성이 확보된다고 생각했다. 또한 누구나 동의할 수 있는 관찰 경험을 통해 과학 이론의 우열이 가려지기 때문에 과학은 객관적 활동이라고 생각했다.

하지만 앞에서 자세히 다루었듯이 귀납과 반증의 문제로 협공을 받으면서 과학의 합리성은 처음만큼 확보되기가 매우 힘들어졌다. 이렇게 논리적 절차로는 과학과 비과학을 명확하게 구분하는 것이 불가능할 수도 있다는 불길한 예감이 들 무렵 전통적 견해를 뿌리째 흔들어놓는 새로운 발견이 등장했다. 그것은 관찰이 생각만큼 그렇게 객관적인 것이 아닐지도 모른다는 것이었다. 관찰이 객관적이라는 말은 어떤 사람이 한 현상에 대해 A라고 관찰했다면 다른 사람이 보아도 그 현상은 A일 수밖에 없다는 뜻이다.

:: **형태주의 심리학**
'의식의 요소'보다는 '의식의 전체성'을 중시하는 심리학으로 'Gestalt'는 '패턴' 또는 '전체'를 일컫는 독일어다. 즉 형태(Gestalt)란 인간이 자기를 둘러싼 세계를 의미화하기 위하여 자기가 지각한 것을 패턴이나 관계성으로 조직화하거나 구조화하려는 경향성을 말한다.

동일한 현상에 대한 관찰이 누구에게나 동일하게 일어난다는 이 믿음은 자명해 보인다. 그래서 과학에 대한 전통적 견해를 가진 사람들은 이 믿음을 당연시했다. 그러나 20세기 중반에 오면서 심리학의 연구 성과들로 인해 이런 믿음은 의심받기 시작했다. 과학철학자 핸슨[N. R. Hanson, 1924~1967]은 동일한 그림이 하나 이상의 다른 대상 또는 사건으로 보일 수 있다는 형태주의 심리학[Gestalt Psychology]의 연구 성과를 받아들여 그것을 과학적 관찰의 경우로 확장시킨다. 그가 든 예 중에서 지구 중심설을 옹호했던 브라헤와 태양 중심설을 주장했던 케플러의 가상 대화는 매우 잘 알려져 있다.

어느 날 이 두 사람이 아침에 산책을 하면서 푸른 들판의 지평선에 무엇인가 환하게 떠오르는 것을 보고 있다. 그 광경을 본 브라헤가 말했다. "태양이 떠오르고 있군." 그러자 케플러가 대꾸했다. "지구가 회전하고 있는 것이죠." 즉 동일한 현상에 대해 서로 다른 관찰 내용을 보고하고 있는 것이다. 핸슨은 이런 예를 통해 과학적 관찰의 경우에도 관찰자가 보고하는 내용은 그가 어떤 이론을 받아들이고 있느냐에 따라 결정된다고 말한다.

사실 이와 비슷한 사례들은 우리 주위에서도 드물지 않게 찾아볼 수 있다. 가령 의학 지식이 없는 일반인들은 엑스레이 사진을 아무리 들여다보아도 어디에 뭐가 붙어 있고 어떤 부분에 이상이 있는지 전혀 감을 잡을 수 없지만, 의사나 방사선 전문가들은 동일한 엑스레이 사진을 보고도 일반인들과는 전혀 다른 이야기를 한다. 이런 차이는 의학 지식을 가지고 있느냐, 없느냐에서 나온다. 이런 사례에 근거하여 일부 과학철학자들은 이른바 '관찰의 이론 적재성 theory ladenness of observation' 논제를 주장하기 시작했다. 이 논제는 관찰자의 배경 지식에 따라 관찰 자체가 달라진다는 주장이다(이 논제는 때로 '관찰의 이론 의존성'이라고도 한다). 좀 더 정확히 말해 '관찰은 결국 이론(배경 지식)을 등에 업은 관찰'일 수밖에 없다는 것이다.

오리를 한 번도 본 적이 없는 아마존의 원시 부족이 있다고 해보자. 그들이 그림①을 보고 오리가 보인다고 관찰 보고를 하는 일은 없을 것이다. 왜냐하면 그들에게는 오리가 어떻게 생겼으며 어떤 동물인지에 대한 배경 지식이 전혀 없기 때문이다. 그림②의 경우도 마찬가지이다. 『백설 공주와 일곱 난쟁이』 같은 동화를 전혀 들어보지 못한 사람 혹은 마귀 할멈이 어떻게 생겼는지를 전혀 모르는 사람이 위의 그림에서 노파를 관찰하기란 매우 어려

하나의 그림이지만 보는 이에 따라 다르게 해석되는 그림. ①번 그림에서는 토끼와 오리, ②번 그림에서는 노파와 처녀를 발견할 수 있다.

울 것이다. 이런 시각 사례들에 의하면 배경 지식은 틀림없이 관찰에 지대한 영향을 주는 것 같다.

그렇다면 관찰이 이론에 의존한다는 것이 전통적 과학관을 고수하는 사람들에게 왜 그렇게 심각한 문제가 된단 말인가? 그 이유는 어렵지 않게 찾을 수 있다. 우선 관찰이 이론에 의존하면 경쟁하는 이론들을 평가하는 중립적인 도구가 사라진다는 데 가장 큰 문제점이 발생한다. 전통적인 관점에 의하면 경쟁하는 가설들은 경험적 자료를 바탕으로 상대적인 평가가 이루어지는데, 관찰 자체가 이론에 의존하게 되면 더 이상 관찰은 논쟁을 해결하는 해결사의 역할을 하기 힘들다. 이렇게 되면 과학의 객관성뿐만 아니라 합리성도 복병을 만나게 된 셈이다. 왜냐하면 과학자들은 자기 이론에 근거해 자기 이론을 옹호하고 있는 격이기 때문이다.

그런데 여기서 한 가지 주의할 것은 관찰이 이론에 의존한다는 것이 관찰 자료들이 이론에 '인도'를 받아 수집된다는 것과는 상당히 다른 의미를 지닌다는 점이다. 왜냐하면 후자는 가설을 효율적으로 세우기 위해서는 현실적으로 모든 관찰 자료를 수집할 수 없기 때문에 그 가설에 관련된 관찰을 한다는 뜻이지만, 전자는 관찰 자체가 관찰자의 배경 믿음에 영향을 받아 변한다는 뜻이기 때문이다. 이런 의미에서 전자는 매우 심각한 도전이 아닐 수 없다. 특히 관찰의 객관성을 기본적으로 전제한 상태에서 논의를 전개해 나갔던 사람들, 즉 논리 경험주의자들에게는 거의 치명타나 다름 없었다.

전통적 견해의 이런 문제점들은 쿤이 『과학혁명의 구조』를 집필하는 데 중요한 문제의식을 제공했다. 쿤은 이 책에서 관찰이 이론 중립적이어서 분쟁의 심판 역할을 한다는 전통적 견해를 거부하고 관찰이 늘 이론을 등에 태운 채 진행된다는 사실을 적극적으로 받아들였다. 그리고 패러다임이 달라지면 관찰도 달라지며 심지어 세계도 달라진다고 주장했다. 즉 『과학혁명의 구조』는 논리 실증주의와 반증주의를 면전에서 비판하는 문제작이었다. 하지만 이 책이 대표적 논리 실증주의자인 노이라트와 카르납이 20세기 초반부터 편집해온 『국제 통일 과학 사전』 시리즈 중 한 권이었다는 사실을 아는 사람은 많지 않을 것이다. 자기비판적 책을 낸 뒤에도 시리즈가 더 진행되기는 힘들었을지 모른다. 어쨌든 『과학혁명의 구조』가 출간된 뒤 단 한 권의 다른 저서만을 낸 채 그 시리즈는 역사 속으로 사라졌다.

**패러다임이
뭐길래**

『과학혁명의 구조』가 출판된 뒤 학계는 술렁이기 시작했다. 기존 학계는 과학자들이야말로 어떤 부류의 사람들보다도 비판을 환영하며 경험적 증거 앞에 깨끗이 승복하는 사람들이라고 생각했다. 하지만 쿤의 생각은 전혀 달랐다. 과학자들은 대개 특정 이론들에 목을 맨다. 그리고 많은 이론 사이에서 우열을 가리기 위한 공통의 표준도 존재하지 않는다. 이런 도발적 주장에 대해 과학철학자들은 대답을 할 수 있어야 했다.

『과학혁명의 구조』를 출간한 지 3년 뒤인 1965년 드디어 일군의 철학자들이 쿤의 『과학혁명의 구조』를 평가하기 위해 영국에 모인다. 거기에는 쿤은 물론 포퍼, 툴민 Stephen Toulmin, 라카토슈, 파이어아벤트, 왓킨스 J. W. N. Watkins 와 같은 당대 최고의 과학철학자들이 참석하여 쿤의 주장이 올바른 것인지를 토론했다. 그때 발표된 논문들과 이후에 추가된 논문들을 함께 묶어 라카토슈와 무스그래이브 A. Musgrave 가 편집한 책이 바로 『비판과 지식의 성장 Criticism and the Growth of Knowledge』(1970)이다. 이 책은 학술 논문집으로서는 매우 드물게 철학 분야의 스테디셀러 목록에 올라 있을 정도로 고전이 되었다. 여기에는 흥미로운 내용들이 많은데 대체로 쿤에 대해 비판적인 입장들이었다. 가령 어떤 철학자는 쿤이 『과학혁명의 구조』에서 "패러다임이라는 용어의 용법을 스물두 가지나 썼다. 어느 장에서는 패러다임에 대해 이렇게 말하고, 다른 장에서는 다르게 말하고…… 패러다임이 가장 중요한 용어인데, 그 의미를 스물두 가지나 다른 방식으로 쓰면 어떻게 하느냐?"며 면박을 주었다. 마치 "넌 철학자라고 하면서 용어를 이렇게 애매하게 쓰고 있느냐? 철학적 작업을 제대로 수행할 만한 능력이 안 되는 것은 아니냐?"라고 비판하는 것과 같았다.

이런 비판은 어쩌면 쿤에게는 매우 창피스러운 일일 수도 있었을 것이다. 그래서 쿤은 1970년 책의 맨 뒤에 상당히 많은 분량의 후기 postscript를 첨부한 『과학혁명의 구조』 2판을 출간한다. 거기서 그는 패러다임의 용법이 지나치게 다양하다는 비판을 전적으로 받아들인 뒤 자신이 말하려고 했던 패러다임의 원래 의미를 해명한다.

쿤은 '패러다임'이라는 용어를 크게 두 가지 다른 의미—넓은 의미와 좁은 의미—로 사용하고 있다. 그중 넓은 의미는 어느 주어진 과학자 사회의 구성원들에 의해 공유되는 신념, 가치, 기술 등을 망라한 총체적 집합이고, 좁은 의미는 그 집합의 한 구성 요소로서 구체적이고 인상적인 문제 해결의 사례에 해당하는 '범례'가 그것이다.

우선 첫째 의미부터 살펴보자. 그에 의하면 넓은 의미에서 패러다임은 기호적 일반화 symbolic generalization, 모형 model, 가치 value, 그리고 범례 exemplar로 구성되어 있는 복합체이다. 이때 기호적 일반화는 특정 과학자 집단이 의문의 여지없이 받아들이는 보편 명제의 형태를 지니는 표현들로 'F=ma', 'I=V/R', 'E=mc^2' 등이 여기에 해당한다. 가령 아리스토텔레스나 뉴턴은 E=mc^{2}이라는 법칙을 알지도 못했는데 아인슈타인의 상대성 이론이 나온 이후에는 모든 과학자들이 공유하는 법칙이 되었다. 즉 특정한 기호적 일반화를 공유하는 과학자들은 같은 패러다임을 갖고 있다고 할 수 있다.

모형은 '이 세계는 마치 당구공 같은 입자들이 서로 충돌하고 운동량을 서로 교환하는 것과 유사한 방식으로 작동한다'와 같은 형이상학적이며 존재론적인 가정이다. 회로를 잘 이해하기 위해서 전류를 물의 흐름에 빗대어 생각하는 것도 일종의 모형이라 할 수 있다. 이러한 모형은 실제 자연과학에서 많이 쓰는 방식이다.

그리고 가치는 대개 정확성, 일관성, 넓은 적용 범위, 다산성, 단순성과 같은 것을 뜻한다. 정확성이라는 것은 예측치가 정확해야 한다는 것이다. 다시 말해 어떤 패러다임이 있으면 그 패러다임이 예측하는 경험적 사실들이 얼마나 정확하게 들어맞느냐하는 것이다. 일관성은 기존의 다른 지식 체계들과 모순되지 않고 일관적이어야 한다는 것이다. 넓은 적용 범위라는 것은 설명하는 영역이 얼마나 큰가를 나타내는 지표이며, 다산성은 계속해서 새로운 예측들을 얼마나 많이 내놓느냐는 것이다. 그리고 단순성은 똑같은 현상을 설명하더라도 그 이론이 얼마나 단순한지를 나타내는 지표이다. 쿤은 이런 가치들이야말로 모든 과학자 공동체가 공통적으로 받아들이는 인식적 요소이며 그런 의미에서 어떤 한 패러다임에만 속한 요소가 아니라고 말한다. 쿤에게 있어서 과학은 전형적으로 이런 가치들을 추구하는 활동이다. 다른 지적인 활동에 비해 이런 가치들이 상대적으로 매우 중요시되는 분야가 과학이라는 것이다.

그렇다면 이런 가치들이 충돌하면 어떻게 되는가? 가령 어떤 과학자는 정확성보다는 단순성을 더 중요한 가치로 평가하는 반면 다른 과학자는 그 반대라고 한다면 어떤 일이 벌어지겠는가? 쿤은 하나의 패러다임에 속하는 과학자들은 어떤 가치가 더 중요한지에 대해 대체로 합의하고 있다고 대답한다. 패러다임마다 공유되는 가치들의 서열이 있다는 뜻이다. 더 나아가 그는 패러다임끼리 충돌하는 상황에서 과학자들은 가치의 항목 자체는 공유하고 있지만 그 가치들을 어떻게 적용할지에 대해서는 다른 생각을 갖게 되며, 이런 가치 적용의 차이가 '패러다임 전이 paradigm shift', 즉 과학혁명을 일으키는 중요한 요인이라고 주장한다. 가치의 역할은 프톨레마이오스 천문학에서 코페르니쿠스 천문학으로 넘어오는 과정에서 잘 드러난다. 이에 대해서는 6장에서 자세히 살펴보기로 하자.

마지막으로 범례는 쿤이 패러다임을 이야기하면서 줄곧 염두에 두고 있었던 핵심 개념으로, 좁은 의미의 패러다임이 바로 범례라는 것이다. 자연과학의 교육 현장을 예로 들어보자. 여러 교과서의 내용을 보면 별다를 게 없다. 각 장의 배열들은 서로 비슷하고 내부의 형식도 대체로 같다. 먼저 기본적인 원리를 설명하고 그것이 적용되는 이상적인 ideal 예제를 소개하고 그에 따른 표준적인 해답을 제시한다. 이것을 읽으면서 학생들은 가령 'F=ma'와 같은 기호적 일반화들을 더 잘 이해하게 된다. 그리고 각 장의 마지막에 나오는 연습 문제를 풀어냄으로써 자신이 교재의 내용을 제대로 숙지했는지를 시험한다. 쿤은 이러한 예제들, 즉 성공적인 논문들에서 제시된 인상적인 문제 풀이의 예를 바로 '범례'라고 했다. 여기서 주의할 것은 '범례'가 단순히 '예제'는 아니라는 점이다. 그것은 과학 공동체가 중요하다고 생각하는 이론(기호적 일반화)의 매우 성공적인 적용 사례라고 해석해야 한다. 가령 뉴턴의 만유인력 법칙을 자유낙하 하는 물체의 운동에 적용한 사례가 바로 뉴턴주의 물리학자들의 범례이다.

쿤은 과학 활동에서 이런 범례의 역할이 인식적으로 대단히 중요하다고 보았다. 왜냐하면 과학자들은 범례를 학습함으로써 기호적 일반화가 자연에 어떻게 적용되는지를 터득하기 때문이다. 범례의 기능을 좀 더 쉽게 설명하기 위해 쿤은 '동물원에 간 아이'의 예를 든다. 어떤 부모와 어린이가 동물원에 함께 갔다. 이 어린이는 동물원이 처음이다. 아이는 부모에게 백조를 가리키며 묻는다. "저게 뭐야?"라고 묻고, 부모는 곧 "백조야"라고 대답한다. 아이는 궁금한 것을 계속 묻고 부모의 대답을 들으면서 무엇이 백조이고 무엇이 오리인지, 그리고 왜 저것이 거위가 아닌지를 익힌다. 이처럼 범례들을 통해 배우는 것은 자연 세계의 '유사성 관계', 즉 어떤 것이 어떤 것들과 비슷하며 다른지에 관한 지식이다.

  나도 이와 비슷한 경험을 한 적이 있다. 2002년 11월 나는 일본 교토 대학 부설 영장류 연구소가 있는 이누야마라는 시골에 짐을 풀고 있었다. 세계적인 침팬지 연구자인 마쓰자와 교수는 악수를 건네자마자 나를 이끌고 야외 사육장으로 갔다. 그곳에는 침팬지 열네 마리가 시큰둥하게 '오늘도 또 인간이구먼' 하는 표정을 지으며 나를 냉랭하게 맞아줬다. "저놈의 이름은 '아키라'인데 1인자 수컷이고 '아유무'의 아빠죠. '아이'와 '아유무'는 모자 관계이고 '판'과 '팔'은 모녀지간입니다. '클로에'는 등 쪽에 약간 푸르스름한 털이 있어요. 보세요……" 마쓰자와 교수가 이야기하는 침팬지들의 시시콜콜한 특징을 수첩에 받아 적으며 고개를 끄덕이고는 있었지만, 난생 처음으로 침팬지 무리 속에 와 있는 나로서는 누가 누구인지 어리둥절할 뿐이었다. 혼미한 나를 바짝 긴장시킨 한마디. "침팬지도 사람처럼 저마다 개성이 있답니다. 아마 일주일이면 열네 마리를 모두 확실하게 구분할 수 있을 거예요."

한국 최초로 영장류 연구소를 세워보겠다는 야심찬 꿈을 갖고 있었지만 그때까지 나는 개별 침팬지들을 구분할 수 있는 능력은커녕 침팬지와 보노보를 구분할 때도 가끔씩 실수를 하는 수준이었다(물론 침팬지와 보노보로부터 각종 원숭이들을 구분하기는 쉽다. 원숭이는 대개 꼬리가 있으니까). 나는 그때부터 침팬지 열네 마리의 사진과 이름 그리고 관계를 그려놓은 도표를 입수해 틈날 때마다 '공부'해야 했다. 아니나 다를까 닷새가 지난 오후 나는 마쓰자와 교수의 손에 이끌려 야외 사육장으로 끌려갔다. 결과는 반타작. 참담했다. 그 뒤 3주가 더 지나서야 나는 비로소 침팬지에게도 개성이 있다는 영장류학의 진실을 체득할 수 있었다. 이렇게 자연계에 대한 정확한 분류 방식을 배우는 과정이 바로 과학이다. 이런 맥락을 두고 쿤은 "범례를 통해 과학자들은 세계의 유사성 관계를 터득한다"라고 했다.

혹시 범례의 개념과 기능이 아직도 잘 이해되지 않는가? 다음의 예를 들면 대개 모두 고개를 끄덕일 것이다. 대한민국 대부분의 학생들이 『수학의 정석』을 푼다(요즘엔 꼭 그렇지 않다고는 하지만 적어도 내 또래 고등학교 시절에는 이 책이 수학의 바이블이나 다름없었다). 처음에 선생님이 원리를 설명해주고, 필수 예제를 풀어준다. 필수 예제는 매우 전형적인 문제로, 일종의 범례에 해당한다. 그 다음 유제를 풀어보라고 한다. 유제는 선생님이 풀어준 예제랑 거의 비슷하고 숫자만 다른 경우가 대부분이다. 주말에는 각 장의 맨 뒤에 배치된 '연습 문제'가 우리를 기다리고 있다. 이 연습 문제의 경우 처음 몇 문제는 유제와 비슷해서 쉽지만 뒤로 갈수록 점점 더 어려워진다. 그래서 이 문제들이 앞에 나온 것들

(원리와 필수 예제)이랑 무슨 상관이 있는지 감을 잡으려고 머리를 긁적이다 보면 주말이 다 가버린다. 이 경우에 우리는 그 '상관성', 쿤의 용어로는 '유사성 관계'를 깨닫지 못한 멍청한 자기 자신을 탓하지 결코 연습 문제의 잘잘못을 따지지는 않는다. 똘똘한 학생은 자신이 풀 수 있는 연습 문제의 수를 점점 늘려갈 것이다. 쿤에 따르면 과학은 널려 있는 문제들을 자신들의 범례로 만드는 과정을 통해 성숙해간다. 『수학의 정석』! 놀랍게도 쿤이 말한 과학이 그것이다.

쿤은 패러다임마다 공유하는 범례들이 서로 다르며 따라서 세계에 대한 유사성 관계도 다르다고 말한다. 가령 뉴턴 역학에서 질량은 물체의 운동 속도와 무관한 반면 상대성 이론에서 질량은 운동 속도에 상대적인 값이 된다. 이는 두 패러다임이 각각 세계를 분류하는 방식이 서로 다르다는 것을 보여준다.

요약하면 범례는 어떠한 기호적 일반화가 성공적으로 적용되는 매우 인상적인 사례들의 모음이다. 과학도가 된다는 것은 바로 이런 범례를 학습해 나간다는 뜻이다. 예를 들어 뉴턴의 패러다임에 속해 있는 과학자들은 결국 'F=ma'에 해당하는 연습 문제들, 즉 자유낙하 운동에서부터 진자 운동, 포물선 운동, 심지어 행성의 운동 문제들을 푼다. 그 많은 사례들이 'F=ma'라는 기호적 일반화로 연결될 수 있는 것이다. 따라서 범례를 학습하는 과정은 서로 다른 현상이 어떻게 동일한 원리의 지배를 받는가를 습득하는 과정이다. 이것은 다시 세계에 대한 유사성 관계 즉, 이 세계의 존재자들이 어떠한 관계를 맺고 있는지를 배우는 과정이다. 과학도들은 대개 이 범례의 수를 늘리는 일에 평생을 종사하며 이런 과정에서 패러다임은 점점 더 성숙해진다. 이것이 바로 쿤의 패러다임 이론이다.

과학자는 평생 연습 문제만 푼다!

과학은 다른 부류의 지적 탐구 활동과 어떻게 다른가? 쿤에 따르면 과학의 가장 중요한 특징은 대다수의 과학자들이 어느 시기가 되면 매우 놀랄 만한 합의에 이른다는 사실이다. 쿤은 인문학이나 사회과학에서는 이런 '인상적인 합의' 메커니즘이 없다고 말하면서 그 분야에서는 패러다임이라 할 만한 것이 없다고 했다. 쿤에 의하면 과학의 또 다른 중요한 특징은 어느 때가 되면 그런 놀랄 만한 합의가 깨진다는 사실이다. 그는 과학자 사회가 하나의 패러다임에 의해 지배를 받는 가운데 과학자들이 벌이는 활동을 '정상 과학normal science'이라고 했다. 그리고 그것이 깨지고 다른 패러다임으로 교체되는 현상을 '과학혁명scientific revolution'이라 했다. 이런 맥락에서 『과학혁명의 구조』는 정상 과학이 어떻게 생기고 그것이 어떻게 깨져 결국 과학혁명이 일어나는지를 탐구한 책이다(이에 대해서는 다음 장을 보시오). 쿤은 정상 과학의 생성과 소멸 그리고 대체의 과정이 바로 과학의 역사라고 말한다.

　정상 과학 시기에 과학자들은 어떻게 행동을 할까? 귀납주의자처럼 자료를 긁어모으는 행동을 할까, 아니면 반증주의자처럼 틀린 것만 체크하고 돌아다닐까? 쿤은 그 시기에 과학자들은 '퍼즐 풀기puzzle solving'에 몰두한다고 주장한다. 이것은 아주 참신한 은유

쿤은 정상 과학 시기의 과학을 '퍼즐 풀기'에 비유했다.

적인 표현인데, 퍼즐 풀이를 생각해보면 그 의미를 정확히 이해할 수 있다. 가령 그림 퍼즐이나 십자 퍼즐 등을 떠올려보자. 어떤 퍼즐이든 공통적인 특징 두 가지가 있다. 하나는 정답이 있다는 것이고, 다른 하나는 답을 얻는 과정에 대한 제약 조건이 있으며 그 답에 이르는 특정한 방식이 있다는 것이다. 정답이 없는 퍼즐은 없다. 그림 퍼즐의 경우에는 정답에 해당하는 원판의 그림이 이미 있다. 그리고 조각이 겹쳐서는 안 되며 아귀가 다 맞아야 한다는 등의 풀이 규칙 또한 있다. 쿤은 정상 과학 시기의 과학도 이런 활동과 유사하다고 주장한다. 즉 과학자들은 이미 해답이 있고 해답에 이르는 방법도 주어진 상태에서 과학 활동을 한다는 것이다.

과학자들이 퍼즐을 푼다는 것이 뭐 그리 대단한 주장일까? 앞서 이야기한 퍼즐의 두 가지 특성을 진지하게 받아들이면 이 주장이 범상치 않은 것임을 직감할 수 있다. 우선 정상 과학 시기에는 기존의 이론을 뒤집는 변칙 사례가 나타나도 논리 경험주의자들의 주장과 같이 기존의 이론이 바로 폐기되는 게 아니라 오히려 과학자 자신의 능력이 의심을 받는다. 그림 퍼즐을 계속 맞추지 못하는 상황이 발생하면 누가 비난을 받는가? 퍼즐 자체가 잘못되었다고 주장하는 사람은 없다. 그것을 맞추지 못하는 사람이 멍청하다는 소리를 듣게 마련이다. 과학도 마찬가지다. 예를 들어 어떤 대학원생이 기존의 양자역학이 잘못되었다는 확신을 갖고 그것에 대해 박사학위 논문을 쓰고자 한다고 생각해보자. 그런 박사학위 논문을 제출했다면 어떻게 될까? 졸업은커녕 지도교수의 꾸지람만 들어야 할 것이다. "야, 이건 네가 물리학을 한번 뒤집어보겠다는 건데 이게 말이 되냐? 네가 그렇게 똑똑해?"

다시 말해 정상 과학 시기에서 과학자는 마치 퍼즐 풀이 기계처럼 행동한다. 새로운 문제를 만들기는커녕 답이 이미 있다고 믿는 퍼즐만을 평생 풀며 보낸다. 뛰어난 과학자는 많은 사람들이 풀지 못한 문제를 푸는 사람, 즉 많은 사람들이 어떤 퍼즐 조각이 맞을지를 계속 시도하다가 해결하지 못한 퍼즐에 조각을 잘 끼워 맞추는 사람이다.

포퍼의 반증 개념과 비교해보면 쿤에게 있어서 반증을 당하는 것은 이론이 아니라 사람이다. 덜떨어진 과학자가 반증된다는 것이다. 문제가 잘 풀리지 않아도 정상 과학 시기의 과학자들은 자신의 패러다임이 틀렸다고는 생각하지 않는다. 대부분은 '이론은 맞는데 내가 부족해서 이 사례를 못 푸는 거다'라고 반성한다. 변칙 사례는 과학자들이 해결해내야 할 것이지 과학 이론 자체를 위협하는 것은 아니다. 『수학의 정석』에 나오는 연습 문제를 풀지 못하면 누가 멍청한 것인가? 그것을 풀지 못하는 학생이 똑똑하지 못한 것 아닌가? 쿤은 바로 과학자의 이런 태도가 '정상^{normal}'

이라고 주장한다.

비슷한 맥락에서 약간 과장을 섞어 얘기하면 과학의 대가들이 "이것은 흥미롭네"라고 하면 흥미로운 것이고, "그것을 왜 하느냐?"라고 하면 그건 아닌 것이 된다. 대학에서 과학 연구를 해본 사람들이라면 한 번쯤 경험하는 것이 있다. 그것은 지도교수가 흥미롭다고 생각하지 않는 연구 주제를 물고 늘어지는 것은 본인의 장래를 위해서 결코 바람직하지 않다는 사실이다. 이때 교수의 지적 관심이란 대체로 주류 학계의 문제의식에서 크게 벗어나지 않는다. 이를 의심하거나 반한다면 교수의 장래도 보장받기 힘들다. 일종의 암묵적인 '도그마 dogma'가 떡 버티고 있는 셈이다. 도그마는 '독단', '독설'이란 뜻이다. 과학자들이 도그마에 기반을 둔 활동을 하고 있다는 것이 쿤의 생각이다. 가장 합리적이고 비판적이라고 여겼던 과학 활동이 도그마(패러다임)에 기반을 둔 활동이라니!

과학사에서 쿤이 중요하게 대두되는 이유는 아마도 과학자들이 실제로 활동하는 모습을 잘 보여주었다는 측면에 있을 것이다. 현실에서 과학자들은 반증 사례에 직면해도 이론을 폐기하지 않는다. 쿤은 실제로 대부분의 과학자들은 패러다임을 명료화하고 적용 범위를 넓힌다고 말했다. 예를 들어 10.1이 정답인데 계속 10.2가 나오면 패러다임을 명료화해서 결국은 10.1이라는 '정답'이 나오도록 한다는 것이다. 쿤의 혁명적인 과학관의 세례받은 사회학자들은 과학의 이런 도그마적 성격에 천착하여 "모든 과학 이론은 사회적 구성물일 뿐"이라는 주장까지 내놓았다(이에 대해서는 만남10을 참조하시오).

포퍼 식의 시험은 정상 과학에서는 결코 발생하지 않는다. 그 시기의 과학자들은 당시의 지배 이론을 게임의 규칙으로 받아들이고 시작한다. 과학자의 목표는 퍼즐을 푸는 것이다. 퍼즐이 무엇인지는 그 지배 이론이 결정한다. 그리고 그 퍼즐들은 똑똑한 과학자에 의해 풀릴 것이라고 전제된다.

쿤, 「발견의 논리냐 연구의 심리학이냐」(1970)

물론 논리 경험주의자들에게 정상 과학 시기의 과학자의 모습은 지극히 '비정상 abnormal' 적으로 보일 것이다. 독단이야말로 과학의 주적이 아니었던가? 포퍼는 「정상 과학과 그것의 위험성」이라는 논문에서 쿤의 정상 과학 개념이 얼마나 위험천만한 발상인지를 자신의 '추측과 논박' 방법론에 의거해서 비판했다.

하지만 쿤은 과학이 대체로 그런 식으로 굴러왔다는 생각을 버리지 않았다. 패러다임을 의심하는 과학자들은 아주 가끔씩 일어나는 과학 혁명기에나 존재할 뿐이라는 것이다. 과학의 역사를 보면 이론과 불일치하는 변칙 사례들이 등장해도 바로 반증이 이루어지지 않았고 오히려 그런 불일치가 언젠가는 해소될 것이라는 믿음이 있었다는 사실은 쿤의 패러다임론을 뒷받침해주는 강력한 근거였다. 또한 '관찰의 이론 적재성' 논제는 특정한 과학자 집단이 하나의 패러다임을 공유하게 되면 정해진 방식으로 세계를 관찰한다는 견해를 뒷받침해준다. 즉 쿤은 과학자들이 실제로 패러다임에 의존해서 과학 활동을 해왔으며(역사적 사실), 심리학적으로도 그런 특징적 행동이 잘 설명된다는 점(심리학적 사실)을 동시에 주장하고 있는 셈이다.

도그마가 있어야 과학이다!

쿤의 정상 과학 개념은 과학과 비과학을 가르는 문제를 어떤 시각으로 보았을까? 이 대목에서 포퍼와 쿤이 극명하게 대립한다. 포퍼에 따르면 과학은 반증 가능해야 한다. 점성술이 과학이 아닌 이유는 그것이 반증 가능하지 않기 때문이라는 것이 포퍼의 진단이었다. 그렇다면 쿤은 과학이 다른 활동과 어떻게 다르다고 했을까? 쿤도 점성술을 과학이 아니라고 할까? 그렇다. 하지만 그 이유는 포퍼의 경우와 전혀 다르다. 쿤은 점성술에는 퍼즐이라 할 만한 것이 없기 때문에 사이비 과학이라고 했다. 즉 도그마의 기능을 하고 있는 퍼즐, 달리 말해 패러다임이라 할 만한 것이 없기 때문에 과학이 아니라는 것이다. 이 주장은 결국 점성술에는 패러다임에서 가장 중요한 요소인 '범례', 즉 매우 인상적인 성공 사례들이 없기 때문에 사이비일 수밖에 없다는 말과 같다.

대부분의 과학자들은 정상 과학 시기에 훈련을 받는다. 정상 과학은 자연과학에서만 나타나는 특성이다. 과학과 비과학을 가를 수 있는 구획 기준이 존재한다면 그것은 정상 과학이 있느냐 없느냐의 기준일 것이다. 천문학과 점성술을 비교해보자. 천문학의 경우에는 학자들이 재조사, 조정, 검증 그리고 수정 과정을 거치면서 퍼즐을 풀어갔다. 반면에 점성술사에게는 그런 게 없다.

쿤, 「발견의 논리냐 연구의 심리학이냐?」(1970)

쿤은 점성술뿐만 아니라 마르크스주의나 정신분석학 등이 과학이 아니라는 점에 대해서는 포퍼와 같은 의견이다. 즉 포퍼와 쿤은 어떤 것이 과학이고 어떤 것은 사이비 혹은 비과학인지에 대해서, 즉 외연에 있어서는 같은 목소리를 낼 수 있다. 하지만 쿤은 이런 목록의 일치가 이유의 일치를 뜻하지는 않는다고 강조한다.

점성술, 마르크스주의, 정신분석학 등이 과학이 아닌 이유는 그것에 퍼즐이라 불릴 만한 것이 없기 때문이다. 포퍼가 제시한 과학·비과학 구분의 외연이 일치할지는 모르나 그 이유는 서로 다르다. 과학의 표지는 시험test이 아니다.

쿤, 「발견의 논리냐 연구의 심리학이냐?」(1970)

그렇다면 여기서 창조과학이 과학인지 아닌지를 쿤의 입장에서 생각해보면 어떨까? 틀림없이 쿤은 "창조과학에서 매우 인상적인 성공 사례가 있는가?"라고 물을 것이다. 즉 "창조과학이 과학이냐?"는 질문에 "창조과학이 해결한 문제가 뭐가 있는데?"라고 되묻는다는 것이다. 아무리 창조과학이 과학이라고 난리를 쳐도 쿤은 "그래? 그럼 퍼즐을 보여줘, 범례를 보여줘 봐!"라고 할 것이다. 포퍼는 이에 대해 창조과학이 반증주의 방법론을 따르지 않기에 사이비라고 하겠지만(이에 대해서는 3장 대화를 참조하시오).

어쨌든 정상적인 과학자들이 도그마에 기반을 두어 과학 활동을 한다는 쿤의 발상은 불경스럽고 위험천만한 것처럼 보인다. 오죽하면 쿤의 견해와 상당히 많은 부분을 공유했던 무정부주의 과학철학자 파이어아벤트마저 "쿤에 따르면 과학자 공동체는 조직폭력 단체와 유사해진다"고 걱정했겠는가? 하지만 쿤의 도발은 여기서 끝나지 않는다. 과학혁명이 어떻게 일어나는가에 대한 그의 생각은 도발을 넘어 혁명적인 것이었다.

> 깊이 읽기

『과학혁명의 구조』는 쿤의 위험한 생각을 이해하기 위해 가장 먼저 집어 들어야 할 책이다. 특히 이 장의 주제인 정상 과학 시기의 과학자들의 활동에 대해서는 2장~5장(『과학혁명의 구조』)에 정리되어 있다. 쿤의 저서들 중에서 다음과 같은 것들이 국내에 아직 소개되지 않았다.

- Kuhn, T. S.(1957), The Copernican Revolution: Planetary Astronomy in the Development of Western Thought, Harvard University Press.
- Kuhn, T. S.(1977), The Essential Tension: Selected Studies in Scientific Tradition and Change, University of Chicago Press.
- Kuhn, T. S.(1978), Black-Body Theory and the Quantum Discontinuity, Clarendon Press.
- Kuhn, T. S.(2000), The Road Since Structure, edited by J. onant & J. Haugeland, University of Chicago Press.

다음의 책에는 『과학혁명의 구조』에 대한 당대 과학철학자의 논평들이 실려 있다.

- Lakatos, I. and Musgrave, A. (eds.)(1970), Criticism and the Growth of Knowledge, Cambridge University Press.

이 책은 원제목과는 달리 국내에서 『현대과학철학 논쟁: 쿤의 패러다임 이론에 대한 옹호와 비판』(토마스 쿤, 포퍼, 라카토슈 등저/조승옥, 김동식 역, 아르케, 2003년)이라는 이름으로 번역·출판되었다. 쿤의 과학철학에 대한 비판과 대응이 어떻게 전개되었는지를 좀 더 전문적으로 공부하고 싶은 독자들에게 『쿤의 주제들: 비판과 대응』(조인래 편, 이화여자대학교출판부, 1997년)은 최적의 자료가 될 것이다.

쿤의 생애와 사상을 이해하는 데 도움이 될 수 있는 책 중에서 국내에 번역된 것으로는 『토머스 쿤: 과학혁명의 사상가』(웨슬리 샤록, 루퍼트 리드 저/김해진 역, 사이언스북스, 2005년)가 있다. 아직 번역·소개되지 않은 책들 중에서는 다음과 같은 것들을 추천할만하다.

- Bird, A.(2000), Thomas Kuhn, Princeton University Press.
- Fuller, S.(2000), Thomas Kuhn: A Philosophical History for our Times, University of Chicago Press.
- Horwich, P. (ed.)(1993), World Changes. Thomas Kuhn and the Nature of Science, MIT Press.
- Hoyningen-Huene, P.(1993), Reconstructing Scientific Revolutions: Thomas S. Kuhn's Philosophy of Science, University of Chicago Press.
- Nickles, T.(2003), Thomas Kuhn, Cambridge University Press.

인터넷에 공개되어 있는 스탠퍼드 철학사전 Stanford Encyclopedia of Philosophy에서는 쿤의 생애와 사상을 일목요연하게 정리해놓았다. 다음의 사이트가 도움이 될 것이다.

- http://plato.stanford.edu/entries/thomas-kuhn/

만남 6

과학혁명은 어떻게 오는가?

패러다임이 바뀌면 세계도 바뀐다.
– 쿤, 『과학혁명의 구조』(1962)

정상 과학에 대한 쿤의 해명은 과학의 보수적인 측면을 적나라하게 드러냈다. 쿤의 패러다임론대로라면 대부분의 과학자들이 특정한 패러다임에 기대어 그것에 대한 추호의 의심도 없이 그저 연습 문제만을 열심히 푸는 이들에 지나지 않는다. 게다가 반증 사례가 나와도 이론을 폐기하기는커녕 자신의 멍청함만을 탓하는 이들이다. 하지만 이것이 과연 쿤이 말하고자 하는 과학자의 모습의 전부일까?

물론 과학의 본성에는 이처럼 과학자들이 어느 시기에 매우 인상적인 합의에 이르고 그 합의를 거의 절대적인 양 받아들이는 보수적인 모습도 있다. 하지만 다른 한편으로는 그 완고하던 합의가 무너지고 새 이론이 그 자리를 대체하는 혁명적인 모습도 분명 존재한다. 쿤은 『과학혁명의 구조』에서 과학의 이런 양면 즉, 정상 과학과 과학혁명 모두를 설명하고자 했다.

타이타닉 호의
침몰과 과학혁명

그렇다면 과학혁명은 어떻게 일어나는가? 그 시작과 끝은 무엇인가? 과학의 역사에서 그런 사례들이 얼마나 존재하는가? 쿤은 과학사의 사례들을 동원하여 과학혁명의 메커니즘을 설명하고 있다. 그 사례를 보기 전에 그가 제시한 혁명 메커니즘을 먼저 살펴보도록 하자.

'메뚜기도 한철'이라고 했던가? 그 위세 당당하던 특정 패러다임도 영구 집권할 수는 없다. 쿤에 의하면 성숙한 패러다임은 문어발처럼 자신의 적용 범위를 넓히다가도 더 이상 그런 일을 하지 못하게 되는 시기를 맞게 된다. 즉 패러다임의 곳곳에서 균열이 발생하는 위기 상황에 처하게 된다. 쿤은 이런 시기를 '변칙 사례가 증가하는 위기의 시기'라고 한다. 여기서 '반증 사례'라는 용어가 아니라 '변칙 사례'라고 한 것에 주의를 기울일 필요가 있다. 포퍼와는 달리 쿤은 패러다임에 반하는 사례들이 점점 쌓이더라도 그 패러다임이 곧바로 폐기되지 않는다고 주장했다. 그렇다면 도대체 혁명은 언제 일어난다는 말인가?

위기에도 등급이 있는 법이다. 국제신용 등급이 몇 등급 내려간다고 해서 곧바로 IMF 사태가 오는 게 아니듯이 A⁺ 등급을 구가하던 패러다임에 몇 군데 균열이 생긴다고 해서 전체가 금방 무너지는 건 아니다. 사실 패러다임의 전성기에는 그런 것들은 변칙 사례로조차 인식되지 않는다. 과학자들은 자신들이 잘 몰라서 변칙 사례로 보이는 것일 뿐, 곧 자기 패러다임 내로 포섭될 것이라고 굳게 믿기 때문이다. 그러다가 "이건 아닌 것 같은데……" 하는 순간이 온다. 패러다임의 어떤 예측들이 계속 과녁을 빗나

가게 되고, 그 문제가 패러다임의 매우 중요한 부분이라고 인식하기 시작할 때, 그리고 결정적으로 그 분야의 대가급에 해당하는 과학자들마저도 그 문제를 해결하지 못할 때 그 패러다임은 진정한 위기를 맞게 된다. 하지만 IMF 사태까지 가려면 한 단계를 더 가야 한다.

그렇다면 이때 '위기'의 정체는 무엇일까? 포퍼를 포함한 논리경험주의자들은 위기의 주체가 이론이라고 말할 것이다. 즉 이론이 위기를 맞는다는 뜻이다. 그러나 쿤에게 있어서 패러다임의 위기란 사실상 사람들의 심리적 위기감을 뜻한다. 이런 광경을 상상해보자. 무림 세계를 평정하던 소림사의 관원들이 옆 동네의 정림사에만 가면 얻어맞고 오는 일이 종종 생긴다고 해보자. 소림사 사람들은 처음에는 대수롭지 않게 생각할 것이다. 어쩌다 맞고 오는 것일 뿐이라고. 하지만 그런 일이 점점 더 자주 일어난다면 얘기가 달라진다. 정림사에 고수들이 많은가 보다라는 심리적 위기감이 생길 것이다. 그러던 어느 날 더 이상 간과할 수 없는 지경에 이르자 소림사의 관장이 직접 나선다. 정림사에 가서 맞장을 뜨는 날이다. 그런데 만일 그 결과가 참담했다면 소림사 단원들의 심리 상태는 과연 어떨까? 쿤이 말하는 패러다임의 진정한 위기는 비유하건대 바로 과학자들의 그러한 심리 상태를 뜻한다고 할 수 있다.

다시 한 번 강조하지만 이런 심리적 공황 상태가 오더라도 곧바로 혁명이 일어나는 것은 아니다. 또 다른 중요한 조건이 충족되어야 한다. 그 조건은 바로 대안의 등장이다. 변칙 사례의 증가와 계속된 해결 노력의 실패에 심리적 위기감을 느낀 일군의 과학자 집단에게 변방의 북소리가 들리기 시작한다. 패러다임을 신주단지처럼 모시는 중심부 과학자들에게서 비교적 (정신적으로) 멀리 떨어져 있는 신진 세력들이 전혀 새로운 접근으로 누적된 변칙 사례들을 해결하기 시작하는 것이다. 변방의 신진 세력은 중심 패러다임에 덜 길들여진 사람들이기 때문에 이런 위기 상황에서 좀 더 자유롭고 참신하게 생각할 수 있다. 이런 참신한 이론으로 옛 패러다임의 골칫거리인 변칙 사례들을 말끔히 해결하고 나면 과학자들은 새로운 이론을 중심으로 모여들기 시작한다. 이런 갑작스런 '쏠림 현상'을 쿤은 『과학혁명의 구조』에서 '군중 심리', '종교적 개종' 혹은 '정치 혁명'과 같은 상황에 비유하기도 했다.

영화 〈타이타닉〉에서 배가 침몰하는 상황을 떠올려보자. 그 육중한 배가 정말로 침몰하고 있음을 눈으로 확인한 승객들이 어떤 행동을 보이는가? 무작정 뛰어내리던가? 아니다. 그들은 갈아 탈 대안(비상용 구명 보트)에 모두 줄을 서고 있다. 최악의 상황이라도 대안이 보이지 않을 때는 움직이지 않는 법이다. 그 대안의 향후 전망이 어떻게 되든 간에 일단 죽음의 위기를 넘길 수 있는 대안이라고 여겨지는 순간 거기에 매달리고 본다. '위기'보다 더 두려운 것은 어쩌면 어디에도 기댈 곳이 없다는 '정신적 진공 상태' 혹은 '심리적 공황 상태'인지도 모른다. 쿤은 과학자도 일반인들처럼 심리적 위기감을 느끼고 공황 상태를 두려워하는 존재임을 암암리에 드러냈다.

여기서 흥미로운 한 가지 사실은 대안적 패러다임이 옛 패러다임을 모든 면에서 능가하기 때문에 패러다임의 교체가 일어나는 것은 아니라는 점이다. 교체의 이유는 새 패러다임이 옛 패러다임의 변칙 사례들을 매우 인상적으로 해결했다는 점 외에는 크게 내세울 게 없다. 어떤 의미에서는 미래가 불투명한 이론인데도 과학자들이 새로운 패러다임으로 몰리는 것이다.

하지만 모든 과학자들이 그런 식으로 배를 갈아타지는 않는다. 타이타닉 호의 선장이 침몰하는 배에 홀로 남아 쓸쓸히 최후를 맞이한 것처럼 옛 패러다임의 주역들은 대체로 자신의 배에 끝까지 남는다. 과학자의 이런 고집스런 태도를 지적하면서 쿤은 "패러다임의 완전한 교체란 그런 고집스런 사람들이 실제로 죽어 나갈 때(사망할 때) 완성된다"고까지 이야기한다. 과학자들은 반증 사례가 발견되면 곧바로 자신의 이론을 폐기하는 합리적인 사람들이라는 생각은 쿤이 보기에는 과학자들이 실제로 어떻게 행동하는지를 전혀 모르는 사람들이 창조해낸 허구일 뿐이다. 오히려 옛 패러다임의 주역들은 그 어떤 일반인들보다도 자신의 신념을 지나치게 확신하고 있는 고집불통 같은 사람들이다.

이것이 바로 쿤이 말한 과학의 일생이다. 변칙 사례들의 계속적인 증가로 인한 심리적 위기(옛 패러다임의 위기), 그 사례들을 매우 인상적으로 해결하는 대안 이론의 등장(새 패러다임의 등장), 과학자들의 쏠림 현상(패러다임의 교체 시작), 옛 패러다임 주역들의 사망(패러다임 교체의 완성). 쿤은 이런 일련의 과정들에 따라 과학 이론이 성장한다고 주장한다.

과학혁명이 남긴 것, 한 이름 딴소리

쿤은 위에서 말한 과학혁명을 "옛 패러다임이 그것과 양립 불가능한(incompatible) 새 패러다임에 의해 전체적으로 혹은 부분적으로 대체되는 비누적적인(noncumulative) 에피소드들"이라고 규정한다. 여기서 '양립 불가능'과 '비누적적'이라는 친숙하지 않은 두 단어가 등장하는데, 이것들은 과학혁명의 본성을 이해하기 위한 핵심적인 실마리이고 전통적인 과학관을 뒤엎는 혁명적인 사상의 뿌리이다. 왜 그럴까?

우선 두 패러다임이 '양립 불가능'하다는 단어부터 생각해보자. 가령 옆집 아줌마는 독실한 기독교인이고 우리 엄마는 독실한 불교인이라고 해보자. 만일 두 사람에게 동일한 불행(가령 자신의 아들이 최근에 심각한 차 사고를 당했다)이 닥쳤다면 그들은 어떻게 그 불행을 이해하고 극복할까? 어쩌면 옆집 아줌마는 이 불행에도 신의 숨겨진 뜻이 있을 것이라거나 자신의 신앙이 부족해서 이런 일이 일어났다고 이해할 것이다. 그리고 신앙심을 더 높이기 위해 더 많은 활동(기도, 전도, 봉사 등)을 할 것이다. 반면 불교인인 우리 엄마는 어쩌면 자신의 업보 때문에 아들에게 이런 끔찍한 일이 일어났을 것이라고 생각할지도 모른다. 물론 무신론자인 보험설계사는 그런 사고를 단지 끔찍한 불운으로 돌릴 것이다. 만일 이 셋이 모여 그 사건에 대한 진지한 토론회를 연다면 좁혀지지 않는 서로의 인식 차이만을 확인한 채 집으로 돌아가기 쉽다. 동일한 현상(차 사고)을 이해하는 데 전혀 다른 믿음들을 동원하기 때문이다.

이런 사례는 작위적이지만은 않다. 아직도 제사 때마다 서로 다른 종교 때문에 얼굴을 붉히는 가족과 친지들이 있지 않은가? 이런 충돌은 왜 발생하는가? 그것은 양립 불가능한 믿음들 때문이다. 즉 동일한 단어('차 사고'나 '제사')를 사용하고는 있지만 그것에 대한 이론과 믿음이 논리적으로 서로 충돌하기 때문에 빚어지는 사건들이다. 죽은 영혼이 와서 제사상의 음식을 실제로 먹고 가기 때문에 제사를 지속해야 한다는 믿음(전통적인 생각), 제사는 귀신을 섬기는 우상 숭배이기 때문에 폐기해야 한다는 믿음(기독교적인 생각), 제사는 단지 미신일 뿐이라는 생각(과학자들의 믿음)은 논리적으로는 함께 받아들일 수 없는 '양립 불가능한' 믿음들이다.

그렇다면 과학의 발전도 이런 식의 양립 불가능한 이론들이 교체되면서 진행된다는 말인가? 쿤은 과학혁명기에 실제로 그런 일들이 벌어진다고 주장한다. 탁월한 과학사학자이기도 했던 쿤은 다음과 같은 변화들을 과학혁명의 사례들로 간주하고 자세히 분석했다. 예컨대 물리학 분야에서 아리스토텔레스 역학이 뉴턴 역학으로, 뉴턴 역학이 상대성 이론으로 변화하는 과정, 천문학 분야이 프톨레마이오스 천문학이 코페르니쿠스 천문학으로 이행한 과정, 화학 분야의 경우 플로지스톤 이론 phlogiston theory에서 산소 이론으로 변화한 것과 생물학 분야의 경우 창조론에서 진화론으로 변화한 것이 그것이다.

이 중에서 '운동 motion'에 대한 아리스토텔레스 역학과 뉴턴 역학을 비교해보자. 아리스토텔레스는 '자연적 운동'과 '강제적 운동'을 구분하고 어떤 물체든 자신이 가고 싶은 장소가 있고 자연적 운동은 그런 곳을 향해가는 운동이며, 강제적 운동은 그런 운동을 방해하는 다른 힘들에 의해 야기되는 운동이라고 정의했다. 가령 돌의 자연적 운동은 그것의 '본향'인 지구 중심을 향해가는 운동이다. 이런 식의 생각은 서구 사회에서 2천 년이나 계속되었다. 반면 뉴턴은 물체들 사이에 작용하는 인력으로 운동을 이해했다. 즉 돌의 자유낙하 운동은 본향을 향한 움직임이 아니라 지구와 돌 사이에 작용하는 중력에 의한 운동이다. 따라서 뉴턴의 역학 혁명은 동일한 '운동'이라는 단어에 대한 완전히 다른 의미, 즉 이전 패러다임과는 양립 불가능한 새로운 개념에 의한 대체라고 볼 수 있다.

사실 쿤은 과학혁명의 본성을 설명하기 위해 양립 불가능성 개념보다 '공약 불가능성 incommensurability'이라는 개념을 발전시켰다. 도대체 이 어려운 용어는 또 무슨 뜻인가? 이것의 정확한 뜻은 '과학혁명기에 경합하는 두 패러다임은 동일한 표준으로는 비교 불가능하다'는 의미이다. 가령 연필 두 자루의 길이를 비교한다고 해보자. 한 자루는 달에 있고, 다른 한 자루는 지구에 있다. 이 경우에는 각각의 길이를 따로 측정하여 비교하는 수밖에 없을 것이다. 그런데 만일 지구에서 사용하는 잣대와 달에서 사용하는 잣대의 눈금이 같지 않다고 해보자. 그리고 그것을 모른 채 당연히 같은 표준의 잣대인 줄 알고 눈금을 읽은 뒤(가령 지구는 5, 달은 6) 달의 연필이 더 길다는 결론을 내렸다면 이것은 공정한 비교라고 할 수 없다. 이렇게 서로 다른 표준으로 비교할 수밖에 없는 경우라면 둘 중에 어느 것이 상대적으로 우위에 있는지를 결정하기는 매우 어렵다. 쿤은 바로 이런 의미에서 경쟁하는 두 패러다임 사이에는 공약 불가성이 있다고 주장했다.

아니 도대체 이것이 말이 되는 주장인가? 두 패러다임이 공약 불가능하다는 쿤의 주장을 받아들인다면 아리스토텔레스 역학과 뉴턴 역학을, 그리고 뉴턴 역학과 아인슈타인 상대성 이론을 동일 표준상에서 비교할 수 없다는 뜻이 될 것이고, 그것은 바로 이 세 패러다임간의 우열을 가릴 수 없다는 의미인데, 이것은 우리가 알고 있는 상식에 어긋나는 것 아닌가! 우리는 교과서에서 이미 물리학이 어떻게 진보해왔는지를 배우지 않았던가?

쿤이『과학혁명의 구조』를 통해 인류에게 제시한 최고의 통찰 중 하나는 바로 이런 상식을 뒤엎는 것이었다. 오히려 그는 이런 교과서의 '왜곡된' 가르침으로 인해 과학혁명의 전모가 그 동안 드러나지 않았다고까지 주장한다. 그의 공약 불가능성 개념이 왜 그렇게 도발적인 사상인가를 좀 더 이야기해보자.

쿤의『과학혁명의 구조』이전에는 대부분의 사람들은 과학이란 계속 더 나은 이론들을 낳는 진보적인 발전 과정이라고 믿었다. 이론의 발전 측면에서 이야기하자면 새 이론은 늘 옛 이론보다 더 포괄적이고 더 정확하고 더 많은 것을 설명하는 식으로 진보한다고 생각했다. 즉 과학이 차곡차곡 벽돌을 쌓듯이 계속해서 진보한다고 믿었다. 반면 쿤은 패러다임간의 공약 불가능성을 근거로 "과학혁명은 비누적적인 에피소드"라고 주장하면서 전통적 관념을 뒤엎었다. 그에 따르면 과학혁명은 마치 지금까지 차곡차곡 쌓아오던 벽돌집을 갑자기 허물고 그 옆에 새로운 벽돌집을 짓는 격이다.

그렇다면 도대체 공약 불가능성은 무엇 때문에 생기는 것일까? 다시 위에서 제시한 차 사고와 제사의 예로 되돌아가보자. 그들은 동일한 현상을 보고 동일한 단어를 사용하고 있기는 하지만, 실상 그들이 세상을 이해하고 예측하는 방식들은 양립 불가능을 넘어 공약 불가능하다. 그래서 서로가 자신의 생각이 더 우월하다고 설득히려 들 수 있지만, 모든 당사자들이 깨끗이 승복할 만한 객관적인 비교란 쉬운 일이 아니다. 그렇다고 제3자가 나서거나 동일한 표준을 만들어서 논쟁을 수습할 수 있는 상황도 아니다. 왜 이런 일이 발생하는가? 가장 큰 이유는 그들의 세계관 world view 이 서로 다르기 때문이다. 세계관은 세상을 보는 틀이며 방식이다. 그것 없이 세상은 혼돈일 뿐이기 때문에 세계관 없이 사는 사람은 아무도 없다. 그리고 그것은 우리에게 매우 근본적인 것들(사실, 분류 방식, 존재 양식, 가치들)을 준다. 과학자들이 이론 의존적 관찰을 한다는 쿤의 주장도 결국에는 과학자들도 자신의 세계관에 근거해서 자연 세계를 본다는 주장과 같은 맥락이다.

$$m_1' = \frac{m_1}{\sqrt{1 - v_1^2/c^2}}$$

m_1=정지 질량, m_1'=운동 질량

예컨대 아리스토텔레스 세계관은 모든 물체들이 본래의 위치로 가려는 성향을 가졌다고 본다. 가령 돌은 땅으로, 불은 대기로 가려는 성향을 지녔다는 것이다. 하지만 뉴턴의 세계관은 물질의 운동을 물체 사이의 인력으로 이해한다. 또한 뉴턴의 세계관에서 '질량 mass'은 물리계의 내재적 성질이고 물리계가 고정되면 변하지 않는 값인 반면, 아인슈타인의 세계관에서는 물리계와 관찰자 사이의 상대적 운동 속도에 의해 변화되는 값이다. 우리가 뉴턴의 질량과 아인슈타인의 질량을 똑같은 것으로 '착각'하는 이유는 물체의 운동 속도(v_1)가 빛의 속도(c)에 비해 엄청나게 느리기 때문인데, 이것 때문에 구체적인 값이 아주 비슷하다 하더라도 질량의 의미 자체는 확연히 다르다.

천문학 혁명의 경우에도 이런 의미 변화가 일어난다. 가령 지구중심설인 프톨레마이오스 천문학과 태양중심설인 코페르니쿠스 천문학은 똑같이 '행성 planet'이라는 용어를 자주 사용한다. 하지만 전자에서 행성은 '지구를 중심으로 원운동하는 물체'이지만, 후자에서는 '태양을 중심으로 원운동하는 물체'로 의미가 바뀐다. 생물학 혁명의 경우에 다윈 이전 사람들은 '종 species'을 고정된 것으로 보았지만, 다윈의 진화론 이후에는 그것과는 완전히 다른 의미, 즉 시간에 따라 변화(소멸하거나 분화하는)하는 대상으로 간주한다.

패러다임이 바뀌면 같은 용어라도 의미가 변화한다는 생각은 엄격히 말하면 쿤의 독창적인 생각은 아니었다. 1950~60년대의 영미 철학사에서는 후기 비트겐슈타인의 영향을 받은 철학자들 사이에서 논리 경험주의를 비판하는 흐름이 본격화되기 시작했다. 그중에서도 미국 하버드 대학의 분석철학자 콰인은 「경험주의의 두 독단 two dogmas of empiricism」(1951)이라는 기념비적인 논문에서 경험주의(실증주의)의 두 가지 핵심 전제가 심각한 논리적 문제점을 갖는다고 비판했다. 만남1에서 논의했듯이 논리 실증주의의 핵심 주장은 '분석 명제'와 '종합 명제'가 구분되며 그 종합 명제의 의미는 직접적 경험에 의해서 결정된다는 것이었다. 이에 대해 콰인은 분석 명제가 순환적으로 정의될 수밖에 없기 때문에 분석 명제와 종합 명제의 구분 자체가 그렇게 분명한 것은 아니라고 주장했다. 그리고 그 대안으로서 '경험적 전체론'을 제안했다. 이 전체론을 한 문장으로 요약하면 그의 표현대로 "경험의 법정에 서는 것은 하나의 이론이 아니라 이론 체계 전체다"가 된다. 쉽게 말해 모든 진술들은 마치 그물처럼 연결되어 있어서 어떤 진술만을 꼭 꼬집어 그것의 경험적 의미가 무엇이라고 말할 수 없다는 이야기다.

가령 위에서 언급한 제사의 예를 다시 들어보자. '한국인은 제사를 지낸다'라는 진술의 의미는 어떻게 결정되는가? 샤머니즘을 믿는 할머니와 기독교인인 어머니 그리고 무신론자인 아버지는 저마다의 믿음 체계 belief system 속에서 이 진술의 의미를 파악한다. 예컨대 할머니에게 그 진술은 사실이고 당연한 것이며 지속되어야 할 행위를 나타내지만, 어머니에게는 사실이지만 당연한 것은 아니며 하루빨리 타파해야 할 우상숭배 행위를 의미한다. 그리고 아버지에게는 아무런 의미가 없는 귀찮은 행위지만 부모님을 모시는 입장에서 어쩔 수 없이 따라하는 의식을 뜻한다. 다시 말해 저마다 자신이 가지고 있는 믿음의 체계 '속'에서만 그 진술의 의미가 결정된다고 할 수 있다. 그리고 이런 믿음 체계들의 내부는 그물망처럼 촘촘히 연결되어 있어서 그중 한 부분에 변화가 생기면 다른 부분에도 덩달아 변화가 일어나는 식이다. 따라서 믿음 체계의 변화는 의미의 변화를 의미한다. 이것이 바로 콰인이 주장했던 '의미 전체론 meaning holism'이다.

이런 의미에서 쿤의 『과학혁명의 구조』는 콰인의 전체론을 과학을 이해하는 데 적용해본 것이라고 할 수도 있을 것이다. 과학

믿음의 체계 속에서만 진술의 의미가 결정된다고 주장한 콰인

혁명을 통해 패러다임이 바뀌면 같은 용어라도 그 의미가 달라진다는 쿤의 주장은 콰인의 전체론을 연상하기에 충분하기 때문이다. 실제로 쿤은 『과학혁명의 구조』의 첫머리에서 자신이 스탠포드 대학의 행동과학 고등연구소에 있는 동안(1958~1959), 그곳에 와 있던 콰인으로부터 지대한 철학적 영향을 받았다고 고백한다. 그 시기에 콰인은 자신의 전체론을 집대성한 『말과 사물 Word and Object』(1960)을 집필하고 있었고, 쿤은 『과학혁명의 구조』를 쓰고 있었으니 두 사람 사이의 스파크는 엄청났을 것이다. 이렇게 도발적이고 혁명적인 발상도 사상의 진공 속에서 나오지는 않는 법이다.

그렇다고 쿤의 공헌을 폄훼 貶毁해서는 안된다. 왜냐하면 쿤은 과학의 역사에 대한 매우 자세한 분석을 통해, 과학혁명이 실제로 어떻게 일어났는지를 설득력 있게 제시했기 때문이다. 이를 통해 쿤은 과학 활동을 인간의 활동 중에서 가장 합리적이고 객관적인 것이며 진리로 나아가는 가장 좋은 방법이라고 굳게 믿었던 사람들에게 커다란 충격을 안겨주었다. 이런 작업은 콰인 같은 철학의 대가들도 할 수 없었던 쿤만의 독특한 기여라 할 수 있다. 쿤은 미국 학계에서 최초로 과학철학회뿐만 아니라 과학사학회의 회장으로 선출되었다.

**과학은
합리적 활동인가?**

과학혁명에 대한 쿤의 논의는 이전의 과학관과 정확히 어떤 면에서 어떻게 다른 것일까? 과학의 변화에 대한 포퍼와 쿤의 생각을 비교하면 이에 대한 답을 자연스럽게 얻게 될 것이다.

우선 진리^{truth}에 대한 두 사람의 견해 차이부터 살펴보자. 2장에서 언급했듯이 포퍼는 과학자들이 '추측과 논박'이라는 방법론을 통해 시행착오를 거쳐 결국 진리에 근접해갈 것이라고 믿었다. 하지만 쿤은 생각이 달랐다. 그에 따르면 과학혁명을 통해 패러다임이 교체되면 과학자들은 자연 세계를 이전과는 다른 시각에서 본다. 그는 여기에서 한 걸음 더 나아가 패러다임이 바뀌면 세계관이 바뀌는 정도가 아니라 '세계 자체가 바뀐다'고까지 주장했다. 말하자면 절대적이고 객관적인 세계가 저 밖의 어딘가에 있고, 그것을 관찰하고 이해하는 우리의 관점 자체가 패러다임에 따라 바뀐다는 정도의 주장이 아니라 세계란 우리가 패러다임을 통해 인식하는 바로 그것일 뿐이라는 주장인 것이다. 과학 이론은 더 이상 '자연의 거울$^{mirror\ of\ Nature}$'이 아니다! 너무 과격하지 않은가?

이런 주장에서는 진리에 대한 상대주의^{relativism}적 시각을 엿볼 수 있다. 고무 찰흙 놀이를 생각해보자. 처음에는 아무런 모양도 없이 그저 뭉쳐 있다. 아이들은 그걸 이리저리 반죽한 뒤 각종 모양의 틀에 끼워놓고 별도 만들고, 네모도 만들고, 강아지도 만든다. 그것을 만들기 전의 찰흙 반죽은 아무런 의미도 없다. 만일 누군가가 "고무 찰흙 반죽의 원래 모양은 이런 것"이라고 말한다면 모두 그런 게 어디 있느냐고 코웃음을 칠 것이다. 비유하건대 바로 이것이 "과학혁명은 세계관의 변화뿐만 아니라 세계 자체의 변화까지 몰고 온다"는 쿤의 주장이 의미하는 바이다.

그렇다면 과학의 합리성rationality에 대해서 두 사람은 어떤 차이가 있을까? 포퍼는 과학이 반증이라는 연역 논리를 통해 성장하기 때문에 과학 활동은 인간의 그 어떤 행위보다 합리적일 수밖에 없다고 주장한다. 이것은 과학의 특이한 방법론(귀납주의, 가설 연역주의, 반증주의)을 찾으려 했던 전통 과학철학자들에게는 너무나 자명한 사실이었다. 게다가 서로 다른 과학 이론들이 서로 경합할 때 그 논쟁을 종결시키는 절차에 대해서는 누구나 합의할 수 있는 사항처럼 취급했다. 가령 포물선을 그리며 날아가는 공의 운동을 설명하는 여러 이론들이 있을 때 그중 어떤 이론이 참인지를 알 수 있는 절차에 대해서는 모두 동의할 수 있다고 생각했다. 경험에 더 잘 부합하는 이론을 택하면 그만이었다. 그들이 믿는 과학의 합리성이란 마치 확증과 반증 규칙들로 구성된 컴퓨터 알고리듬알고리즘, algorithm에 경합하는 여러가지 이론들을 입력하면 등록된 논리적 절차들에 따라 자동으로 참인 이론이 출력되는 것과 같았다.

쿤은 이런 식의 알고리듬적 합리성을 명확히 거부한다. 과학 혁명기에 과학자들이 보이는 집단적 쏠림 현상을 생각해보라. 옛 것을 버리고 새것을 취하는 그들의 행동은 논리 경험주의자들이 주장하는 논리적 이유로는 도저히 설명할 수 없다. 오히려 패러다임의 위기에 직면한 과학자들의 심리 변화를 통해 이해되는 것이 더 적절하다. 그렇다면 쿤은 지금 과학이 비합리적이라고 주장하는 것일까?

이 질문에 대한 답은 짧게 끝나지 않는다. 왜냐하면 쿤은 과학의 합리성이 다시 정의되어야 한다고 말하기 때문이다. 우선 그는 포퍼 식의 알고리듬적 합리성은 과학에서 찾아보기 힘들다고 주장한다. 과학자는 '논리 기계'가 아니라는 것이다. 하지만 그렇다고 해서 그들이 아무렇게나, 아무런 인식적 근거 없이, 단지 선호에 따라서만, 혹은 심리적 이유만으로 이론을 선택하는 것은 아니라고 말한다. 이 대목이 묘한 부분이고 해명이 필요한 부분이다.

중식집에 점심을 먹으러 간 과학자 두 명이 있다. 메뉴판을 볼 것도 없이 한 사람은 자장면을, 다른 이는 짬뽕을 주문했다. 음식이 오기를 기다리다가 심심했던지 한 사람이 자장면을 시킨 이유를 이야기하기 시작했고, 이에 질세라 다른 사람이 짬뽕을 예찬하기 시작했다. 처음에는 대화가 화기애애하게 진행되었지만, 어느 순간 짬뽕 예찬자가 "자장면처럼 쓰레기 같은 음식을 어떻게 먹을 수 있냐"고 상대방에게 면박을 주었다. 순간 분위기는 험악해졌고 급기야 한 사람이 음식이 나오기도 전에 자리를 박차고 식당을 나와버렸다.

물론 중국집에 가서 이렇게 싸워본 사람은 없을 것이다. 하지만 누구나 한 번쯤은 메뉴판 앞에서 자장이냐 짬뽕이냐를 놓고 고민을 해보았을 것이다. 이 예의 초점은 자장면과 짬뽕 중에 어느 음식이 더 나은지를 가릴 수 있는 객관적이고 논리적이며 합리적인 절차가 과연 있는지를 생각해보자는 데 있다. 자장면을 좋아하는 이에게 짬뽕이 더 좋다고 아무리 논리적으로 설득해도 그의 선택은 좀처럼 변하지 않을 것이다. 왜냐하면 그런 선택은 단지 기호 preference 에 의한 것이기 때문이다. 설령 설득이 되어 다른 선택을 하게 되었다 하더라도 그런 변화를 합리적 절차에 의한 것이라고 말할 수 없을 것이다. 음료수 중에 콜라만 마시는 이가 있다. 그가 비슷한 탄산 음료인 사이다를 마시지 않는 이유를 당신은 '합리적으로' 설명할 수 있는가? '짬뽕이냐, 자장이냐', '콜라냐, 사이다냐'라는 선택의 문제는 합리적 절차에 의해서 해결될 수 있는 것이 아니다. 그것은 단지 기호의 차이일 뿐이다.

쿤이 패러다임간의 공약 불가능성을 이야기하기 시작했을 때 많은 사람들이 그의 주장을 바로 '짬뽕이냐, 자장이냐'에 관한 얘기라고 받아들였다. 다시 말해 과학혁명에 대한 쿤의 주장이 옳다면 과학자들의 이론 선택 행위는 중식집에서 메뉴를 선택하는 것과 비슷한 것이라고 비판한 것이다. 이에 대해 쿤은 자신의 패러다임론은 과학의 합리성을 몰아내지 않는다고 해명하면서 다만 기존의 합리성 개념이 바뀌어야 할 뿐이라고 말했다.

그렇다면 그가 말한 합리성이란 도대체 어떤 것일까? 다시 만남4로 돌아가 패러다임의 한 요소인 그의 '가치들

values'에 주목해보자. 그는 과학자 집단이 다른 집단들과 구분되는 한 가지 특징은 과학자들이 다섯 가지의 인식적 가치들 즉, 정확성, 일관성, 단순성, 넓은 적용 범위, 다산성을 공유하는 데 있다고 말한다. 게다가 그는 이 가치들의 항목은 어떤 패러다임을 받아들이든 모든 과학자들에 의해 공유된다고 했다. 즉 뉴턴주의자들이든 아인슈타인 이론을 받아들인 과학자들이든 간에 그들은 모두 이 가치를 매우 중요한 것으로 받아들인다. 하지만 쿤은 패러다임마다 이 가치를 어떻게 적용할지에 대해서는 큰 차이를 보이며, 패러다임의 교체는 이런 가치들의 상이한 적용으로 인해 일어난다고 주장했다. 바로 이 점이 쿤의 특이한(?) 합리성을 이해하기 위한 열쇠이다.

그는 패러다임 교체가 비합리적으로 진행되는 것은 아님을 해명하기 위해 프톨레마이오스 체계에서 코페르니쿠스 체계로 넘어가는 천문학의 혁명을 예로 든다. 두 체계는 모두 위의 가치들을 핵심적인 것으로 받아들였지만, 코페르니쿠스와 그의 추종자들은 그중에서도 '단순성'이라는 가치를 가장 중요한 것으로 여겼다. 왜 하필이면 '단순성'이었을까? 쿤은 그 시기에 유행했던 신플라톤주의(단순성에 대한 집착이 강한)의 영향 때문이라고 대답한다.

쿤의 설명을 간단히 재구성해보면 이렇다. 수천 년 동안 천문학을 지배해온 프톨레마이오스 체계(천동설)는 천체들의 역행 운동을 설명하는 데 계속해서 어려움을 겪었다. 주전원의 개수를 80개까지 늘려가면서 이것을 설명하는 데는 어느 정도 성공했지만, 그 정도로는 춘분과 추분점이 계속해서 변하는 현상까지는 해결하지 못했다. 그리고 춘추분 점을 변하게 만드는 천문학 체계는 당시 그 점에 근거해 농사를 짓는 사람들을 난감하게 만드는 매우 심각한 것이었다. 말하자면 패러다임에 위기가 온 것이다.

이런 상황에 대안이 등장한다. 코페르니쿠스는 지구의 자리에 태양을 갖다 놓음으로써 역행 운동을 설명하기 위해 투입된 주전원의 수를 30개로 줄였다. 쓸데없는 가정이 50개나 줄어든 셈이었다. 그리고 이로 인해 춘추분 점은 고정되었다. 가치의 측면에서 이 변화를 보자면 단순성과 정확성 면에서 진보가 있었던 것이다. 하지만 다른 가치들에 대해서는 뭐라고 얘기할 수 있을까? 우선 일관성 측면에서는 퇴보가 일어났다. 왜냐하면 일관성이란 당대의 주류 이론들과 얼마나 잘 어울리는가를 나타내는 척도일 터인데, 당시의 지배 이론인 아리스토텔레스 역학과 훨씬 더 잘 어울리는 것은 바로 프톨레마이오스 천문학이었기 때문이다. 그렇다고 넓은 적용 범위나 다산성 항목에 대해서도 코페르니쿠스 체계에 더 좋은 점수를 줄 수 있는 것도 아니었다. 당시 과학자들은 이 항목들에 대해서는 '앞으로 어떻게 될지 지켜보자'라는 정도의 전망만을 얘기할 수 있었을 것이기 때문이다.

과학혁명이 실제로 이런 식으로 일어난다면 우리가 거기에 '합리적 변화'라는 딱지를 붙여줄 수 있을까? 이것은 분명 논리기계에 의한 알고리듬적 선택도 기호에 의한 메뉴 선택도 아닌, 그 중간 어디쯤엔가에 있는 선택 방식이다. 따라서 여기에 '합리적'이라는 형용사를 붙여줄지 말지를 가지고 논쟁을 하는 것은 소모적인 싸움이 될 수도 있을 것이다. 중요한 것은 쿤이 바라보는 과학의 모습이며 그 모습이 얼마나 그럴듯한가일 것이다.

> **깊이 읽기**

과학혁명에 대한 쿤의 독특한 관점은 『과학혁명의 구조』의 6장~13장에 자세히 나와 있다. 코페르니쿠스 혁명에 대해서는 다음의 책에 자세히 분석되어 있다.

- Kuhn, T. S.(1957), The Copernican Revolution: Planetary Astronomy in the Development of Western Thought, Harvard University Press. (국내 미번역)

쿤의 공약불가능성^{incommensurability}에 대한 논의는 20세기 후반부 과학철학의 중심 주제 중 하나였다. 따라서 웬만한 과학철학 관련서적들은 이 문제를 중요하게 취급하고 있다. 특히, 번역서로는 『현대과학철학 논쟁』, 『새로운 과학철학』이, 국내서로는 『쿤의 주제들』, 『포퍼와 현대의 과학철학』 등이 이 문제를 중점적으로 다루고 있다. 쿤의 사후에 옛 제자들에 의해 편집된 다음의 책은 『과학혁명의 구조』 이후에 쿤의 생각이 어떻게 변모했는지를 알 수 있는 중요한 논문들을 수록했다.

- Kuhn, T. S.(2000), The Road Since Structure, edited by J. Conant and J. Haugeland, University of Chicago Press. (국내 미번역)

패러다임 전이에 대한 쿤의 전체론적 견해에 대해 과학철학자 라우든$^{L.\ Loudan}$은 상당히 비판적이다. 과학, 가치, 그리고 합리성의 문제에 대한 쿤의 견해는 『쿤의 주제들』에서 직접 읽어볼 수 있고, 그에 대한 라우든의 반론은 다음의 책들을 통해 들어볼 수 있다. 『과학과 가치』(래리 라우든 저/ 이유선 역, 민음사, 1994년), 『포스트모던 과학논쟁』(래리 라우든 저/이 범 역, 새물결, 1996년)

- Hanson, N. R.(1958), Patterns of Discovery, Cambridge University Press.

위의 책은 이론 적재적 관찰^{theory ladenness of observation}에 관해 논의한 핸슨^{N. R. Hanson}의 저서로, 우리나라에서는 『과학적 발견의 패턴: 과학의 개념적 기초에 대한 탐구』(노우드 러셀 핸슨 저/송진웅,조숙경 역, 사이언스북스, 2007년)라는 이름으로 번역·출간되었다.

한편 과학혁명에 대한 과학사학자들의 다양한 견해를 듣고 싶다면, 『과학혁명 : 전통적 관점과 새로운 관점』(김영식 저, 아르케, 2001년)이 큰 도움이 될 것이다.

만남 7

포퍼 vs. 쿤

쿤은 보수주의자다.
– 풀러, 『쿤 vs. 포퍼』(2005)

과학에 대한 포퍼와 쿤의 동상이몽은 과연 어디에서 비롯된 것일까? 20세기 과학철학의 쌍두마차인 이들이 얼굴을 맞대고 토론을 벌인다면 결국 누구의 손이 올라갈 것인가? 포퍼와 쿤 말고 과학 활동의 본성을 탐구한 당대 최고의 과학철학자들은 또 누가 있는가? 그들의 과학관은 무엇이며 포퍼와 쿤의 견해들과는 어떻게 다를까?

흥미롭게도 이 모든 질문들에 답을 주는 듯한 실제 사건이 런던에서 일어났다. 1965년 7월 영국 런던의 베드퍼드 칼리지^{Bedford college}에서는 일주일(7월 11일부터 17일) 동안 국제 과학철학 콜로퀴엄이 열렸다. 이 콜로퀴엄은 영국과학철학회와 런던정경대학이 공동으로 주관한 국제 학술대회였는데, 미국 프린스턴 대학의 쿤, 미국 캘리포니아 주립대학 버클리 캠퍼스의 파이어아벤트, 미국 미시건 대학의 툴민, 영국 런던정경대학의 포퍼, 같은 대학의 라카토슈와 왓킨즈 교수 등이 참여한 당대 최고의 철학 모임 중 하나였다. 이 학회의 목적은 1962년에 출간된 쿤의 문제작을 전문가 입장에서 신랄하게 평가해보자는 데 있었다. 그래서 이 모임은 쿤이 먼저 『과학혁명의 구조』의 요지를 발표한 다음 다른 참석자들이 쿤의 견해를 자신의 시각에서 비판적으로 조명하고, 마지막에 쿤이 그에 답하는 형식이었다. 어쩌면 이 광경은 20세기 과학철학의 역사에서 가장 독특한 장면이었을지 모른다. 갓 불혹을 넘긴 학계의 혜성이 학계의 거성인 포퍼 경의 사회로 기조 발표를 시작했다.

**쿤과 포퍼의
이력서는
어떻게 다를까?**

"여기서 저는 『과학혁명의 구조』에서 전개한 과학 발전에 대한 제 이론과 오늘의 사회자이신 포퍼 경의 더 잘 알려진 견해를 비교해보고자 합니다 ……" 쿤의 기조 발제문 「발견의 논리냐 연구의 심리학이냐?」는 이렇게 시작된다. 이미 독자들은 눈치를 챘겠지만 발견의 논리라는 용어는 포퍼가 자신의 과학철학을 집대성한 책(독일어판 1935년, 영역판 1959년)의 제목이기도 하다. 이 책은 당시의 과학철학자들에게는 바이블이나 다름 없었다. 쿤은 이 기조 발표를 통해 자신의 과학관이 당시의 지배적인 견해 즉, 『발견의 논리』에 나타난 포퍼의 과학관과 어떤 부분에서 차이가 나는지를 설명했다. 그 차이란 무엇일까?

맨 먼저 생각해볼 항목은 도대체 이 두 사람이 과학에 대해 어떤 작업을 하고 있는가, 즉 이 둘의 작업이 같은 목표를 갖고 있느냐는 물음이다. 만일 목표가 서로 다르다면 그들의 차이를 굳이 대결 구도로 몰고 갈 필요는 없을 것이다. 포퍼의 목표는 상대적으로 분명해 보인다. 그는 과학이 실제로 어떻게 진행되는지는 별로 관심이 없다. 그의 일차적인 관심은 '어떤 논리적 절차를 따라야만 과학 활동이라고 할 수 있는가'라는 물음에 쏠려 있었다. 추측과 반박을 통한 과학 지식의 성장은 이런 물음에 대한 그의 대답이었고 우리는 그것을 반증주의라고 한다. 과학에 규범^{norm}을 제시한 경우라 할 수 있다. 그가 "실제 과학은 당신이 말하는 논리대로 작동하지 않아요!"라는 비판에도 눈 하나 깜짝하지 않는 이유는 그가 지금 과학의 현실이 아니라 과학의 이상^{ideal}을 이야기하고 있기 때문이다. 쿤의 기조 발표에 대해 포퍼는 '정상 과학과 그것의 위험성'이라는 제목의 논평을 함으로써 다시 한 번 과학의 이상을 강조했다.

그렇다면 쿤의 목표는 무엇인가? 이에 대한 대답은 포퍼만큼 분명하지는 않다. 왜냐하면 그는 한편으로는 과학의 실상^{reality}을 적나라하게 보여주는 것으로 만족하는 듯하면서도 다른 한편으로는 그 정도에 머물러 있지 않고 일종의 규범마저도 제시하고 있는 것 같기 때문이다.

쿤과 포퍼의 이력서를 비교해보면 이런 측면의 차이를 좀 더 깊이 이해할 수 있다. 포퍼는 처음부터 정규적인 철학 훈련을 받은 이른바 정통파 철학자라고 볼 수 있다. 그래서 그의 지적 편력은 과학뿐만 아니라 사회와 역사에 대한 철학적 작업으로까지 확장되곤 했다. 이른바 그가 과학과 사이비 과학의 '구획 문제^{demarcation}

problem'를 논의하면서 프로이트의 심리학과 마르크스의 정치경제학을 사례로 들 수 있었던 것도 그의 넓은 철학적 관심사를 잘 반영한다. 그는 자신의 과학철학을 자연과학 내부에만 적용하는 것으로 만족하지 않았고, '열린사회'라는 이상적 사회를 위한 철학적 정지 작업으로 삼았다.

반면 쿤은 물리학 박사에서부터 출발하여 과학사와 과학철학으로 꽃을 피운 경우이다. 역사학이나 철학에 대해서는 정규 학위 과정을 밟지는 않았다. 그래서 정통 철학자의 눈높이에서 보면 쿤의 철학적 논증이 어떤 의미에서 '아마추어적'으로 보일 수도 있다. 사실 누구도 그런 노골적인 단어를 공개석상에서 사용한 적은 없지만, 철학에 대한 '아마추어적' 이해를 에둘러 비판하는 정통(?) 철학자들도 없지는 않았다. 하지만 설령 이런 평가가 옳다 하더라도 그것이 과학철학자로서 쿤의 독보적 지위를 깎아내리지는 못하는 것 같다. 오히려 쿤의 이런 특이한 이력이야말로 현실적이면서도 흥미로운 새 과학관을 가능하게 한 요인이었을 것이기 때문이다. 가령 쿤이 당대의 정통(?) 철학자들이 간과했던 실제 과학의 작동 모습, 과학자 집단의 행동 양식, 그리고 과학자의 심리에 대해 상대적으로 더 큰 관심을 기울일 수 있었던 것은 어쩌면 이런 지적 이력의 차이 때문인지도 모른다.

어쨌든 쿤은 정통 철학자들의 익숙한 게임들, 이를테면 규범 찾기, 규정하기, 정의 내리기, 개념 분석을 즐기는 것으로 자신의 과업을 모두 달성했다고 생각하지는 않았다. 오히려 과학의 실상을 보여줌으로써 포퍼류의 과학철학이 얼마나 공허한 주장을 하고 있는가를 드러내려 했다. 실제로 쿤의 지적 관심은 주로 자연과학에 관한 것에 집중되었는데, 이는 과학뿐만 아니라 역사와 사회 등에 대한 통합적 이해를 지향했던 포퍼의 관심 폭에 비하면 아무래도 좁은 것이었다.

포퍼의 이상과 쿤의 실상

그렇다면 여기서 '포퍼는 이상을, 쿤은 실상을 이야기했을 뿐'이라고 결론을 내리면 그만일까? 만일 그렇게 보았다면 논쟁의 구도를 너무 단순하게 본 것이다. 포퍼도 어딘가에서 실상을 언급했고, 쿤도 어디쯤에서 이상을 이야기했다. 좀 더 정확히 말하면 포퍼가 과학의 실상에 대해서 함구하지 않은 것보다 쿤이 과학의 이상에 대해 더 자주 입을 열었다고 평가해야 옳을 것이다. 쿤은 과학자들이 따라야 할 규범은 그저 다음과 같은 논리에서 나온다고 생각했다.

　과학은 상당히 성공적인 인간의 활동이다. 그런데 그 역사를 가만히 보니 정상 과학과 과학혁명이라는 두 무대를 통해 전개되고 있다. 그것은 패러다임과 그것의 교체로 설명할 수 있다. 과학자들이 포퍼 식의 규범을 따르지 않는데도 과학은 이렇게 잘만 굴러간다. 더 이상 무슨 방법론이 필요한가? 만일 과학의 특유한 방법론과 규범이 있다면 그것은 '패러다임을 만들라'는 정도일 것이다. 이런 규범은 다른 학자들이 제시한 규범에 비해 훨씬 더 과학사와 심리학에 부합하는 적절한 것이다. 만일 누구의 과학 방법론이 가장 적절한 것인가를 따지려고 한다면 그 증거로 제시되어야 할 것은 철학적 분석이 아니라 과학사의 사례와 심리학의 성과들이어야 한다.

즉 쿤은 과학에 관한 한 현실적 작동 원리보다 더 이상적인 방법론을 찾기 힘들다는 주장을 하고 있는 셈이다. 왜냐하면 그런 현실에서 작동한 과학이 너무나 성공적이었기 때문이다. 이런 쿤의 주장은 '지금까지도 잘 작동했는데 무슨 다른 방법이 필요하냐'는 식이기 때문에, 어떻게 보면 보수주의의 전형적인 목소리처럼 들리기도 한다. 그래서 최근에 풀러^{S. Fuller} 같은 과학사회학자는 쿤을 '엘리트주의자'라고 비판했다. 그는 특히 쿤이 패러다임론을 통해 독재적이고 보수적인 냉전시대의 과학을 강력하게 옹호했다고 비난하면서 "쿤은 미국의 하이데거—매우 영향력 있는 철학자였지만 양차 대전 중에 나치에 봉사한 나쁜 학자라는 의미에서—였다"라고까지 말한다. 그는 한발 더 나아가 "포퍼와 쿤의 논쟁에서 결국 쿤이 승리한 듯이 보이지만 사실은 끝없는 비판을 과학의 본질로 보았던 포퍼야말로 진정한 승리자"라고 말하며 과학철학에서 쿤의 지위를 흔들었다.

하지만 쿤과 포퍼 중에 누가 더 보수주의적이고 누가 더 진보주의적인지 혹은 누가 더 민주주의적인지를 묻는다면 사안에 따라 다른 대답이 나올 수 있다. 가령 '과학의 발전으로 인해 우리는 점점 더 진리에 근접해 가는가?'라는 항목을 보자. 이에 대해 포퍼는 '그렇다'라고 답함으로써 보수주의자로 분류될 수 있을 것이다. 그렇다면 '잘 나가는 특정 이론에 계속해서 더 많은 연구비를 제공해야 하는가?'라는 항목에 대해서는 어떨까? 패러다임의 우선성을 강조하는 쿤은 틀림없이 이 항목에 대해 '그렇다'고 답할 것이고, 이 대목에서는 포퍼가 쿤에 비해 덜 보수주의적으로 비칠 것이다.

따라서 쿤과 포퍼에 이념의 꼬리표를 달아주는 일은 그것 자체로는 흥미로운 일일지 모르나, 자칫하면 그들을 통해 복잡다단한 과학의 전모를 이해하려는 이들을 오도할 수 있다. 이념 논의를 하고자 한다면 그들을 도매금으로 넘기는 선정적인 방식보다는 다층적인 분석이 더 적절할 것이다. 그리고 설령 쿤의 과학관이 보수적으로 작동하고 있는 현대 과학을 결과적으로 옹호해줬다 하더라도 그것이 여전히 과학의 작동 방식을 가장 잘 설명하는 이론으로 남아 있다는 주장은 얼마든지 가능하다. 만일 다른 규범을 채용하면 더 좋은 과학이 될 수 있다고 주장하는 이가 있다면 그는 사고 실험만으로 만족해서는 안 될 것이다.

쿤의 유산

이상과 현실(혹은 규범과 사실)이 같은 범주에 있는 것은 분명 아니지만 이 둘이 무관하다고 할 수는 없을 것이다. 가령 어떤 부모가 생물학적으로 아침잠이 많을 수밖에 없는 아이들에게 새벽 4시부터 공부를 시켜야 한다는 규범을 제시한다면, 그리고 '그래야 더 똑똑한 사람이 될 수 있다'는 논리를 편다면 당신은 그 부모에 대해 뭐라 말하겠는가? 규범은 어느 정도 현실성이 있어야 한다고 답하지 않겠는가? 만일 이 대답에 대해 "아이들을 더 똑똑하게 키우기 위해서는 그런 생활습관을 들이는 것이 가장 이상적인 것이다. 따라서 어렵더라도 그렇게 해야만 한다"고 반박한다면? 이때부터 더 골치 아픈 싸움이 시작될지 모른다. 논쟁에 지기 싫어하는 사람라면 아마도 "현대 의학이 말하는 바, 아이들은 아침잠이 많을 수밖에 없는 이유가 있고, 억지로 새벽에 깨워서 공부를 시키는 것이 두뇌 발달에 좋지 않다는 결과도 있고……"라고 자신의 주장에 대한 근거를 댈지도 모른다.

실제로 쿤도 이와 비슷한 유형의 대답을 하는 듯하다. 그는 과학의 역사와 과학자에 대한 심리학적 연구를 근거로 내세워 자신의 규범이 포퍼를 비롯한 다른 이들의 규범들보다 왜 더 적절한 것인지를 암암리에 논증하고 있다. 가령 형태 심리학의 연구 결과들을 적극적으로 받아들여 '이론 의존적 관찰'을 패러다임론에 적용한 것이나, 동물원에 간 아이가 대상을 어떻게 범주화^{categorize}하는지를 통해 과학자들의 개념화 작업을 이해한 것, 그리고 위기에 직면한 과학자들의 심리 상태를 중요하게 취급한 것 등은 그가 단지 흔들의자에 앉아 머리만 뜨겁게 달구는 비현실적 철학자가 아님을 입증한다. 쿤의 공헌 중 하나는 1960년대 과학 방법론 논쟁에서 최초로 경험적 증거를(과학사의 자료와 과학의 성과) 제시했다는 데 있다. 실제로 이런 시도는 이후 과학철학의 흐름에 커다란 영향을 준다. 그 흐름은 과학철학을 하더라도 경험적 자료에 근거해서 해야 한다는 '자연주의적 과학철학^{naturalistic philosophy of science}'이다. 말하자면 '과학에 대한 과학'이다.

물론 당시에 쿤이 언급한 심리학적 성과들 중에는 유효 기간이 지난 것들도 더러 눈에 띈다. 하지만 오히려 더 강력해진 것들이 많다. 가령 이제는 고전적인 연구가 된 '확증 편향^{confirmation bias}' 현상처럼 대개 사람들이 자신의 이론에 반하는 사례보다 입증하는 사례를 더 잘 찾는다는 연구 결과라든지, 사람들이 예제 학습을 통해 어려운 개념들을 배워 간다는 연구 등은 그의 패러다임론을 인지심리학적으로 더 강건하게 만들어준다. 또한 1980년대부터 불붙기 시작한 인간의 합리성에 대한 경제학·심리학·생물학적 재고再考는 인간이 생각만큼 그렇게 합리적인 존재는 아니라고 결론을 내린다. 이런 연구는 과학의 합리성이라는 주제를 이해하는 데에도 큰 함의를 지니는데, 왜냐하면 결국 과학자도 인간이기 때문이다. 더욱 흥미로운 것은 일반인뿐만 아니라 전문가들도 늘 합리적인 방식으로 선택을 하지 않는다는 사실이다. 아무리 철저한 훈련을 받는다 해도 과학자는 순수한 논리 기계가 될 수 없으며 순수 이성만을 지닌 이상적(?) 인간도 될 수 없다. 이런 의미에서 기조 발표에서 자신의 연구는 '발견의 논리'가 아니라 '연구의 심리학'이라는 쿤의 주장이 오늘날에도 매우 신선하게 다가온다.

이렇게 쿤은 과학 활동의 본질을 이해하기 위해서 과학의 역사 자체를 아는 것이 얼마나 중요한지를 깨닫게 해주었다. 그래서 사람들은 형식 논리 formal logic 를 주로 따지던 전통적인 과학철학이 쿤의 『과학혁명의 구조』로 인해 '역사적 선회 historical turn'를 하게 되었다고 평가한다. 게다가 과학자의 인지 과정에 대한 그의 논의들은 과학철학의 '인지적 선회 cognitive turn'라 할 수 있는 변화도 몰고 왔다. 이러한 방향 전환은 쿤 이후의 과학철학이 어디로 향할 것인지를 암시하는 것이기도 했다.

깊이 읽기

과학에 대한 포퍼와 쿤의 동상이몽은 『현대 과학철학의 문제들』, 『쿤의 주제들』, 『포퍼와 현대의 과학철학』 등에서 명확히 드러난다. 그런데 흥미롭게도 과학사회학자 풀러 S. Fuller 는 『쿤 / 포퍼 논쟁: 쿤과 포퍼의 세기의 대결에 대한 도발적 평가서』(스티브 풀러 저/나현영 역, 생각의나무, 2007년)에서 두 사람의 차이를 노골적으로 부각시키며 쿤의 사상에 경도된 과학기술학자들에게 포퍼가 얼마나 매력적인 과학기술학자인가를 알리고 있다. 하지만 본문에서 언급했듯이 풀러의 평가 기준은 다분히 주관적이며 작위적인 느낌이 든다. 특히 쿤을 하이데거에 비유한 대목은 그 정도가 심한 경우이다.

다음의 책은 쿤의 과학론을 인지심리학적 관점에서 재조명한다.

• Nickles, T.(2003), Thomas Kuhn, Cambridge University Press. (국내 미번역)

만남 8

포퍼와 쿤의 사이에서
라카토슈의 '절묘한' 줄타기

과학철학 없는 과학사는 맹목이고 과학사 없는 과학철학은 공허하다.
– 라카토슈, 『과학적 연구 프로그램 방법론』(1978)

물론 과학사가 쿤만의 전매 특허는 아니다. 쿤과 연배가 비슷한 당시의 신세대 과학철학자들은 과학을 올바로 이해하려면 그 실상부터 제대로 파악해야 한다고 생각하기 시작했다. 그중에서도 헝가리 출신의 라카토슈와 오스트리아 출신의 파이어아벤트는 과학철학계에서 포퍼와 쿤 다음으로 늘 거론되는 대가들이다. 이 두 학자의 인생과 사상을 살펴보면 흥미로운 점들이 한둘이 아니다. 게다가 이 둘의 관계는 더욱 흥미롭다. 라카토슈는 쿤과 동갑(1922년생)으로 파이어아벤트(1924년생)보다는 두 살 위이며, 포퍼(1902년생)보다는 20년 아래다.

이름 있는 과학철학자 중에서 라카토슈만큼 파란만장한 삶을 살다 간 이가 또 있을까? 1922년에 동부 헝가리에서 태어난 그는 1944년까지 데브레첸^{Debrecen} 대학에서 물리학, 수학, 철학을 공부하며 학부를 마쳤다. 그 뒤로 한동안 그의 삶은 불행의 연속이었다. 독일의 나치 군대가 헝가리를 점령하면서 그의 어머니, 할머니, 삼촌이 아우슈비츠 독가스실에서 사망했다. 그때부터 그는 자연스럽게 레지스탕스에 합류하게 된다. 제2차 세계대전이 끝나자 그는 공산당원으로 활약하며 교육부에서 대학 개혁을 위한 프로젝트를 진행하기도 했다. 그 와중에도 그는 1947년에 같은 대학에서 박사학위 논문을 완성했다.

포퍼의 이상과 쿤의 실상을 절묘하게 조합해 제3의 과학 방법론을 창안한 라카토슈

하지만 불행은 또 닥쳐왔다. 정치적인 이유로 3년 동안(1950~1953)이나 수감생활을 하게 된다. 감옥에서 나온 그는 1년 정도 헝가리 과학아카데미의 수학연구소에서 연구와 번역 일을 했는데 그것도 소련의 헝가리 침공으로 중단되었다. 오스트리아 빈으로 탈출한 그는 우여곡절 끝에 미국 록펠러 재단의 장학금을 받고 영국 케임브리지까지 가게 된다. 1961년 그는 수학적 발견의 논리에 관한 논문으로 케임브리지 대학에서 박사학위를 받는데 이 논문은 그의 사후에 출간된 기념비적 저서 『증명과 논박 Proofs and Refutations』(1976)의 모체였다.

포퍼의 눈에 띈 라카토슈는 그의 추천으로 1960년부터 런던정경대학에서 수학철학 philosophy of mathematics, 과학철학, 과학사 등을 연구하고 가르쳤는데, 이것은 갑작스런 심장마비로 사망한 1974년까지 계속되었다. 1960년대의 런던정경대학은 포퍼와 그의 후계자인 라카토슈를 보유함으로써 명실 상부한 과학철학의 메카로 인식되었다. 이런 맥락에서 1965년의 역사적인 콜로퀴엄의 주최 측이 런던정경대학이었다는 사실은 결코 우연이 아니다. 라카토슈는 바로 그 모임의 조직위원장이었으며, 당시 발표된 논문들을 수록한 『비판과 지식의 성장』의 공동 편집자이기도 했다.

과학 이론은 섬이 아니다

라카토슈의 과학철학은 포퍼와 쿤의 사이 어딘가에 있다. 포퍼의 이상과 쿤의 실상을 절묘하게 조합해 '연구 프로그램 방법론methodology of research program'이라는 제3의 과학 방법론을 창안했기 때문이다. 포퍼에 따르면 과학자의 바람직한 행동은 이론에 반하는 증거들이 나오면 곧바로 이론을 포기하는 것이다. 이것이 포퍼의 반증주의에 대한 일반적인 이해였다. 반면 쿤에 의하면 변칙 사례에도 불구하고 과학자들은 눈 하나 깜짝하지 않고 자신의 이론을 고수하는데, 정상 과학 시기에 이런 행동은 오히려 바람직하기까지 하다. 쿤은 과학자들의 이런 고집스런 행동이 결과적으로는 이론 성장에 도움을 준다고 보았다. 즉 포퍼와 쿤은 변칙 사례의 역할에 대해 매우 다른 입장을 견지하였다.

라카토슈는 이런 두 극단에 다리 놓기를 자청했다. 그는 포퍼의 반증주의가 그 동안 너무 엄격하게 해석되어왔다고 말하며, 포퍼도 반증 사례에 대한 이론의 즉각적인 포기를 주장한 것은 아니라고 보았다(그가 포퍼의 후계자였다는 점을 상기해보라). 반면 패러다임이 변칙 사례와 동거할 수 있다는 사실을 보여준 쿤의 분석은 옳지만 변칙 사례에 대한 무차별적 긍정은 문제가 있다고 진단한다.

그렇다면 변칙 사례에 대처하는 과학자들의 가장 올바른 태도는 무엇이란 말인가? 라카토슈의 대답은 한마디로 "변칙 사례가 입증 사례로 전환될 수 있게끔 관련 이론들을 조정하라!"이다. 그는 한 걸음 더 나아가 "이런 조정을 통해 땜질에만 만족하지 말고 새로운 사실들도 예측하도록 하라!"고 제안한다.

'연구 프로그램'이라는 개념은 그가 이런 제안 혹은 규범을 제시할 수 있는 근거이다. 그는 과학 이론이 마치 고립된 섬처럼 단독으로 존재하는 것이 아니라고 말한다. 오히려 그것은 여러 종류의 가설과 믿음들이 촘촘히 연결되어 있는 그물과도 같다. 더욱이 그는 그런 그물 체계가 시간에 따라 조금씩 수정되어 나간다고 주장했다. 정확하게 말하면 그가 말하는 '연구 프로그램'은 일련의 이론들의 집합으로서 크게는 '견고한 핵'hard core이라고 하는 핵심 이론과 '보호대'protective belt라는 여러 유형의 보조 가설들auxiliary hypotheses로 구성되어 있다. 이런 구조를 가진 연구 프로그램은 시간 축을 갖는다. 다시 말해 시간에 따라 진화를 한다. 가령 변칙 사례가 생기면 그것을 해결하기 위해 과학자들은 보호대를 이루고 있는 보조 가설들을 이리저리 수정해본다. 일단 땜질을 해보는 것이다. 물론 땜장이에겐 행동 수칙이 있다. 견고한 핵은 절대로 건들지 말 것!

이런 구조와 수칙이 주어진다면 연구 프로그램은 몇 갈래의 길로 진화할 수 있을까? 라카토슈는 크게 네 갈래 길이 있다고 말한다. 첫째, 땜질에도 실패하는 경우, 둘째, 땜질에만 성공하는 경우

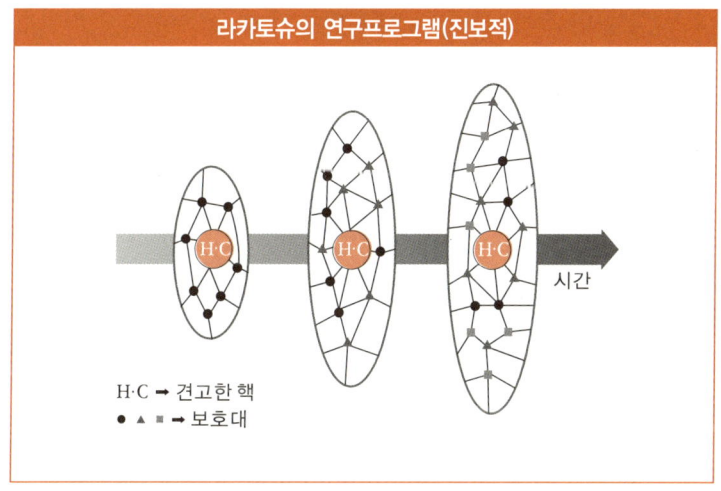

(퇴행), 셋째, 땜질에도 성공할 뿐만 아니라 새로운 예측까지 내놓는 경우(이론적 진보), 마지막으로 그 예측의 일부가 경험적으로도 입증되는 경우(경험적 진보)가 그것이다. 그리고 그는 어떤 연구 프로그램이 과학적인 것이 되려면 기껏해야 땜질에만 성공하는 프로그램이어서는 안 된다고 주장했다. 적어도 새로운 예측까지 내놓거나 더 좋게는 그중 일부가 경험적으로 입증되어야 그 프로그램에 '과학적' 혹은 '진보적 progressive'이라는 꼬리표를 달아줄 수 있다고 제안한 것이다.

반면 땜질에도 실패하거나 겨우 땜질에만 성공한 연구 프로그램은 '퇴행적 degenerative'인 것이며 결국 사이비 과학으로 전락한다고 말한다. 그는 이렇게 과학과 사이비 과학을 가르는 구획 기준을 명확히 했다. 그렇다면 연구 프로그램이 서로 경합할 때 과학자들은 어떤 선택을 할까? 라카토슈는 과학자들이 퇴행적인 연구 프로그램은 버리고 진보적인 연구 프로그램을 발전시키는 방식으로 행동한다고 말한다. 과학의 이런 진행 방식이 바로 라카토슈가 포퍼와 쿤의 사이에서 얻어낸 그림이었다.

**땜질만으로는
과학이 될 수 없다**

예컨대 뉴턴의 연구 프로그램을 보자. 뉴턴의 세 가지 운동 법칙은 견고한 핵에 해당된다. 즉 이것은 수정으로부터 면제된 대상이다. 만남3에서 이미 언급했듯이 뉴턴주의자들은 공기 중의 음파의 속도가 이론과 부합하지 않는다고 해서 뉴턴의 운동 법칙들을 의심하지는 않았다. 대신 보조 가설들을 수정함으로써 이 문제를 해결해나갔다. 또한 행성의 운행 궤적에 불일치가 일어나자 그들은 '해왕성의 존재'를 예측하는 새로운 가설을 내놓음으로써 땜질에만 성공한 것이 아니라 그 연구 프로그램의 진보까지 이끌어내기도 했다.

다윈의 진화론도 라카토슈의 연구 프로그램 이론으로 재구성해 볼 수 있다. 이 경우에 자연선택 이론 theory of natural selection 은 견고한 핵으로 간주할 수 있다. 그리고 이 견고한 핵은 중간 단계 화석의 부재, 이타성의 진화 문제와 같은 당시의 반례들을 해결하는 과정에서 그대로 보존되었다. 가령 중간 단계 화석이 발견되지 않는다는 반례는 '화석 기록이 불완전하다'는 보조 가설을 도입하여 해결하려 했고, 자기는 자식을 낳지 않고 평생 동안 여왕개미를 뒷바라지 해주는 암컷 일개미의 행동같은 이타적인 행동이 어떻게 진화할 수 있는가에 대해서는 '집단 선택 group selection' 가설을 도입하기도 했다. 하지만 다윈 시대에는 어쩌면 이런 노력들이 땜질 수준 이상은 아니었는지 모른다.

그러나 『종의 기원』(1859)이 출간되고 150년이 지나는 동안 생물학자들은 이런 난제들을 매우 인상적인 방식으로 해결했다. 물론 자연선택 메커니즘은 그대로 고수하면서 말이다. 예컨대 중간 단계의 화석 문제는 두 가지 방향으로 해결 방법이 모색되었다. 하나는 실제로 중간 단계의 화석을 발견하는 것이었고, 다른 하나는 화석이 생길 틈도 없이 지질학적인 시간 단위에서 매우 빨리 일어나는 종분화 메커니즘들을 제시하는 것이었다. 하버드 대학의 고생물학자였던 굴드^{S. J. Gould}의 '단속평형론^{punctuated equilibrium theory}'은 다윈의 자연선택 이론이라는 틀 내에서 화석의 불연속성 문제를 해결하려는 그럴듯한 시도로 평가된다. 그런데 이런 시도는 중간 단계 화석의 문제만을 해결하는 것에 그치지 않았다. 새로운 종분화 메커니즘들을 제시함으로써 종의 사멸과 분화에 대한 새로운 사실들을 예측하는 데도 사용되었다. 라카토슈의 구분법으로 진화론은 '진보적'인 프로그램이 된 것이다.

이타성의 진화 문제도 진화론 프로그램을 더욱 진보적으로 만든 요인이다. 도킨스^{Richard Dawkins}의 『이기적 유전자^{The Selfish Gene}』(1976)라는 책으로 대중들에게도 잘 알려진 이기적 유전자 이론^{selfish gene theory}은 이 문제를 매우 극적인 방식으로 해결했다. 즉 이 이론은 이타적으로 보이는 동물의 행동들이 유전자의 눈높이로 보면 사실은 이기적인 행동이라는 식의 도발적 주장을 담고 있었다. 이로써 동물계에 만연해 있는 협동 행동에 대한 수수께끼는 상당 부분 풀렸다. 더욱이 이는 다윈 진화론의 구멍에 대한 땜질 수준을 넘어 무수히 많은 새로운 예측들을 가능하게 만들었다.

이기적 유전자 이론이 없었다면 관련 학술지의 편집장들은 엄청나게 심심했을 것이다(다원주의의 역사에 대해서는 지식인마을 시리즈 『진화론도 진화한다: 다윈 & 페일리』를 참조하시오).

이런 의미에서 다윈의 연구 프로그램은 매우 '진보적'이라 할 수 있다. 이쯤 되면 과학의 역사는 쿤의 편만이 아니다. 라카토슈는 과학사가 쿤에 의해 독점되지 않도록 견제했다. 그리고 동시에 형식 논리가 포퍼의 전매 특허만이 아니기를 원했다.

**포퍼와 쿤 사이의
절묘한 줄타기**

그렇다면 라카토슈의 이런 줄타기는 어떤 면에서 절묘하다고 볼 수 있을까? 우선 과학 이론의 단위와 구조가 어떠한지에 관한 포퍼와 쿤의 간극을 메워준다. 견고한 핵과 보조 가설들로 구성된 연구 프로그램은 포퍼가 분석의 대상으로 삼는 과학 이론과 쿤이 제시한 패러다임의 중간 어디쯤에 있기 때문이다.

둘째, 반증이 어떻게 일어나는가에 대해서도 라카토슈는 쿤과 포퍼 사이에서 절묘한 절충안을 내놓았다. 그는 변칙사례에 대한 양극단—'즉각적 반증'과 '철저한 무시'—을 모두 비판하며 그 대안으로 보호대 수정을 통해 변칙 사례를 입증 사례로 전환시킬 수 없는 경우에 반증이 일어난다고 주장한다.

셋째, 과학혁명에 대한 견해에 있어서도 라카토슈는 중도적 입장을 취한다. 포퍼는 추측과 반박에 의한 점진적인 변화를 강조한 반면, 쿤은 정상 과학 시기의 점진적 변화와 혁명기의 급격한 변화를 상정했다. 라카토슈는 이 두 변화의 양상을 자신의 연구 프로그램 이론에 모두 담아냈다. 예컨대 점진적 변화는 보호대가 수정되는 방식의 변화이고, 혁명적인 변화란 보호대의 수정만으로는 설명할 수 없는 변칙 사례를 해결하기 위해 결국 견고한 핵마저 수정되는 경우를 말한다.

넷째, 라카토슈는 이론 선택에 관해서도 포퍼와 쿤의 중간을 선택했다. 포퍼는 반증주의를 통해 논리적 합리성을 제시했고 쿤은 가치들의 적용을 통해 역사적 합리성을 제시했지만, 라카토슈는 연구 프로그램의 진보성 여부에 대한 질문을 던짐으로써 이론 선택의 논리적인 측면과 역사적인 측면을 모두 포괄하려 했다.

마지막으로 과학과 비과학을 가르는 구획 기준에 대해서도 라카토슈는 포퍼와 쿤의 사이에 있었다. 앞에서 이미 살펴보았듯 포퍼에게는 구획의 기준이야말로 과학철학의 가장 중요한 문제 가운데 하나였고, 그는 그 대답으로 반증 가능성 여부를 제시했다. 반면 쿤은 그런 규범적인 작업보다 실제 과학의 모습을 적나라하게 보여주는 것이 더 중요하다고 보았지만, 그렇다고 해서 과학과 사이비 과학을 가르는 기준에 대해 함구한 것은 아니었다. 쿤은 패러다임의 유무를 그 기준으로 삼았다.

라카토슈는 포퍼의 전통을 따라 이 문제가 매우 중요하다고 보았다. 그리고 보호대의 수정에 의해 새로운 사실들까지 예측할 수 있는가 즉, 그의 용어로 말하면 연구 프로그램이 '이론적으로 진보적인가?'를 그 기준으로 제시했다. 즉 어떤 연구 프로그램이 변칙 사례를 멋지게 해결하면서 진화해왔는지를 기준으로 삼는 것이다. 바로 이 대목에서 시간 축이 들어온다. 따라서 라카토슈의 구획 기준은 논리성과 역사성을 모두 담아내려는 시도라고 볼 수 있다. 이 점이 바로 포퍼와 쿤의 간극을 메워주는 부분이다.

이런 절묘한 줄타기는 과연 성공적일까? 아무리 절묘하더라도 줄타기에는 실족할 위험이 상존한다. 몇몇 관중들은 라카토슈의 과학철학이 과학자들에게 사실상 아무런 지침도 줄 수 없다는 점을 지적한다. 점성술의 예를 들어보자. 지금도 점성술을 신봉하는 사람들이 없는 것은 아니지만 그것을 과학이라고 믿고 따르는 이들은 매우 드물 것이다. 라카토슈의 기준을 적용해도 그것이 사이비이긴 마찬가지다. 왜냐하면 반례들에 대해 땜질조차 제대로 하지 못하기 때문이다.

하지만 이런 상황을 상상해보자. 2020년 어느 날 계룡산 어딘가에 점성술의 대가가 나타났다. 그로 인해 기존의 점성술이 엄청난 발전을 거듭하여 지금까지의 반례를 말끔히 해결할 뿐만 아니라 새로운 예측까지 내놓았다고 해보자. 이런 일이 정말로 일어난다면 2020년의 점성술은 라카토슈의 구분법에 의해 적어도 '이론적으로 진보적인' 연구 프로그램이 된다. 즉 점성술이 과학이 되는 것이다. 라카토슈의 이론은 이런 가능성을 막지 못한다.

그래서 뭐가 문제란 말인가? 문제는 예상외로 심각하다. 2007년 오늘 누군가가 점성술 발전에 한평생을 걸겠다는 사람이 있다고 해보자. 라카토슈는 그에게 과연 무슨 조언을 해줄 수 있는가? 사이비니까 포기하라고? 기껏해야 "현재는 사이비다"라고 말할 수는 있을 것이다. 하지만 "그러니까 하지 마라"라는 지침을 줄 수는 없다. 왜냐하면 점성술이라는 연구 프로그램이 앞으로 어떻게 될지는 아무도 모르기 때문이다. 누가 아는가? 정말로 2020년에 그런 도사가 나타나 점성술을 부활시킬지. 누가 아는가? 중세의 연금술이 부활의 날개를 다시 펼지. 누가 아는가?…… 누가 아는가?……

이렇게 라카토슈의 방법론이 과학자들에게 그 어떤 실천적 지침도 줄 수 없다는 점은 절묘한 줄타기의 부작용처럼 보인다. 라카토슈에게는 늘 이 점을 비꼬는 절친한 친구가 있었다. "내 동료 아나키스트, 라카토슈여!" 하며.

깊이 읽기

영국 런던 정경대학은 도서관에 라카토슈의 아카이브를 따로 마련했을 정도로 그에 대해 애정이 깊다. 그 자료들 중에는 영국 개방대학 Open University의 방송 강좌(BBC를 통해 1973년에 송출)의 원고도 포함되어 있는데, 그는 그 강의에서 과학과 사이비과학의 구획 기준에 대한 자신의 견해를 제시하고 있다. 강의 제목은 '과학과 사이비과학'이었으며 웹상에 원고의 전문뿐만 아니라 녹음된 육성(19분 분량)도 올려져 있다.

- http://www.lse.ac.uk/collections/lakatos/scienceAndPseudoscience.htm

이 강의의 전문은 『과학적 연구 프로그램 방법론』(임레 라카토슈 저/존 워럴, 그레고리 커리 편/신중섭 역, 아카넷, 2002년)의 서문으로 사용되어 이미 국내에서 공식적으로 번역된 바 있다.

- Lakatos, I.(1976), Proofs and Refutations, Cambridge University Press.

수리철학의 한 획을 그은 라카토슈의 연구는 위의 책에 잘 드러나 있는데, 이 책은 국내에서 『수학적 발견의 논리』(임레 라카토슈 저/우정호 역, 아르케, 2001년)로 번역·출간되었다. 이 책에서 그는 포퍼의 과학 방법론인 '추측과 논박'을 수학 지식의 성장에 적용하여 '증명과 반박'이라는 수학 방법론으로 수학사를 새롭게 조명했다.

라카토슈의 독특한 과학 방법론은 그의 『과학적 연구 프로그램 방법론』에서 전개되고 있다. 진화론의 연구 프로그램이 '진보적'인가에 대해서는 지식인마을 시리즈의 1권인 『진화론도 진화한다: 다윈 & 페일리』(장대익 저, 김영사, 2006년)에 답이 나와 있다. 라카토슈의 방법론이 과학자들에게 아무런 실천적 지침을 줄 수 없다는 비판에 대해서는 파이어아벤트의 다음 책을 참조하시오.

- P. Feyerabend(1975), Against Method, Verso. (국내 미번역)

만남 9

포퍼와 쿤을 넘어서
파이어아벤트의 "네 맘대로 하세요"

"어떻게 해도 좋다"는 과학의 역사를 자세히 들여다본
한 합리주의자의 끔찍한 절규이다.
– 파이어아벤트, 『방법에 반하여』(1975)

**기인,
파이어아벤트**

라카토슈를 '무늬만 합리주의자'라고 비꼰 그 친구는 미국 캘리포니아 대학 (버클리 캠퍼스)의 파이어아벤트였다. 1974년 2월 라카토슈가 갑작스런 심장마비로 52세의 생을 마감하기 며칠 전까지도 파이어아벤트는 그와 편지를 주고받았다. 사실 그 둘은 몇 해 전부터 과학 방법론에 대해 책 한 권을 함께 집필하기로 하고 준비하는 중이었다. '공저 共著'는 주로 어떤 주제들에 대해 유사한 견해를 가진 사람들이 책을 함께 쓰는 경우가 대부분인데, 이들의 계획은 다소 파격적이었다. 그것은 한 책에서 두 저자가 상대방을 비판하는 내용으로 구성하자는 것이었다. 지금으로부터 30년 전쯤에 일어난 일이라고 생각해보면 파격적인 기획인 것은 더욱 분명하다.

그들이 염두에 두고 있었던 책 제목은 '방법을 위하여, 그리고 방법에 반하여 For and Against Method'였다. 물론 '위하여 For'의 부분은 라카토슈가 집필하기로 되어 있었고, '반하여 Against' 부분은 파이어아벤트의 몫이었다. 라카토슈는 사망하기 며칠 전까지도 파이어아벤트가 보낸 원고의 일부를 비판적으로 검토하고 있었다.

라카토슈의 갑작스런 죽음으로 단독으로 책을 낼 수밖에 없었던 파이어아벤트는 1975년에 『방법에 반하여』라는 제목으로 자신만의 책을 출간한다. 그의 출세작이자 문제작이기도 했던 이 책의 서문에서 그는 다음과 같이 친구를 그리워했다.

모든 과학에 통용될 수 있는 과학 방법론은 없다고 주장한 파이어아벤트

> 이 책은 임레에게 보내는 긴 편지이다. 그리고 상당히 개인적인 편지이기도 하다. 이 책에 포함된 사악한 표현들은 수신자가 훨씬 더 사악한 표현들로 답장해주기를 기대하면서 썼다.

그렇다면 스스로 '방법에 반대한다'라고 표현한 파이어아벤트의 과학철학은 과연 어떤 것일까? 사람들이 그의 사상을 인식론적 아나키즘 Anarchism, 이론 다원주의, 포스트모더니즘 등으로 부르는 이유는 무엇일까? 이 질문에 답하기 위해서는 그의 사상만큼이나 격정적이었던 그의 인생 역정을 되짚어보는 것도 적잖은 도움이 된다. 라카토슈의 파란만장한 삶이 주로 헝가리에서의 젊은 한때로만 국한되었다면 파이어아벤트의 기행적인 삶은 70대에도 멈추지 않았다.

    철학의 신은 20세기에 오스트리아의 수도 빈을 너무도 좋아했나 보다. 파이어아벤트(1924년생)는 비트겐슈타인(1889년생)과 포퍼(1902년생)와 마찬가지로 그곳에서 태어났다. 1942년 고등학교를 졸업하자 그는 독일군에 징집되어 폴란드에서 심각한 총상을 입는다. 그가 평생 동안 심한 허리 통증에 시달린 이유는 당시 총격으로 인해 척추신경에 상처를 입었기 때문이었다(그는 서양 의학보다는 대체 요법 등을 이용해 통증을 치료했다). 1947년에는 빈으로 되돌아와 대학에서 역사·사회·물리학 등을 공부했고 1948년 한 세미나에서 포퍼를 만난다. 또한 1949년에는 빈 학파의 이전 멤버가 꾸리고 있던 한 서클에서 비트겐슈타인의 강연도 듣게 된다. 비트겐슈타인의 사상에 매료되었던지 그는 1951년 과학철학으로 박사학위를 받은 뒤 비트겐슈타인이 있는 영국 케임브리지 대학으로 갔다. 하지만 비트겐슈타인은 파이어아벤트가 영국에 도착하기도 전에 사망했다. 파이어아벤트의 대안은 공교롭게도 포퍼였다. 그는 어쩌면 1946년 10월 25일에 있었던 비트겐슈타인의 '부지깽이 사건'을 몰랐는지도 모른다. 어쨌든 그는 포퍼가 있는 런던정경대학에 갔고 그 인연으로 1953년에는 빈에서 포퍼의 『열린 사회와 그 적들』을 독일어로 번역 출간했다. 1959년에 미국 캘리포니아 대학(버클리 캠퍼스)에 정식 교수로 자리를 잡게 된 그는 당시에 그곳에 교수로 있었던 쿤의 『과학혁명의 구조』 초고를 읽어볼 수 있는 기회도 있었다. 쿤의 영향으로 과학사의 중요성을 깊이 인식하게 되었지만, 여전히 그의 머리는 포퍼의 반증주의 쪽을 향해 있었다.

과학의 규칙, '그때그때 달라요'

하지만 그의 생각은 진화하고 있었다. 쿤의 『과학혁명의 구조』가 출간된 1962년에는 쿤과는 별도로 자신의 공약 불가능성 개념을 발전시키는 등 서서히 포퍼와 거리를 두기 시작한다. 한 걸음 더 나아가 1970년대부터는 더 이상 포퍼의 길도, 그렇다고 쿤의 길도 아닌 자신만의 길을 찾아 나선다. '인식론적 아나키즘' 혹은 '이론 다원주의'는 그의 종착지였으며, 1975년에 출간된 『방법에 반하여』는 이정표와도 같았다. 1970년대 후반부터는 그는 줄곧 자신의 아나키즘을 사회와 정치에 적용하는 데 힘을 쏟았다. 1989년에 버클리를 떠나 스위스에서 여생을 보내면서는 자서전 등을 집필하기도 했다. 그의 삶은 자신의 사상처럼 때로 아나키즘적이었는데, 가령 사전 준비 없이 강연을 하는 것은 물론이거니와 더 가치 있는 일을 하고 있다는 핑계로 강연장에 나타나지 않는 경우도 적지 않았다고 한다. 그런데 이런 기행은 오히려 그의 추종자가 늘어나는 요인이 되기도 했다.

그렇다면 그는 왜 아나키스트가 되었을까? 그가 과학 방법론을 거부하는 이유는 과연 무엇일까? 그의 대답은 단호하다. 위대한 과학자들이 특정한(하나의) 방법론을 사용한 적이 결코 없다는 것이다. 즉 그들은 포퍼나 쿤, 라카토슈가 제시하는 그러한 규범과 원칙을 전혀 따르지 않고, 오히려 그런 것들을 어겼기 때문에 과학의 대가가 될 수 있었다는 것이다. 실제로 그는 『방법에 반하여』에서 코페르니쿠스의 지동설을 옹호하고자 했던 갈릴레이의 논증을 검토하면서 갈릴레이가 당시에 잘 알려진 사실들을 아주 다른 방식으로 해석하려 했다고 보았다.

아리스토텔레스의 체계가 지배적이던 갈릴레이의 시대에는 대다수의 사람들이 지구는 결코 움직이지 않는다고 생각했다. 그렇게 생각한 이유 중 하나는 탑 꼭대기에서 떨어뜨린 물체가 수직으로 낙하하기 때문이었다. 만약 지구가 어떤 종류든 운동을 하고 있다면 그 물체가 낙하하는 동안 지구가 움직였을 것이기 때문에 물체의 최종 낙하 지점은 달라져야 한다. 따라서 당시 사람들은 자신들의 경험으로 판단할 때 지구가 움직이지 않는다는 것은 너무나 당연한 사실이었다. 이런 의미에서 당시 코페르니쿠스의 지동설은 일상 경험과 거리가 있는 다소 모자란 이론이었던 셈이다.

파이어아벤트에 따르면 갈릴레이는 그런 일상 경험 자체를 완전히 다른 방식으로 해석하고자 했다. 즉 탑에서 물체가 수직으로 떨어지는 이유는 물체가 낙하 운동을 할 뿐만 아니라 물체가 떨어지는 순간 이미 큰 원운동을 하고 있기 때문이지, 지구가 가만히 정지해 있기 때문은 아니라고 해석했다. 이것은 같은 현상에 대한 아주 다른 해석이었다. 결국 갈릴레이의 이런 해석이 사람들에게 받아들여지게 되면서 대부분의 사람들이 인정하는 것처럼 과학은 한 걸음 더 앞으로 갔다. 이 대목에서 파이어아벤트는 다음과 같이 묻는다. 도대체 갈릴레이는 여기서 어떤 방법론적 규칙을 사용했는가? 포퍼의 반증주의? 쿤의 고집 원리? 라카토슈의 땜질 원칙? 파이어아벤트는 그런 규칙들이 전혀 아니라고 답한다. 오히려 그는 적용된 규칙이 있다면 그것은 '사실들과 잘 어울리지 않을 것 같은 이론들을 개발하고 수용하라'는 규칙일 것이라고 말한다. 실제로 그는 이런 규칙을 '반규칙 counter rule'이라고 했다.

파이어아벤트는 과학의 역사를 들여다보면 또 다른 유형의 '반규칙'이 추출된다고 말한다. 예컨대 그것은 '잘 확립된 가설들과 모순되는 가설들을 개발하라'는 것이다. 이것은 '기존의 잘 확립된 이론들과 일관적인 이론을 추구하라'는 '일관성 규칙 consistency rule'과 상반되는 주장으로 쿤이 분석한 과학혁명기에 적용될 법한 규칙이다. 여기서 파이어아벤트가 하고 싶은 말이 무엇인지 좀 더 깊이 들여다볼 필요가 있다. 흔히 과학자들에게 '일관성 규칙'을 요구하지만 사실은 과학에서 그에 버금가게 통용되는 강력한 규칙이 바로 '비일관성 규칙'이다. 그렇다면 모순되는 두 규칙 중에 어떤 것을 과학자들에게 부과해야 한단 말인가?

이런 의미에서 파이어아벤트는 모든 과학 활동에 통용될 수 있는 특정한 과학 방법론을 찾으려는 것은 애초부터 '불가능한 작전'이며, 설령 찾았다고 한들 그것은 과학자들에게 불합리한 규칙일 뿐이라고 주장한다. 그러니 과학자에게 이런 규칙을 강요해서는 절대로 안 된다는 것이다.

그는 일관성 규칙이 논리적으로도 불합리하다고 말한다. 예컨대 기존 이론들과 모순되지만 동등한 설명력을 지닌 참신한 또 다른 이론을 개발했다고 해보자. 일관성 규칙에 따르면 새 이론은 기존 이론들과 일관되게 적용될 수 없기 때문에 거부해야 한다. 하지만 새 이론을 개발하는 과학자의 입장에서 보면 이것만큼 불합리한 것은 없다. 일관성 규칙이 철저하게 지켜진다면 과학의 역사는 단지 먼저 깃발을 꽂은 사람이 왕으로 군림할 공산이 때문이다. 과학이 무슨 선착순인가? 그는 과학에 '일관성 규칙'을 일관되게 적용해보라고 말한다. 첫 단추가 잘못 꿰어지면 이후 과학도 줄줄이 잘못 꿰어질 가능성이 높지 않겠는가?

**학교에
마술을 허하라!**

이런 이유로 그는 과학의 특별한 방법론을 찾으려는 모든 시도를 중단하라고 말한다. 실제 과학자들이 사용하는 방법론적 규칙들은 '그때그때 달라요!'라고 말할 수밖에 없다. 그 대안(?)으로 그는 과학에 대한 아나키즘적 견해를 제시한다. 그것은 한마디로 "네 맘대로 하세요! Anything goes!"이다. 즉 아무리 엉뚱해 보인다 하더라도 어떤 이론이든 지식 시장에 자유롭게 나올 수 있도록 해야 하고, 그것을 특정한 방법론으로 막아서는 결코 안 된다는 제안이다.

'이론 다원주의 theoretical pluralism'라고 불리는 그의 이런 주장은 몇 가지 면에서 포퍼의 반증주의, 쿤의 패러다임론 그리고 라카토슈의 연구 프로그램론과 흥미로운 대조를 이룬다. 우선 이것은 다른 주장들과 달리 과학자들에게 어떠한 규범도 제시하지 않는다. 가령 반례가 나오면 바로 폐기하라는 포퍼의 규범이나, 시간이 가면 패러다임이 해결해줄 것이라 믿고 무시하라는 쿤의 규범, 혹은 땜질을 통해 새로운 사실을 예측하라는 라카토슈의 규범은 과학의 실상에도 맞지 않고 그렇다고 건전한 이상도 아니라는 것이다. 뿐만 아니라 다른 이들의 과학철학은 과학의 가장 큰 특징인 창조성과 상상력을 방해하는 훼방꾼에 지나지 않는다고 그는 주장한다. 그에 의하면 과학에서 창조성과 상상력을 극대화하는 유일한 방법은 다름 아닌 방법을 포기하는 것이다. 즉 아무렇게나 진행될 수 있도록 내버려 두는 것이다. 그는 이런 방법 아닌 방법을 '증식 원리 principle of proliferation'라고 했다. 누구에게나 지식 시장을 개방하고 그 시장에 나온 이론이 어떤 방법론적 제약도 받지 않고 자연스럽게 증식할 수 있도록 그냥 놔두자는 것이다. 말 그대로 '네 맘대로 하세요!'이다. 그의 철학이 포퍼를 딛고 쿤을 넘어서려는 시도라고 평가받는 이유가 바로 여기에 있다.

그의 철학은 과학 이론의 증식에만 머물러 있지 않다. "과학에 인식적인 특권을 주어서는 안 되며 다른 지적 전통들도 동등하게 대해야 한다"는 주장은 그가 증식 원리를 지식 일반으로 확장하고 있다는 사실을 일깨워준다. 과학이나 신화나 똑같다는 말인가? 종교도? 그는 과학의 발전 자체가 너무나 다양한 지적 자원들을 통해 이루어져 왔고, 그때마다 다른 방법들로 진행되었기 때문에 과학이라는 지적 활동에만 특권을 부여하는 것은 불합리한 처사라고 말한다. 예컨대 종교와 신화 등은 과학에 새로운 상상력을 불어넣을 수 있기에 과학 논의에서 배제할 이유가 없으며, 오히려 경험적인 지식에만 의존하는 것은 다원화된 현대 사회에 맞지 않을 뿐만 아니라 인류의 상상력을 고갈시킬 수 있다고 경고한다. 이쯤 되면 현대 사회에서 사이비과학으로 의심받고 있는 창조과학은 물론 점성술, 초심리학 parapsychology, 마술, 심지어 UFO학까지 과학의 배양 접시에 사뿐히 놓일 수 있을 것이다.

실제로 파이어아벤트는 현대 사회에서 정치와 종교가 헌법으로 분리되어 있는 것과 마찬가지로 정치와 과학도 분리되어야 한다고 믿는다. 그래서 학교에서 마술도 배워야 하고, 과학자들이 낸 연구 계획서에 대한 지원 여부는 전문가들이 아닌 일반 시민들의 투표에 의해 결정해야 한다는 과격한 주장도 서슴지 않았다. 그가 지금까지 살아 있었다면 그의 베개 옆에는 『해리 포터』 시리즈가 놓여 있지 않았을까?

포퍼와 쿤 사이를 가려 했던 라카토슈는 죽기 며칠 전에 파이어아벤트에게 다음과 같은 내용의 편지를 한다.

> 당신의 입장을 끝까지 밀고 가면 결국에는 지식의 가능성을 부인할 수밖에 없지요. 그런데 당신은 회의주의를 받아들이지는 않는군요. 이건 논리적인 비일관성입니다.

파이어아벤트는 이런 지적에 답할 기회도 주지 않은 채 먼저 세상을 떠난 라카토슈를 매우 그리워했다. 파이어아벤트는 자신이 쓴 편지에 날짜 적는 것도 잊어버리는 털털한 사람이었지만, 라카토슈는 편지를 보낼 때 먹지를 대고 써서 복사본을 만들어놓을 만큼 꼼꼼한 사람이었다. 당연히 파이어아벤트에게 받은 편지는 따로 철을 해놓았다. 라카토슈의 이런 철저함 덕분에 영국 런던정경대학은 그의 논문, 편지, 일기, 메모 등을 보관한 '라카토슈 아카이브'를 따로 마련할 수 있었다. 그중에서 1968년부터 1974년까지 파이어아벤트와 주고받은 편지를 모은 책이 2000년에 출간되었다. 그 책의 제목은 그 두 사람이 살아생전에 함께 쓰고자 했던 『방법을 위하여, 그리고 방법에 반하여』였다.

많은 이들이 포퍼의 영향으로 과학의 논리적 규범들을 제시하려 했을 때 파이어아벤트는 포퍼의 제사였는데도 그런 규범은 어디에도 없다고 용감하게 맞섰다. 한편 많은 이들이 쿤의 『과학혁명의 구조』에서 과학의 상대주의적 특성을 보았지만, 파이어아벤트는 쿤의 이론 속에 나타난 과학의 전제주의적 특성을 걱정했다. 『과학혁명의 구조』를 읽고 쿤에게 보낸 편지에서 그는 "정상 상태로 사느니 영원한 혁명 속에서 사는 게 낫다"고 쓰기도 했다. 이런 의미에서 그는 포퍼와 쿤의 사이를 가려 한 라카토슈와는 달랐다. 그는 20세기 과학철학의 두 거장인 포퍼와 쿤을 모두 넘어서려 했던 사람이다.

"학교에 마술을 허하라!"라는 파이어아벤트의 과격한 주장을 우리는 어떻게 받아들여야 할까? 정말로 과학에는 뭔가 특별한 것이 없는 것일까? 추락하는 과학에는 날개가 있을까?

깊이 읽기

파이어아벤트의 무정부주의적 과학철학은 『방법에 반하여^{Against Method}』에 집약되어 있다. 그는 맞수요 친구였던 라카토슈의 죽음으로 인해 함께 쓰기로 했던 책을 내지 못했다. 하지만 1968년~1974년 사이에 그들이 주고받은 서신은 두 사람의 사후에 경제학자인 모털리니^{M. Motterlini}의 편집에 의해 세상의 빛을 보게 되었다. 이 책은 과학적 방법에 대한 두 사람의 차이를 드러내고 있다.

- Lakatos, I., Feyerabend, P. and Motterlini, M.(2000), For and Against Method: Including Lakatos's Lectures on Scientific Method and the Lakatos-Feyerabend Correspondence, University of Chicago Press. (국내 미번역)

파이어아벤트의 인식론적 아나키즘은 그의 저작들에서도 나타난다

- Feyerabend, P.(1978), Science in a Free Society, New Left Books.
- Feyerabend, P.(1987), Farewell to Reason, Verso.

한편, 그는 과학철학자로서는 매우 드물게 다음과 같은 자서전도 남겼다.

- Feyerabend, P.(1995), Killing Time: The Autobiography of Paul Feyerabend, University of Chicago Press.

파이어아벤트의 생애와 사상에 관해서는 다음의 책을 참조하시오.

- Preston, J., Munévar, G., and Lamb, D.(eds.)(2000), The Worst Enemy of Science? Essays in Memory of Paul Feyerabend, Oxford University Press. (국내 미번역)

만남 10

추락하는 과학에는 날개가 있는가?

나는 스트롱 프로그램의 주장이 터무니없다고 믿는 사람 중 한 명이다.
- 쿤, 『구조 이후의 길』(2000)

쿤의 패러다임론과 파이어아벤트의 아나키즘은 1980~90년대로 넘어오면서 그들의 의도와는 상관없이 과학자들의 적이 되어가고 있었다. 특히 파이어아벤트는 '과학의 최악의 적 the worst enemy of science'이라는 별명이 붙을 만큼 과학자들에게 그는 공공의 적이었다. 그도 그럴 것이 과학에 대한 상대주의적이고 무정부주의적인 견해는 과학의 위상뿐만 아니라 예산까지도 깎으려는 일부 정치인들에게 근거 자료가 되기도 했기 때문이다.

영국에서 발행되는 과학 전문지 《네이처》의 1987년 10월 15일자에는 "과학의 객관성과 진리성을 부인하는 영향력 있는 과학철학자들 때문에 영국 사회에서 과학의 위상이 내려가고 예산도 줄고 있다"고 크게 걱정하는 글이 실렸다. '과학이 간 잘못된 길'이라는 제목의 이 글은 영국 런던의 임페리얼 칼리지의 물리학과 교수들이 쓴 것이었는데, 흥미롭게도 여기서 거론된 '영향력 있는 과학철학자들'의 목록에 파이아아벤트와 쿤만 올라 있었던 것이 아니었다. 그들은 라카토슈뿐만 아니라 심지어 포퍼마저도 비판했다. 마치 현대의 과학철학자 전원이 과학자의 적인 양 묘사되고 있었다. 어쩌면 그들은 과학을 해본 적도 없고 과학에 대해 잘 알지도 못하는 철학자들이 자신들의 텃밭에서 감초 노릇을 하는 것을 더 이상 봐줄 수 없었던 모양이다.

하지만 엄밀히 말해 과학자들에게 공공의 적은 과학철학자들보다는 현대의 과학사회학자들이라 해야 옳다. 쿤과 파이어아벤트의 과학철학에서 포스트모던한 과학관의 냄새를 맡고 쌍수를 들어 그들을 맞이한 이들이 바로 과학사회학자들이기 때문이다. 물론 이런 환영 또한 쿤과 파이어아벤트의 의도와는 상관없는 일이었다. 실제로 1970년대 중반부터 몇몇 과학사회학자들은 흥미로운 사례 연구들을 통해 '과학=객관=보편=진리'라는 과학에 대한 통상적 이미지를 완전히 뒤집어보기 시작했다. 그들의 주장은 한마디로 과학은 똑똑한 과학자들이 객관적으로 존재하는 법칙들을 발견하는 과정이 아니라 과학자들간의 지난한 '협상의 산물'이라는 것이다.

**소칼의 자작극과
과학자들의 대반격**

과학자들이 이러한 사회학적 관점을 좋아할 리 있을까? 하지만 '저건 아닌데…… 괘씸한 것들……'이라고 화가 치밀어 오를 뿐 그들에게는 사회학자들의 상세한 사례 분석과 정교한 논변을 무너뜨릴 만한 인문학적 섬세함이 부족했다. 다시 말해 과학사회학자들에 대한 반감은 증가하는데 반론은 준비되지 않은 상황이 계속되었던 것이다. 그리고 이런 상황은 과학자와 인문학자 사이에 이미 존재하고 있었던 골을 더욱 깊게 만들었다. 일찍이 영국의 저명한 과학자요 소설가인 스노우^{C. P. Snow}가 『두 문화와 과학혁명^{The Two Cultures and the Scientific Revolution}』(1959)에서 걱정했던 '두 문화간의 단절'이 더욱 심화되고 있는 상황이었다. 여기서 그가 말한 '두 문화'란 과학 문화와 인문 문화이다. 그는 "셰익스피어의 작품을 읽어본 적도 없는 과학자와 열역학 제1법칙이 뭔지도 모르는 자칭 지식인들"로 인해 이 두 문화의 단절이 더욱 심화되고 있으며, 그로 인해 세계는 점점 더 큰 곤경에 빠지고 있다고 걱정했다. 감정의 골이 깊어지면 충돌은 더 커지는 법이다. 사람들은 이 충돌을 언제부터인가 '과학 전쟁^{science war}'이라고 하기 시작했다.

1996년 드디어 두 문화의 대충돌이 한 물리학자의 황당한 사기극(?)에 의해 촉발된다. 그 주인공은 스스로를 전통적인 마르크스주의자요, 국제주의자라고 말하는 미국 뉴욕 대학의 수리물리학 교수 앨런 소칼^{Alan D. Sokal}이었다. 그는 포스트모던 사상가들이 주축을 이루고 있는 좌파 계열의 저널 《소셜 텍스트^{Social Text}》 '과학 전쟁' 특집호에 「경계 넘나들기: 양자중력의 변형 해석학을 향하여^{Transgressing the Boundaries: Towards a Transformative Hermeneutics of Quantum Gravity}」라는 논문을 세재했는데, 제목부터 심상치 않을 뿐만 아니라 각주가 102개, 참고 문헌이 2백 개에 달하는 등 현학적이기 이를 데 없었다. 이 논문의 핵심 주장은 물리학의 양자장론이 포스트모더니즘을 옹호한다는 것이었다. 하지만 소칼은 이 논문이 저널에 실리자마자 자신의 논문은 '의도된 엉터리'에 불과하다고 밝히며 기자회견을 자청해 다음과 같이 말했다.

> 내가 이 논문에서 일부러 말도 안 되는 논증을 꾸몄는데 프랑스 좌파 계열의 인문학자들이 별 문제 없이 내 논문을 심사에서 통과시켜줬다. 이런 황당한 일이 가능했던 이유는 과학의 위상을 깎아내리려는 자신들의 목표에 내 논문의 결론이 잘 맞아떨어졌고, 과학에 대한 그들의 이해 수준이 이런 명백한 지적 사기를 잡아낼 수 없을 만큼 형편없었기 때문이다. 이 사건은 그 동안 과학에 대해 감초처럼 떠들던 좌파 인문학자들이 실제로 과학에 대해 얼마나 무지한지를 단적으로 보여주는 사건이다.

'소칼의 날조 hoax'라고 불리는 이 자작극을 통해 그가 곤경에 빠뜨리려 했던 일차 대상은 라캉 Jacques Lacan, 1901~1981을 비롯한 프랑스 좌파 계열의 포스트모더니스트들이었다. 그는 그들의 이론이 정신이 홀딱 빠질 정도로 기막힌 이야기이긴 하지만 적어도 과학에 관해서만큼은 '난센스'라는 점을 극적으로 보여주고 싶었던 것이다. 몇 해 뒤 소칼과 벨기에 루뱅 대학의 물리학 교수 장 브리크몽 Jean Bricmont 은 『지적 사기 Fashionable Nonsense』(1998)라는 책을 출간하여 프랑스 현대 사상가들의 '과학에 대한 참을 수 없는 무지'를 총체적으로 고발한다.

소칼과 브리크몽이 보기에 프랑스 현대 사상가들이 과학을 '남용'하는 방식에는 다음과 같은 패턴이 있었다. 첫째, 피상적으로 알고 있는 과학 이론을 장황하게 늘어놓는다. 둘째, 자연과학에서 나온 개념들을 인문사회학 분야에 도입하면서 최소한의 개념적·경험적 근거도 밝히지 않는다. 셋째, 완전히 동떨어진 맥락에서 전문 용어들을 뻔뻔스럽게 남발하면서 어설픈 학식을 자랑한다. 넷째, 자세히 보면 무의미한 구절이나 문장으로 장난을 친다. 소칼과 브리크몽에 따르면 대표적인 프랑스 현대 사상가인 라캉이 정신분석학과 수학의 위상학을 정당한 근거도 없이 자의적으로 연결 짓는다든지, 기호학자 크리스테바 Julia Kristeva가 수학의 집합론으로 시 언어를 장황하게 설명하는 대목 등은 과학을 남용하는 대표적인 사례였다. 그들은 라캉이 인간의 발기 기관과 허수 $\sqrt{-1}$을 동일시하는 대목에서는 "참담함을 금할 수 없다"고까지 표현했다.

소칼의 기발한(?) 사기극으로 당대 최고의 인기를 누리고 있던 포스트모던 사상가들은 졸지에 '벌거벗은 임금님' 처지가 될 상황이다. 반면 과학자들에게는 그 동안 알게 모르게 자기들을 힘들게 만들었던 인문학자들에 대한 열등감—인문학자들의 글을 읽어도 무슨 뜻인지 몰라 느끼는 당혹감—을 일거에 해소할 수 있는 계기가 된 듯했다. 이 사건에 대해 전해들은 과학자들이 어쩌면 삼삼오오 모여 이렇게 얘기했는지도 모른다. "그 봐 내가 뭐라고 했어. 과학에 대한 글인데도 우리가 그 동안 이해를 못한 것은 그들이 의미도 모른 채 횡설수설했기 때문이었어. 그들이 심오하거나 우리가 멍청해서가 아니었다고!"

마치 잠입 르포를 방불케 한 이 사건이 학계에는 어떤 충격을 주었을까? '프랑스 지식인을 고까워하는 미국 과학자의 사기극'

이라는 정치적 해석도 있었고, 아무리 그래도 이건 말 그대로 '사기'이기 때문에 처벌받을 만한 행동이라는 직업 윤리적 해석도 있었다. 하지만 무엇보다 중요한 반응은 과학계의 열렬한 환호였다. "거봐라!"라는 탄성이 여기저기서 터져 나왔다. 이 사건은 한마디로 과학자들의 가려운 등을 긁어준 셈이었고, 과학자들의 대반격을 촉발시켰다. 그런데 흥미로운 사실은 정작 불똥이 튄 곳은 소칼이 애초에 주적으로 삼았던 좌파 계열의 포스트모던 사상가들이 아니라 되레 쿤과 파이어아벤트의 세례를 받고 사례 연구에 몰두해온 과학사회학자들이었다는 점이다. 그중 대표적인 사건은 노벨 물리학상 수상자인 와인버그 Steven Weinberg, 1933~ 교수와 저명한 과학사학자 와이즈 Norton Wise, 1940~ 교수 간의 충돌이다.

『최종 이론의 꿈』 같은 저서로도 유명한 당대 최고의 환원주의자 스티븐 와인버그는 소칼의 사건이 터진 뒤 《뉴욕 서평지》에서 소칼을 전적으로 두둔하는 글을 기고했다. 이 글에 대해 몇 사람이 같은 잡지에 반론을 게재했는데, 그중 한 명이 프린스턴 대학의 과학사 교수였던 와이즈였다. 와이즈는 과학사학계에서 명성과 실력을 인정받은 학자로서 1997년 초에 프린스턴대학의 고등연구소에 있는 사회과학스쿨의 과학학 Science Studies 교수직에 추천된 상태였다. 와인버그는 이 사실에 어이없어하면서 와이즈를 임용에서 탈락시키기 위해 노골적으로 로비를 했다. 어쩌면 그는 고등연구소의 과학자들에게 소칼의 날조를 상기시키며 "고등연구소 같은 곳에서 헛소리를 하고 있는 과학사회학자를 왜 모셔오려 하느냐?"라고 꾀었는지도 모르겠다. 어쨌든 와인버그의 영향력 있는 로비 때문이었는지 그의 임용은 무산되었다. 도대체 과학사회학자가 어떤 주장을 펼치는 사람들이기에 과학자들의 미움을 받는 것일까?

협상 테이블에 올라온 과학

사회학에는 전통적으로 지식사회학 sociology of knowledge 이라는 분야가 있다. 간단히 말해 지식사회학은 지식이 사회적으로 어떻게 형성되는지를 탐구하는 분야이다. 쿤 이후의 과학철학 사조에 깊은 영향을 받은 일군의 사회학자들은 전통적인 지식사회학의 지평을 과학 지식으로까지 확장했다. 실제로 1970년대 이후의 과학사회학은 흥미로운 사례 연구를 통해 과학의 객관성과 보편성을 사회성과 국지성으로 변화시키는 데 주력해왔다. 그들의 결론을 단 한 문장으로 요약할 수 있다면 다음과 같을 것이다. '과학도 협상으로 굴러간다!'

어찌하여 자연(경험)의 판결이 아닌 인간(과학자)의 협상이 과학 논쟁을 종식시킨다는 말인가? 이런 발칙한(?) 생각의 씨앗은 이미 포퍼의 과학철학을 비판하는 대목에서 싹이 텄다. 포퍼가 말한 반증의 구도가 사실은 그리 간단하지 않다고 비판하는 대목을 기억하는가(만남4와 만남6을 참조하시오)? 물리학자 뒤엠과 철학자 콰인은 그 대목에서 "경험의 법정에 서는 것은 개별 이론이 아니라 이론의 전체 체계다"라고 갈파했다. 그것은 반례가 나와도 전체 이론 체계 내의 어떤 부분이 잘못되었는지를 꼭 집어 얘기할 수 없다는 주장이다.

만일 이 뒤엠-콰인의 전체론에 '반례를 없애기 위해서라면 어떤 부분이라도 수정할 수 있다'라는 명제를 결합시켜보자. 이 명제를 편의상 'R'이라고 해보자. 이렇게 되면 기대치 않은 매우 강력한 논제 하나가 튀어나온다. 그것은 '경험 자료 empirical data 만으로는 경합하는 이론들 중에 어떤 것이 가장 나은지를 결정할 수 없다'는 논제이다. 철학자들은 이것을 이른바 '미결정성 논제 underdetermination thesis'라고 한다.

서로 경합하는 두 이론 체계가 있다고 해보자. 처음에는 두 체계의 경험적 예측들이 서로 달랐다. 하지만 두 체계의 옹호자들이 위의 'R'을 적용해서 모두 경험에 부합하도록 자신의 체계를 적절히 수정했다고 해보자. 다시 말해 현재로서는 두 체계가 예측하는 경험적 내용이 모두 동일해졌다고 해보자. 그렇다면 그 순간 과학자는 이 두 체계 중에 어떤 것이 우월한지를 결정할 수 있는가? 물론 할 수 없는 것은 아니다. 가령 두 체계 중에 더 단순한 이론을 고를 수도 있고, 역사가 더 긴 이론을 고를 수도 있을 것이다. 하지만 질문의 요지는 '오직 경험 자료만을 가지고 그렇게 할 수 있느냐'는 것이다. 논리적으로는 그럴 수 없다. 왜냐하면 두 체계의 경험적 내용이 동등하기 때문이다. 다시 말해 우리가 경험적으로 확인할 수 있는 영역에서 두 체계의 점수는 똑같다는 이야기다.

그런데 이런 상황까지 상상해보자. 두 체계가 비경험적인 부분(형이상학적 부분)에 있어서는 서로 완전히 다르고 심지어 서로 모순이 된다고 해보자. 가령 한 체계는 신이 있다고 전제하지만 다른 체계는 신이 없다고 전제할 수 있다. 이 경우는 두 체계가 경험

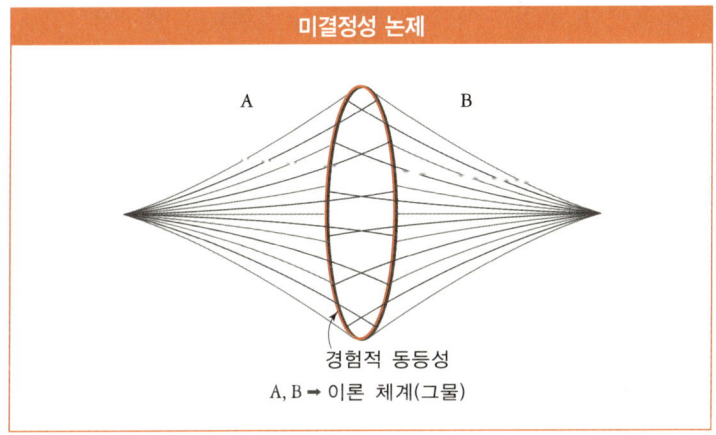

적 내용은 같지만 비경험적 내용은 서로 모순 관계에 있는 경우이다. 만일 이런 경우가 생긴다면 당신은 두 체계 중 어떤 것이 더 나은 체계인지를 판가름할 수 있는가? 물론 유신론자는 유신론 체계를, 무신론자는 무신론 체계를 고르면 될 것이다. 하지만 이 경우에도 경험 자료는 이론을 결정하는 데 기여하지 못했다.

즉, '미결정성 논제'의 핵심은 이론 체계의 우열을 오직 경험에 의해서만은 결정할 수 없다는 것이다. 이것을 시각적으로 표현하면 다음과 같다.

두 그물이 있다. 이것은 두 이론 체계를 상징한다. 만일 이 둘이 만나는 지점이 똑같다고 해보자. 이는 경험적 내용이 동일하다는 뜻이다. 그런데 한 그물은 왼쪽으로 뻗어 있고 다른 그물은 오른쪽으로 뻗어 있다. 이것은 경험 외적인 부분에서 두 체계가 서로 다르다는 뜻이다. 만일 어떤 체계에 경험적 반례가 생긴다면 그 체계 내부를 이리저리 조정하여 그것을 무마할 수 있다. 마치 그물을 이리저리 움직여 원하는 모양을 만들 수 있듯이 말이다. 우리는 이때 어떤 그물을 선택해야 할지 망설이게 된다. '미결정성 논제'는 바로 이런 상황을 뜻한다.

영화 〈매트릭스〉(1999)에서 등장인물들은 두 가지 유형의 경험을 한다. 하나는 캡슐 속의 뇌에 전해진 전기 자극을 통한 '경험'이고, 다른 하나는 실제 세계의 경험이다. 그런데 문제는 경험의 질과 내용에 관한 한 이 둘은 구분이 불가능하다. 즉 경험적으로는 동등한 상황인 것이다. 등장인물들이 혼란을 느끼는 이유는 바로 경험만으로는 어떤 세계가 진짜 세계인지를 결정할 수 없기 때문이다. 이것이 바로 미결정성 논제의 〈매트릭스〉 버전이다. 그렇다면 우리의 질문은 이것이다. 경험 자료가 아니라면 도대체 무엇이 이론 체계들의 우열을 가린단 말인가?

과학사회학자들은 바로 이 대목에서 '과학자들의 사회적 협상'이라는 히든카드를 꺼내들었다. 그러고는 다음과 같은 식으로 주장하기 시작했다. "거봐라! 과학 논쟁에서 경험이 해결사 역할을 못하지 않느냐? 그런데 논쟁이 매번 해결되는 것을 보면 그 과정에서 경험적 요소가 아닌 다른 것들이 실제로 작용하고 있다는 얘기다. 특정 문화·사회·정치·종교·경제적 요인들은 과학의 역사에서 실제로 매우 중요했다."

미결정성 논제가 과학사회학자들의 유일한 개념적 무기는 아니었다. 그들은 만남6에서 논의된 쿤과 파이어아벤트의 공약 불가능성 논제와 핸슨 등의 관찰의 이론 적재성 논제도 적극적으로 수용했다. 왜냐하면 그들은 상대주의 과학관을 튼튼한 개념적 기초 위에 세우고 싶었기 때문이다. 하지만 그들의 기초가 얼마나 튼튼한지는 차분히 검토해볼 필요가 있다(이에 대해서는 다음 장을 참조하시오).

어쨌든 1970년 이후의 주류 과학사회학인 사회 구성주의 social constructivism는 이런 개념적 무기들을 등에 매고 사례 사냥에 나섰다. 사회 구성주의자들에 따르면 과학적 사실은 과학 공동체에 의해 '구성'되는 것이며 종종 벌어지는 과학 논쟁은 당사자들의 '사회적 협상'의 결과로써 종결된다. 사회 구성주의는 영국 에든버러 대학의 블루어 David Bloor와 반즈 Barry Barnes를 주축으로 한 이른바 '스트롱 프로그램 strong program'에 의해 주도되었는데, 그 애칭만큼이나 매우 강력한 주장을 펼쳤다. 가령 블루어는 『과학과 사회의 상 Knowledge and Social Imagery』(1976)에서 스트롱 프로그램의 네 가지 연구 원칙을 제시한다. 그것은 인과성, 공평성, 대칭성, 성찰성 원칙인데, 인과성 원칙은 과학자들이 특정 지식에 도달하기까지의 심리적·사회적·문화적 과정을 탐구해야 한다는 것이고, 공평성 원칙은 성공한 이론뿐만 아니라 실패한 이론도 탐구해야 한다는 것이다. 대칭성 원칙은 이론의 성공 이유와 실패 이유를 다른 종류의 것에서 찾아서는 안 된다는 원칙이다. 즉 이론의 성공 이유는 인식적 요소들(경험/논리)에서 찾고 이론의 실패 이유는 사회적 요소들(과학 집단의 이해관계)에 찾는 이중 전략은 틀렸다는 것이다. 마지막으로 성찰성 원칙은 자신의 주장마저도 사회적으로 구성될 수 있음을 인정하는 원칙으로, 말하자면 '피장파장 논리'라고 볼 수 있다. 어려운 얘기 같지만 사회 구성주의자들이 사례 연구를 하면서 이런 원칙들을 어떻게 적용했는지를 보면 쉽게 이해된다. 그리고 그들의 주장이 기존의 과학사·과학철학과는 얼마나 다른지도 맛볼 수 있다.

사회 구성주의자들의 사례 사냥

대표적인 사회 구성주의자 가운데 한 사람인 셰이핀 Steven Shapin 은 19세기 영국 사회를 떠들썩하게 만들었던 골상학 phrenology 논쟁을 연구했다. 당시의 골상학을 연구하던 이들은 두개골의 구조와 대뇌피질이 평행적으로 되어 있으므로 굳이 뇌를 해부해 대뇌피질을 볼 필요 없이 두개골의 형태만으로도 사람의 성격이나 능력 같은 것들을 알 수 있다고 주장했다. 우리나라로 치면 일종의 관상학과 비슷한 것이었다. 19세기 당시에는 이것이 꽤나 인기 있는 이론이었는데, 에든버러의 의사협회에서는 이런 주장을 계속해서 반대했다. 이후 의학사 책에서는 "에든버러 의사들이 그런 괴상한 이론의 오류를 보여줬기에 골상학은 역사의 뒤안길로 사라졌다"는 식으로 기술하고 있다.

그런데 셰이핀은 이 논쟁의 실상을 파헤치는 과정에서 매우 흥미로운 사실을 알아냈다. 그것은 '전두동의 크기'에 대한 논쟁이

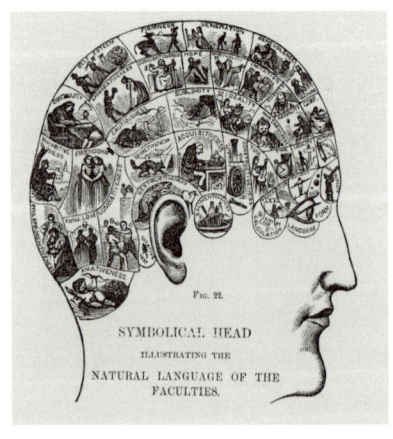

두개골의 형태만으로도 사람의 성격이나 능력을 알 수 있다는 주장으로 19세기 영국 사회를 떠들썩하게 했던 골상학의 차트

골상학 논쟁의 핵심이었다는 사실이다. '전두동'은 코와 귀 사이에 있는 두개골 속의 구멍으로 감기에 걸리면 물이 차는 부분이다. 왜 골상학 논쟁에서 엉뚱하게도 전두동의 크기가 관건이 되었을까? 만일 그 크기가 커서 그것이 두개골의 상당 부분을 차지한다고 해보자. 그러면 두개골의 굴곡을 제대로 알 수 없게 되고, 그렇게 되면 골상학자들은 의사들과의 싸움에서 불리해진다. 당시의 골상학 논쟁은 이렇게 전두동의 크기 논쟁으로 번졌고, 논쟁에서 승리하기 위해 양측에서는 시체의 두개골을 가져다가 대중 앞에서 잘라보는 엽기적인 시연들도 서슴지 않았다. 하지만 이런 실험(경험 자료)만으로는 누가 옳은지를 시원스럽게 판결해 주지 못했다.

그렇다면 어떻게 에든버러 의사들이 결과적으로 골상학을 무너뜨릴 수 있었을까? 셰이핀의 설명은 이렇다. 의사나 귀족처럼 그 당시의 지배 세력들은 국가의 효율적 운용을 위해서 인위적으로 사회적 신분제도를 유지해야 한다고 믿었다. 기득권을 유지하겠다는 생각이다. 하지만 당시의 신흥 부르주아들은 인간은 재능을 타고 나기 때문에 그 능력에 따라 사회에 공헌하는 것이 더 바람직하다고 믿었다. 에든버러 의사들은 당연히 전자의 편이었고 골상학 지지자들은 후자의 편이었다. 셰이핀은 19세기 에든버러를 떠들썩하게 만든 골상학 논쟁의 배후에는 이렇게 두 집단간의 정치·사회적 이념 대립이 존재했다고 분석한다. 골상학 논쟁은 첨예한 과학 논쟁처럼 보이나 실상은 현행 유지를 원하는 엘리트 세력과 사회 개혁을 원하는 신흥 부르주아 세력 간의 이념 논쟁이었다는 것이다. 그는 이런 주장의 근거로 논쟁이 종결된 이후에 그렇게 치열했던 전두동의 크기에 대한 이야기가 감쪽같이 사라진 점을 든다. 전두동이 그렇게 '과학적으로' 중요한 것이었으면 교과서에도 나오고 다른 책들에서도 나와야 하는 것 아닌가? 그는 전두동이 결국 사회적인 협상을 위한 도구에 불과했다고 결론을 내린다.

이런 분석은 승자와 패자를 모두 동일한 원인(이념의 충돌)에 의해 인과적으로 설명한 것이기에 스트롱 프로그램의 전형적 연구 사례로 꼽힌다. 만일 똑같은 사례를 놓고 전통적인 과학학자(과학철학·과학사·과학사회학)가 분석을 했다면 틀림없이 자연이 의사의 편을 들었다는 식으로 결론을 내렸을 것이다.

사회 구성주의의 또 다른 연구 사례로는 프랑스 출신의 과학인류학자 라투어^{B. Latour}와 울가^{S. Woolga}의 이른바 '실험실 연구'가 있다. 그들은 캘리포니아의 라 호야에 있는 솔크 연구소에 직접 들어가 참여 관찰을 통해 어떻게 과학 지식이 생산되는가를 연구한 뒤 『실험실 생활』(1979)이라는 책을 출간했다. 그들은 실험에 대한 지식도 없었고 실험에 직접 참여하지도 않았다. 마치 어디 이름 모를 부족의 생활상을 기술하기 위해 들어간 인류학자처럼 실험실의 인류학자가 되었다. 그들은 인류학의 '거리 두기' 방법이 과학적 사실의 생산 과정에 대한 가장 객관적인 분석법이라고 여겼다. 대신 그들은 날마다 나오는 혼란스럽고 일관성 없는 실험 자료의 측정과 측정치에서 어떻게 일관성 있고 질서 있는 과학적 사실들이 생산되는가를 연구했다.

그렇다면 과학자들은 어떻게 혼란스럽고 무질서한 실험 자료들로부터 질서와 원리를 끄집어내는가? 라투어와 울가가 발견한 것은 과학자들이 사실을 만들어가는 과정에서 보이는 일종의 패턴이다. 다음과 같은 문장들의 변환을 생각해보자.

철수가 TRF라는 호르몬의 존재 가능성을 연구하고 있다.
↓
철수가 TRF라는 호르몬의 존재를 거의 확인하는 단계에 있다.
↓
철수가 TRF라는 호르몬의 존재를 확인했다.
↓
TRF라는 호르몬의 존재가 확인되었다.

이때 처음의 세 문장은 문장 변환이 진행될수록 철수의 발견이 확실시되는 과정을, 마지막 문장은 철수의 연구 결과가 완전히 과학 지식으로 인정되는 변환을 보여주고 있다. 특기할 만한 것은 마지막 문장은 처음의 세 문장과 다르게 '철수'라는 주체가 없어진 가장 비개인적인 문법 양태라는 점이다. 이런 과정을 통해 호르몬의 발견은 '객관적'인 사실로 변환된다. 라투어와 울가는 바로 이런 변환 과정을 통해서 불확실한 연구 결과들이 마치 '처음부터' 존재하는 객관적인 값으로 간주된다고 보았다. 가령 처음에 TRF라는 호르몬은 언어적 구성물에 불과했는데 어느 순간 실존하는 대상으로 변했고, 이후에는 그 호르몬이 외부 세계에 원래부터 존재하는 대상인 양 인식된다는 것이다. 그리고 더욱 흥미로운 것은 그 대상을 사실상 '구성'해낸 과학자들이 공식적인 자리에서는 그것을 마치 '발견'해낸 듯이 이야기한다는 사실이다. 이렇게 라투어와 울가는 인류학적 방법을 동원하여 실험 활동에서 얻어지는 우연적이고 혼란스러운 자료들에서 과학적 사실이 어떻게 '만들어지는가'를 생생하게 보여주었다.

그렇다면 이렇게 만들어진 과학 지식이 과학자 사회에서 어떻게 받아들여지고 전파되는가? 비교적 최근에 라투어는 일개 실험실의 지식 생산이 과학 사회, 그리고 나아가 전체 사회에서 어떻게 수용되는지를 자신의 '행위자 연결망actor-network theory' 이론으로 설명하기 시작했다. 이 이론에 따르면 과학 논쟁은 살벌한 전쟁과도 같아서 복잡다단한 네트워크 속에서 어느 편이 더 많은 동맹들을 구축하는가에 따라 논쟁이 종결된다. 그런데 여기서 매우 흥미로운 점은 과학자뿐만 아니라 이론·실험 기구·장치, 심지어 탐구 대상 자체도 동맹의 대상과 주체가 될 수 있다는 사실이다. 즉 과학에서 행위자는 꼭 인간만이 아니라는 얘기다. 가령 어떤 생화학 실험실에서 특정 세균이 연구자의 의도대로 잘 통제되고 조작된다면 그 연구자는 물론이거니와 그의 이론, 실험 기구 및 장치, 심지어 그 세균까지 하나의 동맹체가 되어 다른 동맹체들과 경쟁하게 된다는 것이다. 실제로 라투어는 『프랑스의 파스퇴르화』(1988)라는 책에서 파스퇴르·세균·페트리 접시·화학 약품·백신 등이 하나의 동맹체를 이뤄 프랑스를 파스퇴르화하는 데 성공했다고 주장한다. 만일 이때 세균이 '협조'를 해주지 않았더라면 백신을 만들 수는 없었을 것이다. 그의 말대로 어쩌면 우리는 해마다 백신을 맞으면서 아직도 이어지고 있는 그의 동맹체의 일원이 되고 있는지 모른다. 행위자 연결망 이론의 특이한 결론 중 하나는 과학이 사회적으로 구성될 뿐만 아니라 사회도 과학에 의해서 영향을 받는다는 것이다. 파스퇴르가 백신을 만들어 프랑스를 파스퇴르화했듯이.

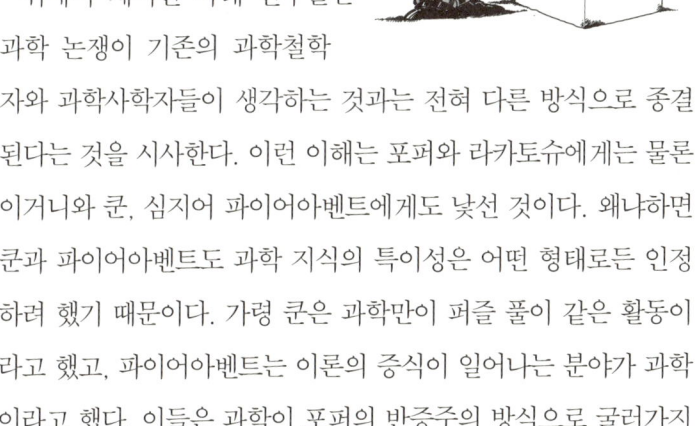

　위에서 제시된 사례 연구들은 과학 논쟁이 기존의 과학철학자와 과학사학자들이 생각하는 것과는 전혀 다른 방식으로 종결된다는 것을 시사한다. 이런 이해는 포퍼와 라카토슈에게는 물론이거니와 쿤, 심지어 파이어아벤트에게도 낯선 것이다. 왜냐하면 쿤과 파이어아벤트도 과학 지식의 특이성은 어떤 형태로든 인정하려 했기 때문이다. 가령 쿤은 과학만이 퍼즐 풀이 같은 활동이라고 했고, 파이어아벤트는 이론의 증식이 일어나는 분야가 과학이라고 했다. 이들은 과학이 포퍼의 반증주의 방식으로 굴러가지 않는다며 자신의 과학관을 펼치긴 했지만, 그렇다고 해서 사회 구성주의자들이 주장하듯이 과학이 협상의 산물이라는 식으로 결론을 내리지는 않았다.

　하지만 사회 구성주의자들은 과학 지식을 다른 유형의 지식들과 기본적으로 같은 성격의 것으로 받아들인다. 그들의 주장처럼 과학도 협상 테이블에 오르는 대상일까? 과학은 지금 벼랑 끝에 서 있는가?

깊이 읽기

과학자들은 과학철학자들을 공공의 적으로 생각하기도 한다. 1980년대 후반 영국 사회에서 공식적으로 제기된 과학자들의 불만은 다음의 글에 잘 표현되어 있다.

- Theocharis, T. and Psimopoulos, M.(1987), When Science goes wrong, Nature 329, 595~598.

일찍이 과학자와 인문학자 사이의 골이 점점 더 깊어지고 있음을 직감하고 걱정한 스노우의 다음 저서는 『두 문화』(C. P. 스노우 저/오영환 역, 사이언스북스, 2001년)라는 이름으로 소개되어 있다.

- Snow, C. P.(1959), The Two Cultures and the Scientific Revolution, Cambridge University Press.

이른바 '소칼의 날조 Sokal's hoax' 의 당사자인 소칼은 『지적 사기』(앨런 소칼 등저, 민음사, 2000년)에서 포스트모던 사상가들에 대한 자신의 견해를 대중들에 알렸다. 1996년 당시부터 현재까지 이 사건을 둘러싼 논쟁들은 계속되고 있는데, 고맙게도 소칼은 자신의 홈페이지에 이런 자료들을 모아놓았다(http://www.physics.nyu.edu/faculty/sokal/). 이 논쟁의 한복판에서 과학자의 대변인 역할을 했던 노벨물리학상 수상자 스티븐 와인버그의 다음과 같은 책이 번역되었다. 『과학전쟁에서 평화를 찾아』(스티븐 와인버그 저, 오세정, 김형도 역, 몸과마음, 2006). 홍성욱의 『생산력과 문화로서의 과학 기술』(홍성욱 저, 문학과지성사, 1999년), 『과학은 얼마나』에는 소칼에 의해 촉발된 '과학 전쟁'에 대한 흥미로운 분석과 해법이 들어 있다.

『과학지식과 사회이론』(김경만 저, 한길사, 2004년)은 과학사회학을 좀 더 깊이 공부하고 싶은 독자들을 위한 매우 유용한 책이다. 이 밖에도 『과학사회학의 쟁점들』(김환석 저, 문학과지성사, 2006년)과 『과학학의 이해』(데이비드 J.헤스 저/김환석 역, 당대, 2004년)는 과학사회학의 흐름을 이해하는 데 도움을 줄 것이다. 스트롱 프로그램의 창시자인 블루어는 『지식과 사회의 상』(데이비드 블루어 저/ 김경만 역, 한길사, 2000년)에서 그 프로그램의 네 가지 연구 원칙을 제시하고 있다.

골상학 논쟁에 대한 셰이핀의 연구는 다음에 수록되어 있다.

- Shapin, S.(1979), The Politics of Observation: Cerebral Anatomy and Social Interests in the Edinburgh Phrenology Disputes, in On the Margins of Science: The Social Construction of Rejected Knowledge, ed. by Wallis, R., Keele University Press, 139~178.

한편 TRF 호르몬에 관한 라투어의 연구는 다음에 수록되어 있다.

- Latour, B. and Woolgar, S(1979), Laboratory Life: the Social Construction of Scientific Facts, Sage.

흥미롭게도 그는 1986년에 이 책을 증보하면서 부제를 '과학적 사실의 사회적 구성 social construction'에서 '과학적 사실의 구성'으로 변경한다. 그런데 이렇게 '사회적'이라는 단어를 탈락시킨 이유는 그가 보기에 과학이 사회적으로 구성되기도 하지만 과학이 사회를 구성할 수도 있기 때문이다.
- Latour, B. and Woolgar, S(1986), Laboratory Life: the Social Construction of Scientific Facts, Princeton University Press.

라투어의 다음 글에 따르면 파스퇴르의 사례는 바로 과학이 사회를 구성하는 경우이다.
- Latour, B.(1988), The Pasteurization of France, Harvard University Press.

그의 행위자 연결망 이론은 다음에 소개되어 있다.
- Latour, B.(1988), Reassembling the social: an introduction to actor-network-theory, Oxford University Press.

『골렘: 과학의 뒷골목』(해리 콜린스, 트레버 핀치 저/이충형 역, 새물결, 2005년)은 상온 핵융합 이론이나 파스퇴르의 세균 실험처럼 유명한 7가지의 과학 논쟁을 분석하면서 과학 논쟁의 종결에 매우 복잡한 요인들이 개입한다는 점을 강조한다.

만남 11

과학엔 뭔가 특별한 것이 있다

과학에는 종교에 있는 경전이나 예언자 같은 것이 없다.
하지만 아인슈타인 같은 영웅은 있다.
— 스티븐 와인버그, 『과학전쟁에서 평화를 찾아』(2006)

'과학도 협상의 산물'이라는 사회 구성주의자들의 당혹스러운 주장을 도대체 우리는 어떻게 받아들여야 하는가? '국가의 명운이 과학기술의 발전에 달려 있다'고 하는 지극히 타당해 보이는 구호는 과학 지식의 우월성을 전제하고 하는 얘기가 아니었던가? 누가 만일 '국가의 명운은 사회학의 발전에 달려 있다'고 외친다면 많은 이들이 코웃음을 칠지 모른다. '사회학이 밥 먹여 주느냐'며 말이다. 다수의 사회 구성주의자들이 주장하듯이 과학도 사회적 협상의 산물이라고 한다면 전 세계가 첨단 과학기술에 목을 매고 있는 현상은 참으로 어이없는 광경처럼 보일 수 있다. 그들의 말대로라면 과학에 뭔가 특별한 게 있는 것도 아닌데도 뭔가 대단한 것이 있는 양 떠들어대고 있으니 말이다.

**인상적이지만
초라한 사례 사냥**

일상에서 과학기술의 위력을 실감하고 있는 평범한 일반인들이 지금 망상에 사로잡힌 것일까? 실험실에서 매일같이 자료와 씨름하며 새로운 결과들을 만들어간다고 하면서도 과학은 여전히 보편적이라고 주장하는 과학자들은 모두 다 자기기만에 빠져 있는 사람들인가? 도대체 누가 잘못 생각하고 있는 것인가? 과학자인가, 과학철학자인가, 과학사회학자인가, 아니면 대중들인가?

한 가지 분명한 사실은 있다. 그것은 사회 구성주의자들이 연구한 사례가 과학의 전부는 아니라는 사실이다. 앞서 소개한 골상학, TRF 호르몬 등이 과학의 전부일 수는 없다. 그리고 과학의 매우 중요한 사례라고 말할 수도 없다. 게다가 그것들이 과학의 전형적인 모습을 보여주는 것이라고 말하기도 어렵다. 물론 사회 구성주의자들의 사례가 그들의 네 가지 연구 원칙(인과성, 공평성, 대칭성, 성찰성)에 잘 부합할 수는 있을 것이다. 하지만 쿤, 라카토슈, 파이어아벤트 등이 분석한 코페르니쿠스 혁명, 갈릴레이 역학, 뉴턴 역학, 아인슈타인 상대성 이론, 다윈의 진화론 사례와 비교해보면 사회 구성주의자의 사례 사냥은 다소 초라해 보이기까지 한다. 더욱이 모든 과학 지식이 사회 구성주의자들의 시나리오처럼 생산되고 받아들여진다고 볼 수는 없을 것이다.

이런 맥락에서 만일 누군가가 사회 구성주의자의 사례 분석을 들먹이며 세상의 모든 과학이 협상의 산물이라고 주장한다면 그는 이른바 '성급한 일반화의 오류'를 범하고 있다고 해야 할 것이다. 게다가 사회 구성주의자들이 분석한 것과 똑같은 과학 논쟁

사례들에 대해 과학학자(과학사·과학철학·과학사회학)들 사이에 일치된 분석이 있다고 말하기도 어렵다. 실제로 사회 구성주의자들이 사례 사냥을 한 후 분석 논문을 쓰면 어김없이 동일한 사례를 놓고 그에 반대되는 해석을 내놓는 과학학자들이 생긴다. 동일한 사례에 대해 다른 해석을 하고 있으니 과학학자들에게도 이론 적재적 관찰이 있다고 해야 하지는 않을까?

과학철학의 오남용

사회 구성주의의 또 다른 문제점은 과학철학의 응용과 관련되어 있다. 이미 언급했듯이 사회 구성주의자들은 이론 적재적 관찰, 이론 미결정성, 공약 불가능성 논제들을 그들의 인식론적 기반으로 삼고 있다. 그런데 이런 논제 자체는 당연하게 받아들여야 하는가? 하지만 과학철학자들 중에는 그렇지 않다고 생각하는 사람도 상당히 많다. 우선 이론 적재적 관찰 논제를 보자. 이것은 연구자의 배경 지식에 따라 같은 현상도 다르게 관찰한다는 논제였다. 하지만 뮐러-라이어 착시 현상의 경우처럼 배경 지식이 바뀌어도 여전히 똑같이 관찰되는 경우도 많다. 즉 모든 관찰이 이론에 영향을 받는 것은 아니라는 얘기다.

그렇다면 사회 구성주의가 시작되는 데 결정적인 역할을 한 이론 미결정성 논제의 경우는 어떤가? 앞서 언급했듯이 이 논제는 '경험적 내용이 똑같은 두 이론 체계가 서로 경합할 경우 관찰만으로는 두 체계의 우위를 따질 수 없다'는 주장이다. 즉 관찰의 무

뮐러 라이어 착시 현상

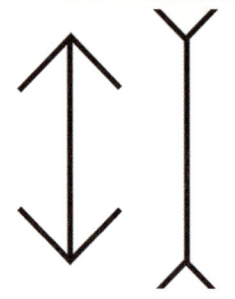

두 선분의 길이가 같다는 사실을 알고 난 뒤에 보아도 우리 눈에는 화살표가 안으로 향하는 쪽이 훨씬 더 길어 보인다. 이런 착시현상은 '배경 지식이 바뀌면 관찰이 달라진다'는 이론. 적재적 관찰 논제에 대한 하나의 반론이다.

력함에 대한 주장이다. 과학에서 경험의 힘보다 사회적 요인을 더 강력한 것으로 믿는 사회 구성주의자들에게 이런 주장은 반가운 소식이었을 것이다.

하지만 이론 미결정성 논제를 그냥 받아들이는 것 또한 문제가 있다. 지금까지 경합해온 수많은 과학 이론들 중에서 그 경험적 내용이 실제로 똑같았던 경우가 과연 얼마나 될까? 경험적 예측이 실제로 똑같은 이론들이 과연 얼마나 있었는가 말이다. 16세기에 서로 경합했던 프톨레마이오스 천문학과 코페르니쿠스 천문학의 경험적 내용이 똑같았는가? 아니면 뉴턴 역학과 아인슈타인 상대성 이론의 예측치가 똑같았는가? 그것도 아니라면 창조론이 예측하는 것(만일 있다면)과 진화론이 예측하는 내용이 정말 똑같은가? 이런 질문에 대해 긍정적인 대답을 하는 역사학자는 없을 것이다.

다시 말해 이론 미결정성 논제는 논리적으로는 아주 그럴듯하지만 실제 과학사에서는 사례를 찾기 힘든 매우 공허한 주장이기 쉽다는 얘기다. 많은 과학철학자들이 이론 미결정성 논제의 개념적 매력은 인정하면서도 그것이 실제 과학 논쟁의 종결 메커니즘으로 작용하는지에 대해 의심을 품는 이유가 바로 여기에 있다. 그런데도 사회 구성주의자들은 미결정성 논제를 너무도 당연한 것으로 받아들인다. 마치 그것이 20세기 과학철학이 다다른 막다른 골목인 양 말이다.

공약 불가능성에 대한 그들의 태도도 마찬가지다. 예컨대 그들은 공약 불가능성에 대한 여러 해석들 중에서 상대주의를 극대화한 해석만을 받아들이는 경향이 있다. 마치 공약 불가능성에 대해 1970년대 이후부터 본격화된 치열한 논쟁들을 전혀 접해보지 못한 듯이 이 문제를 다루고 있다. 언젠가 쿤이 "나는 스트롱 프로그램의 주장이 터무니없다고 믿는 사람 가운데 한 사람이다. 그 주장은 정신 나간 해체의 한 사례이다"라고 말한 이유도 아마 이것과 무관하지 않을 것이다. 하지만 쿤의 입장처럼 공약 불가능성 논제가 상대주의 과학관과 상관이 없는 것이라면 도대체 그 논제를 우리는 어떻게 이해해야 한단 말인가?

우선 쿤의 공약 불가능성 개념이 도대체 어떤 함의를 갖고 있는지부터 면밀히 따져볼 필요가 있다. 언뜻 보면 '두 이론이 공약 불가능하다'는 주장은 '두 이론이 서로 번역 불가능하다'는 주장을 함축하는 듯이 보인다. 또 이 번역 불가능성은 '두 이론이 비교 불가능하다'라는 주장까지 함축하는 것 같다. 다시 말해 공약 불가능한 두 패러다임은 비교조차 불가능해 보인다.

그러나 쿤은 『과학혁명의 구조』에서 종종 상이한 두 패러다임을 서로 비교했다. 한편으로 비교 불가능성을 주장하는 듯하면서 다른 한편으로는 비교를 하고 있는 듯한 쿤의 태도는 과연 일관적이라 할 수 있는가?

이런 의문에 대해 쿤은 자신이 말한 공약 불가능성은 "전면적global"이라기보다는 "국소적local"이라고 답함으로써 슬쩍 한발 물러선다. 여기서 공약 불가능성이 국소적으로 일어난다는 말은 두 패러다임의 공통 용어들 중 대부분은 의미가 보존되고 단지 몇몇 용어들만이 의미 변화를 일으켜 번역에 어려움을 준다는 뜻이다. 그러니 쿤은 의미가 보존된 용어들을 통해 일차적인 비교가 가능하다고 본 것이다. 그의 이런 해석은 "두 이론 사이에는 단 하나의 관찰 언명도 공유되지 않는다"라고 했던 파이어아벤트의 극단적 전체론에 비하면 상당히 완화된 입장이다.

한편 "공약 불가능성은 곧 번역 불가능성"이라는 비판에 대해 쿤은 번역 과정과 언어 습득 과정을 비교하며, 공약 불가능한 패러다임을 이해하는 것은 번역이 아니라 언어 습득 과정이라고 대답했다. 그에 따르면 번역의 경우에는 두 언어를 전제로 하기 때문에 양쪽 언어를 다 알아야 가능하지만, 언어 습득의 경우에는 그렇지 않다.

이런 대응을 통해 쿤이 견지하려는 입장은 무엇인가? 그것은 패러다임간의 극단적인 불연속성, 즉 전면적인 공약 불가능성은 거부하되 대신 부분적으로 번역 가능한 국소적 공약 불가능성을 내세우려는 것이다. 과학 변동에 대한 국소적 연속성을 주장하고 있는 셈이다.

과학철학자 키처 Philip Kitcher 는 한발 더 나아가 쿤의 패러다임 전이를 조금 더 부드럽고 연속적으로 해석하려 했다. 그는 패러다임간에 문맥 의존적 번역이 충분히 가능하기 때문에 패러다임 전이가 불연속적인 것은 아니라고 주장했다. 가령 공약불가능성 논의에 불을 지핀 분야 중 하나인 화학에서의 혁명적 변화를 보자. 키처는 플로지스톤 이론의 모든 용어들이 현대의 산소이론으로 모조리 번역될 수 있다고 주장한다. 예컨대 '플로지스톤이 빠진 공기'와 같은 용어의 의미는 어떤 맥락에서는 현대 용어로 '산소'를 지칭할 수도 있고 다른 맥락에서는 '산소가 풍부한 대기'를 지칭할 수도 있다. 또한 어떤 맥락에서는 '수소'를 지시하기도 하지만 다른 맥락에서는 아무것도 지시하지 않기도 한다. 키처는 이런 방식으로 번역이 가능하다면 쿤이 말하는 패러다임간의 공약불가능성이 실제로는 존재하지도 않는다고 주장했다.

키처의 주장이 맞든 틀리든 간에 이런 모든 논의들은 쿤의 공약불가능성 논제가 꼭 한 가지 방식으로만 해석될 필요는 없다는 점을 시사한다. 쿤의 용법에 따르자면 사회 구성주의자들은 웬일인지 공약 불가능성 논제 중에서 가장 극단적인 형태인 전면적 공약 불가능성 개념만을 받아들였다. 사실 쿤은 이 대목에서 자신의 주장을 오용 혹은 남용하고 있는 사회 구성주의자들이 영 불편했을 것이다. 그것 때문이었는지 1990년 미국 과학철학회의 회장 연설에서 쿤은 다음과 같은 의미심장한 이야기를 했다.

> 저는 지난 여러 해 동안 『과학혁명의 구조』가 남긴 철학적 문제에 천착해왔고 그에 관한 책을 준비중입니다. 공약 불가능

성은 그 책의 중심 주제가 될 것입니다.

하지만 불행히도 그는 완성되지 않은 원고만 남긴 채 1996년에 암으로 세상을 떠났다. 사후에 그의 제자들이 그의 논문들을 모아 2000년에 출간한 『구조 이후의 길』을 보면 공약 불가능성 논제를 고수하면서도 상대주의 과학관으로 빠지지 않기 위해 쿤이 얼마나 많은 마음고생을 했는지를 엿볼 수 있다.

지금까지 살펴보았듯이 사회 구성주의자들은 이론 적재적 관찰, 이론 미결정성, 공약 불가능성 논제를 받아들였지만, 그것들에 대한 가장 극단적인 해석만을 취해왔다. 이런 맥락에서 과학철학자들은 사회 구성주의자들의 태도가 편파적으로 보일 수밖에 없을 것이다. 심지어 자신들의 견해를 그들이 오남용한다고 느낄 수도 있을 것이다.

자연은 말괄량이?

과학을 상대주의의 도전으로부터 구하는 또 다른 길이 있다. 그것은 자연의 역할에 대한 상대주의자들의 인식을 비판하는 것이다. 사회 구성주의자들은 자연(경험)의 제약을 지나치게 소홀히 하는 경향이 있다. 그들은 마치 아이들이 온갖 틀을 갖고 고무 찰흙 놀이를 하듯이 과학자도 자신들의 이해 관심에 따라 말랑말랑한 자연을 이리저리 주무를 수 있다고 생각한다. 유명한 광고 카피를 패러디해본다면 상대주의자들은 마치 "자연은 과학자 하기 나름"이라고 말하는 것 같다.

하지만 자연을 사회적 힘으로 쉽게 길들일 수 있다고 믿는 그들에게 던질 수 있는 몇 가지 질문이 있다. 첫째, 그들의 주장대로 과학 지식이 사회적으로 구성되고 과학 논쟁이 사회적 협상에 의해서 종결된다면 그 후에는 선택된 지식이 과학자 집단에서 어떻게 유지되고 전달되는가? 사회 구성주의자들은 이 질문에 대해 "그들 역시 제 나름의 사회적 이해관계 때문에 전임자들과 똑같은 선택을 한 것뿐"이라고 답할 수 있을 것이다. 하지만 문제는 종결 당시의 과학자들과 종결 이후의 과학자들의 이해관계가 늘 동일하다고 할 수는 없다는 사실이다. 가령 뉴턴의 역학 법칙이 아리스토텔레스 역학과 갈릴레오 역학을 대체한 뒤 과학자들이 적어도 2백 년에서 3백 년을 뉴턴 역학에 깊이 빠져 있게 된 것을 사회 구성주의자들은 어떻게 설명할 것인가? 뉴턴 이후의 과학자들도 뉴턴 당시의 과학자들과 동일한 이해관계를 갖고 있었기에 뉴턴 이론에 계속적인 지지를 보낸 것이란 말인가? 아니면 이해관계는 달랐지만 그들에게도 뉴턴 이론을 지지해줘야 하는 또 다른 사회적 이유가 실제로 우연치 않게 있었다는 말인가? 적어도 몇백 년 동안 과학자 사회를 지배한 이론이 있다면 그 이유를 사회적 요인에서 찾는 것보다는 경험적 요인에서 찾는 것이 더 적합하지 않을까? 사회 구성주의는 과학 지식의 형성과 선택에 대해서는 뭔가 흥미로운 설명을 하긴 하지만 그 지식의 유지와 전달(과학자들 사이에서의)에 대해서는 별다른 설명이 없다.

자연의 제약을 좀 우습게(?) 보는 이들에 대한 두번째 질문은 자신들의 명백한 이익(이해관계)에 반하는 결정을 내리는 과학자

2. 만남 213

들의 행태나 상이한 배경과 이해관계를 가졌지만 동일한 이론을 생산하고 선택하는 과학자들의 행태를 과연 어떻게 설명할 수 있는가이다. 예컨대 쿤 이후 가장 걸출한 과학사학자로 인정받고 있는 하버드 대학의 갤리슨P. Galison은 『실험은 어떻게 끝나는가』(1988)라는 문제작에서 상이한 이해관계와 동기를 가진 물리학자들이 어떻게 동일한 실험 결과를 얻어내는지를 설득력 있게 보여주었다. 갤리슨은 심지어 다른 그룹이 다른 기기를 사용해도 똑같은 실험 결과들이 나왔던 20세기 물리학의 중요한 사례들을 들취냄으로써 사회 구성주의자들의 상대주의를 정면에서 비판했다. 말하자면 그는 고집이 센 자연을 자기(과학자) 맘대로 길들이기란 결코 쉽지 않다고 주장하고 있는 셈이다. 자연은 말괄량이인가?

자연선택론, 열역학법칙, 미적분 등 과학의 역사에서 종종 나타나는 동시 발견들도 사회 구성주의의 상대주의를 위태롭게 만든다. 왜냐하면 상대주의자들이 주장하듯이 자연이 우리에게 부과하는 제약은 미미하고 사회적 이해관계의 힘은 강력하다면 과학자들이 어디서 어떻게 무엇을 위해 연구했든지 간에 동일한 이론에 이르게 된 경우들은 너무나 우연적인 사건이라고 할 수밖에 없기 때문이다. 박쥐의 의사소통 방식과 돌고래의 의사소통 방식을 비교해보자. 박쥐는 동굴, 돌고래는 바다라는 서로 다른 환경에서 살고 있지만 그들은 모두 초음파를 이용한 소통 방식을 진화시켰다. 이러한 생물체의 수렴 진화와 과학에서의 동시 발견은 비슷한 측면이 꽤 많다. 어두운 동굴과 가시거리가 짧은 바다가 박쥐와 돌고래에게 시각이 아닌 다른 방식으로 의사소통 방법을 진화시켜야 유리하다는 동일한 유형의 선택압을 부과했듯이 서로 다른 사회 환경에 있는 과학자들이 동일한 결론에 이를 수 있는 것은 그들의 이론에도 어떤 형태로든 자연의 제약이 동일하게 작용했기 때문일 것이다.

이상에서 짐작할 수 있듯이 사회 구성주의자들은 우연적 조건들, 사회적 이해관계와 같은 국소적 요인들의 영역을 넘어서 과학자들의 판단을 제약하는 자연의 존재와 인식적 규범의 존재를 어떻게든 인정해야만 할 것이다. 과학 논쟁은 포퍼를 비롯한 전통적인 철학자들의 주장처럼 단일한 합리적 절차에 의해서 기계적으로 종결되지는 않는다. 그렇다고 사회 구성주의자들의 주장처럼 과학자 공동체들간의 힘겨루기로 종식되지도 않는 것 같다. 어쩌면 과학 논쟁은 사회적 요인, 심리적 요인, 논리적 요인, 경험적 요인들이 복합적으로 작용하는, 어떤 특정한 절차라고 꼭 꼬집어서 말할 수 없는 매우 복잡한 과정인지도 모른다.

과학엔 뭔가 특별한 것이 있다

미국 배우 카메론 디아즈의 싱그러운 모습을 감상할 수 있는 〈메리에겐 뭔가 특별한 것이 있다〉(1998)라는 코미디 영화가 있다. 영화에서 메리(디아즈 분)는 모든 남성들을 사로잡을 만한 뭔가 특별한 것을 가지고 있다. 그것이 뭔지는 정확히 몰라도 메리를 만나는 남성들은 그녀의 특별한 매력에 푹 빠지고 만다. 그 특별함이란 어쩌면 예쁘고 섹시하고 성공적인 인생을 살아온 그녀가 그것도 모자라 착하기까지 하다는 점일지도 모르겠다. 과학에도 다른 지식에는 없는 뭔가 특별한 것이 있을까?

　이 책의 주인공인 포퍼와 쿤은 둘 다 이 질문에 대해 나름대로 긍정적인 답변을 내놓은 20세기 철학계의 거장들이었다. 포퍼는 '추측과 반박'의 반증주의 원리에서 그 특별함을 설명하려 했고, 쿤은 패러다임의 존재를 통해 그 특별함을 해명해보려 했다. 흔히 쿤을 상대주의 과학관의 효시로서 간주하는 경우가 많지만, 그가 과학 지식의 특이성을 누구보다 강조했다는 측면에서 그를 포스트모던 과학철학자로 분류하는 것은 적절하지 않다. 오히려 쿤을 넘어 인식론적 아나키즘을 주창한 파이어아벤트를 포스트모던 과학철학의 뿌리라고 해야 할 것이다. 과학을 사회적 구성물로 보는 사회 구성주의자들은 과학 지식이 다른 지식과 하등 다를 것이 없음을 보이려 애를 써왔다. 과학을 하향 평준화하려는 시도였다고나 할까? 이렇게 20세기 과학철학사는 과학의 특별함에 관한 논쟁사였다.

　하지만 아무리 잊으려 해도 맘에서 떠나지 않는 특별한 메리처럼 과학에도 뭔가 특별한 것이 있는 듯하다. 그 이유는 무엇일까? 과학이 다른 지식과는 달리 자연을 직접 상대하고 있기 때문이 아닐까? 어쩌면 이 자연은 말랑말랑한 고무 찰흙이라기보다는 엄청나게 큰 코끼리인지 모른다. 코끼리의 존재야말로 과학을 뭔가 특별하게 만드는 가장 중요한 요소일 것이다. 그렇다면 과학자는 차라리 장님이리라!

깊이 읽기

관찰의 이론 적재성에 관한 논쟁 중 포더와 처치랜드 간의 논쟁이 가장 흥미롭다. 포더는 다음의 글에서 이론 적재성에 대한 부정적인 견해를 펼쳤으며, 처치랜드는 포더의 견해에 반대했다.

- Fodor, J.(1984), Observation Reconsidered, Philosophy of Science 51, 23-43
- Churchland, P.(1989), Perceptual Plasticity and Theoretical Neutrality: A Reply to Jerry Fodor, in A Neurocomputational Perspective, MIT Press.

쿤의 공약불가능성에 대한 약한 해석으로는 다음을 참조할 만하다.

- Kitcher, P.(1993), The Advancement of Science, Oxford University Press. (국내 미번역)
- Kuhn, T. S.(2000), The Road Since Structure, edited by J. Conant and J. Haugeland, University of Chicago Press. (국내 미번역)

하버드 대학의 과학사학자 피터 갤리슨^{P. Galison}과 콜레쥬 드 프랑스^{Collège de France}의 과학사 및 과학철학 석좌교수인 이언 해킹^{Ian Hacking}은 포스트모던 사상가이면서도 과학의 객관성과 합리성에 대해 긍정적인 견해를 갖고 있는 대표적인 학자들이다. 갤리슨은 다음 글에서 상이한 연구 집단에서 어떻게 동일한 실험 결과를 내는지를 분석하고 있다.

- Galison, P.(1987), How Experiments End, University of Chicago Press.

해킹도 과학 이론에만 관심을 가졌던 기존의 과학철학을 비판하면서 실험이 과학에서 얼마나 중요한 역할을 하는지를 역설한다. 그들에 따르면 과학자들이 자연을 길들이기도 하지만 자연도 그들에게 일종의 제약 constraint 을 부과한다. 즉, 과학자들이 제 마음대로 자연을 재단할 수 없다는 것이다. 실험은 그런 제약이 강하게 나타나는 영역이다. 이런 맥락에서 그들이 상대주의 과학관을 받아들이지 않는 것은 그리 놀랄만한 일이 아니다. 〈표상하기와 개입하기〉는 실험의 본성과 역할에 대한 해킹의 철학적 탐구이다. 또한 사회구성주의에 대한 그의 비판적 견해는 다음의 책에 잘 드러나 있다.

- Hacking, I.(2000), The Social Construction of What?, Harvard University Press. (국내 미번역)

Thomas S. Kuhn

Chapter 3

🎙 대화
TALKING

Karl R. Popper

대화

쿤의 법정

　김보배, 임도식, 장군, 그리고 박기범은 이번 학기에 '과학의 철학적 이해'라는 다소 딱딱한 제목의 수업을 함께 수강하고 있는 고교 동창생들이다. 한 학기 내내 '과학엔 뭔가 특별한 것이 있는지'를 탐구한다. 학교 게시판에 공개된 지난 수강생들의 강의평을 함께 읽던 이들은 "글쓰기 숙제도 장난 아니고 수업 시간 내내 머리에 쉴 틈을 안 주지만, 다 끝나고 나면 부쩍 자란 느낌이 드는 수업임. 학기말에 있는 조별 발표를 위해서만 일주일에 6시간 정도는 투자해야 함"이라는 평을 읽자 한마디로 필이 꽂혔다. 왠지 모르지만 이 넷은 쉽게 가는 수업은 딱 질색이었다.
　드디어 조별 발표의 공통 주제가 정해지는 시간이 왔다. 담당 교수가 '2005년 12월 20일 미 연방 지방법원(펜실베이니아 도버)의 판사 판결문 중 일부(4장)를 읽고 그것에 대한 각 조의 입장을 밝히시오'라고 칠판에 써놓자 여기저기서 웅성거리는 소리가 들렸다. 교수는 그 판결문이 공개되어 있다는 홈페이지 주소 (http://www.pamd.uscourts.gov/kitzmiller/kitzmiller_342.pdf)를 적어주더니만 질문을 받지도 않고 총총 사라졌다. 같은 조가 된 이 넷은 판결문을 각자 읽고 나서 다음날 점심에 만나 조별 발표에 대해 궁리하기로 했다.

'지적 설계론도 진화론과 함께 가르쳐야 한다'는 도버 카운티 교육 위원회의 결정에 대해 키츠밀러 등(Kitzmiller et al.)이 미국 연방법원에 제기한 소송은 2005년 9월 26일에 시작되어 같은 해 12월 20일에 막을 내렸다. 실제 전문가 증언으로 참여한 학자들은 대표적으로 다음과 같다.
지적 설계론의 옹호자로는 '환원 불가능한 복잡성'이라는 개념으로 지적 설계론계의 슈퍼스타가 된 마이클 비히(Michael Behe, 미국 리하이 대학, 생화학) 교수와 저명한 과학사회학자 스티븐 풀러 교수(영국 워릭 대학) 등이 참여했고, 반대자로는 브라운 대학의 케네스 밀러(Kenneth Miller) 교수(생화학)와 미국 미시건 주립 대학의 과학철학자 로버트 페녹(Robert Pennock) 교수 등이 참여했다. 담당 판사인 존 존즈 III세(John Jones III)는 무려 139면에 달하는 판결문에서 "지적 설계론은 창조론의 한 형태이며 과학이 아니기 때문에 그것을 학교에서 진화론과 함께 가르치라는 도버 카운티 교육 위원회 측의 결정은 미국 수정 헌법의 제1조인 국교 금지 조항을 어긴 위법"이라고 판결했다.

|임도식| 다들 읽어봤지? 어때? 지적 설계론이 과학인 것 같아 아닌 것 같아?

|장군| 판사가 좀 오버한 것 같던데? 이번 학기에 배운 쿤에 따르면 과학이 그리 객관적인 것 같지도 않은데 판사는 과학을 진리쯤으로 생각하는 것 같거든…….

|김보배| 그런데 전문가 증언 때문에 나온 풀러라는 교수 있지? 그 교수는 파이어아벤트보다 더 나가던데? 마치 과학이 종교랑 뭐가 다르냐는 식이야.

(김보배의 말이 이어지자 임도식이 갑자기 밥 먹던 수저를 내려놓는다.)

|임도식| 좋은 생각이 났어. 우리 이렇게 하면 어떨까? 똑같은 케이스를 놓고 대표적인 과학철학자들이 전문가 증언을 펼치는 법정을 만들어보는 거야. 그리고 이들의 증언을 들은 배심원들이 가부를 결정할 수 있도록 하는 거야. 배심원은 같이 수업을 듣는 친구들이 하면 될 것이고, 결정은 거수로 하면 되겠지. 어때?

|박기범| 역시 법학도 임도식이야! 그렇다면 누구를 증인으로 모시면 좋을까?

|임도식| 포퍼와 쿤은 당연히 들어와야 할 테고…….
우리가 모두 네 명이니까 과학철학자 4인방으로 하면 좋겠네.

|박보배| 4인방? 그게 누군데?

|임도식| 그야 쿤, 포퍼, 라카토슈, 파이어아벤트 아니겠어?

|박보배| 어어……. 그럴 수 있겠네. 그럼 누가 어떤 역을 하면 좋을까? 음…… 난…… 포퍼.

(박보배가 포퍼를 찜하자, 장 군이 쿤을, 임도식이 라카토슈를, 그리고 박기범이 파이어아벤트 역을 맡기로 했다.)

|장군| 그럼 누가 판사 역할을 하지? 사람이 모자라네.

|박기범| 내 여자 친구에게 부탁해볼까? 잠시 시간 좀 내달라고.

|임도식| 좋은 생각이야. 이제 됐다. 그럼 각자 자기가 맡은 인물들의 주장을 정리해서 내일 다시 만나자. 법정을 어떻게 이끌어갈지 조율이 필요하니까. 아, 그리고 발표의 제목도 좀 멋지게 지었으면 좋겠는데……. 뭐 좋은 것 없을까?

|장군| '쿤의 법정' 어때? 우리 발표가 꼭 쿤의 견해로 결론이 나지는 않겠지만 이번 학기 내내 쿤 때문에 고생 좀 했으니까 이런 기회에 이름 좀 한번 팔아먹자. 응?

|임도식| '라카토슈의 법정'보다는 어감이 좋네. 그래 그렇게 하자.

(드디어 발표 시간이 돌아왔다. 판사의 개회가 선언된다.)

|판사| 2005년 도버 카운티의 교육위원회는 학교에서 진화론과 함께 지적 설계론 intelligent design theory 을 가르치라는 결정을 내렸습니다. 이에 학부모 11명과 미국시민자유연맹의 교육위원회는 이번 결정이 1987년 연방법원의 '공립학교에서는 창조론을 과학 이론으로 가르쳐서는 안 된다'는 기본 입장을 훼손했다면서 소송을 제기했습니다. 이에 본 법정에서는 지난 일주일 동안 생물학자들의 증언을 들었습니다. 오늘은 과학철학자 네 분의 증언을 듣는 시간을 갖도록 하겠습니다. 한 명씩 증언하는 통상적인 경우와는 달리 네 분이 패널 토의를 하듯 자유롭게 토론하고, 필요한 경우에만 판사가 개입하는 방식으로 진행하려 합니다. 오늘의 증언 주제는 크게 세 가지입니다. 첫째, 과학이란 무엇인가? 둘째, 지적 설계론은 과학인가? 셋째, 지적 설계론을 진화론과 함께 학교에서 가르칠 필요가 있는가입니다. 이제 전문가의 증언을 들어보겠습니다. 포퍼 경, 쿤 교수, 라카토슈 교수, 파이어아벤트 교수 입장해주십시오.

(판사의 배경 설명이 끝나자 학생 네 명이 저마다 맡은 배역의 가면을 쓰고 등장한다.)

|판사| 우선 첫 번째 질문부터 드리겠습니다. 우선 포퍼 경부터 답을 해주십시오. 이후에는 자유롭게 발언해주십시오.

|포퍼| 저의 대답은 늘 분명합니다. 반증이 가능해야 과학적 진술이라 할 수 있습니다. 그리고 과학자들이란 반례가 명백히 존재

한다면 지체 없이 자신의 이론을 폐기할 수 있는 그런 종류의 사람들입니다. 과학이 위대한 이유는 바로 그것이 인류가 발명한 가장 비판적 활동이기 때문입니다. 끊임없는 비판이 과학의 핵심입니다.

|쿤| 비판이 과학의 핵심이라고요? 포퍼 경께서 도대체 어느 행성의 과학을 말씀하고 계시는지 모르겠네요. 과학자들의 행동양태를 한 번이라도 관찰해본 적이 있는지요. 저는 과학의 핵심은 오히려 순응이라고 봅니다. 그들은 반례가 나와도 자신들이 믿고 있는 이론을 금방 포기하지 않습니다. 오히려 반례를 무시하죠. 그래서 언뜻 보면 매우 부정직한 집단같아 보이기도 합니다. 특히 포퍼 경의 입장에서 보면 더욱 그렇지요. 하지만 과학에는 뚝심이 필요합니다. 어떤 이론이 난제를 잘 해결했다고 한다면 그 이론에 힘을 실어주는 게 자연스럽지요. 뭔가 역량이 되는 이론일 테니까요. 반례가 나왔다고 해서 곧바로 이론을 문제 삼는 건 비판적인 태도일지는 몰라도 꼭 합리적인 태도라고 말할 수는 없습니다. 만날 비판만 하고 있으면 사실상 과학에 아무런 진보도 일어나지 않을 겁니다.

|포퍼| 오오~ 그것 참 위험한 발상이네요. 쿤 교수의 말이 옳다면 양자역학과 점성술이 뭐가 다릅니까? 점성술도 과학이라고 할 수 있지 않겠습니까?

|파이어아벤트| 당연합니다. 점성술도 과학이라고 할 수 있지요. 과

학이 뭐 그리 대단한 줄 아십니까? 과학의 역사를 한번 보세요. 뉴턴, 갈릴레오 같은 과학의 대가들이 포퍼 경이 제시한 반증주의 과학관을 따랐다고 생각하시나요? 아니면 쿤 교수가 제시한 패러다임론을 따른 줄 아십니까? 둘 다 아닙니다. 그들은 한마디로 '제멋대로' 연구를 했습니다. 요즘 유행하는 말로 하면 과학자들의 방법론은 "그때 그때 달라요"라고 말할 수밖에 없습니다. 쿤 교수는 과학자들의 일상적인 활동을 마치 조직폭력배들의 활동처럼 그리고 있더군요. 우두머리에게 절대 복종하면서 배신은 꿈도 못 꾸죠. 이건 상상력과 창조력을 말살하는 방법론입니다. 과학자 집단이 무슨 깡패 집단입니까?

(파이어아벤트가 씩씩거리며 열변을 토하자 의기양양했던 쿤의 얼굴은 일그러지고 포퍼의 입가엔 어느새 미소가 흐르고 있었다.)

|라카토슈| 비약이 좀 심하네요. 제가 쿤 교수를 변호하고 싶은 생각은 없지만 과학 활동에 도그마적 요소가 있음은 부인할 수 없습니다. 저는 그걸 하드 코어라고 합니다. 딱딱한 핵이 있는 것이죠. 반례가 생겨도 한동안 하드 코어는 끄떡없습니다. 대신 과학자들은 그 주위에 있는 덜 중요한 가설들을 이리저리 수정해보지요. 그 반례가 해결될 때까지 말이죠. 그래도 안 되면 그 하드 코어도 의심받기 시작하고 결국 혁명 비슷한 것이 일어납니다. 하지만 땜질만 했다고 되는 건 아닙니다. 땜질 과정에서 새로운 사실들도 예측할 수 있어야 하지요. 이게 바로 과학입니다.

|포퍼| 라카토슈 교수의 말에도 일리가 있습니다만, 과학에서 도그마 같은 것을 인정한다는 것은 있을 수 없는 일입니다.

|파이어아벤트| 그거 범죄죠! 지식의 자유 시장에서 보호 무역을 한다는 건 반칙 행위입니다. 모든 이론이 자유롭게 경쟁할 수 있도록 해줘야 합니다. 그래야 과학이 발전합니다. 누구 표현대로 '계급장을 떼고' 맞장을 뜰 수 있도록 해줘야 합니다.

(방청객에서 큰 웃음소리가 들린다.)

|쿤| 잘 나가다 꼭 삼천포로 빠지는군요. 당신 말대로 아무렇게나 경쟁하도록 내버려 둬보면 어떤 일이 일어날 것 같습니까? 군소 이론이 난립할 것이고 과학은 혼돈 그 자체가 될 것입니다. 인문학이나 사회과학을 한번 보세요. 굳이 비교하자면 그 동네가 자유경쟁 같은 걸 하다가 그꼴이 나지 않았나요? 이론만 난무하고 제가 말한 패러다임이라 할 만한 게 없지 않습니까? 과학이 왜 과학인 줄 아십니까? 과학자들은 어떤 시점이 되면 한 이론에 대해 굉장히 인상적인 합의를 도출해냅니다. 다른 학문 분야에는 이런 일이 결코 일어나지 않습니다. 패러다임이란 게 있어야 과학이라고 할 수 있습니다.

|포퍼| 쿤 교수, 제가 계속 이야기했지만 그건 매우 위험한 발상이에요.

|파이어아벤트| 도그마가 있어야 과학이라는 쿤 교수의 발상은 '위험한 생각'이라기보다는 '나쁜 생각'입니다. 왜냐하면 현재 돌아가고 있는 과학을 맹목적으로 수용하라고 말하니까요. 좋게 말하면 엘리트주의이고 나쁘게 말하면 수구 꼴통…….

|쿤| 뭐라구요? 수구 꼴통?

|판사| 자자…… 잠시만요. 열띤 토론은 좋지만 상대방을 자극하는 표현은 자제해주시기 바랍니다. 과학에 대해 네 분의 의견 사이에는 마치 쿤 교수가 말한 '공약 불가능성'이 있는 듯합니다. 전문가들 사이에서도 과학의 본성에 대해 이렇게 차이가 나니 이것 참 걱정입니다. 어쨌든 이 정도면 첫 번째 주제에 대한 증언은 대략 마무리가 된 것 같습니다. 그럼 이제 지적 설계론의 과학성에 대해 토론해봅시다. 지난 며칠 동안 지적 설계론에 대한 생물학자들의 증언을 들었는데요, 오늘은 과학철학자들의 증언을 들을 차례입니다. 누가 먼저 발언하시겠습니까?

|파이어아벤트| 아까 제가 과학에 특별한 방법이 없다고 말씀드렸죠? 제 멋대로 하는 게 과학이라면 지적 설계론은 훌륭한 과학이론이라고 할 수 있습니다. 특히 과학혁명이 기존 이론과 비일관적인 이론의 도전을 통해 이루어지지 않습니까? 이런 의미에서 지적 설계론은 기존의 진화론의 훌륭한 대항마가 될 수 있다고 봅니다. 자연 세계가 초자연적인 원인에 의해서도 변한다는 생각은 아주 멋진 아이디어입니다. 새로운 유형의 과학이 나올

수도 있겠어요. 아주 좋아요.

|포퍼| 파이어아벤트 교수는 계속해서 순진한 생각만 하는군요. 새로움에 대한 추구는 저도 아주 중요한 덕목으로 생각하고 있습니다. 하지만 당신의 문제는 그것에 대한 열정이 지나쳐 어느덧 집착과 강박이 되었다는 것입니다. 지적 설계론은 사실 별로 새로울 것도 없는 이론입니다. 다윈 이전의 서양 사람들이 믿어온 자연관이지요. 그런데 문제는 이 이론이 대체로 반증 가능하지 않다는 점입니다. '자연계에는 너무 복잡해서 자연적 진화 과정으로서는 도저히 설명될 수 없는 현상들이 있다'는 가설을 무너뜨릴 수 있는 경험적 증거들이란 도대체 무엇입니까? 그 증거가 '실제로' 있고 없고는 그 다음의 문제입니다. 다시 말해 지적 설계론은 기본적으로 반증 가능하지 않습니다. '신이 설계했다'는데 그걸 입증하거나 반증할 만한 사례를 어디서 찾겠습니까?

|쿤| 저도 포퍼 경의 결론에는 동의합니다. 그러니까 지적 설계론은 과학이 아니라는 점 말입니다. 하지만 그렇게 결론을 내리는 이유는 상당히 다릅니다. 저는 제가 말한 패러다임 같은 것이 있어야 과학이라고 했습니다. 즉 매우 인상적인 문제 풀이 사례가 있는지가 가장 중요하다는 얘기지요. 지적 설계론에 그런 게 있습니까? 여기 계신 여러분 대부분은 진화론이 훌륭한 과학이라는 데 동의하실 겁니다. 지금 문제가 되고 있는 것은 지적 설계론도 과학의 반열에 오를 수 있느냐 하는 것이니까요. 그럼 진화론을 봅시다. 지난 150여 년 동안 진화론은 패러다임으로서의

소임을 충실히 해왔습니다. 생명의 변화와 다양성에 대한 난제들을 매우 성공적으로 풀어왔고, 관련된 학회가 만들어졌고, 대학에서 학자들도 길러냈고, 관련 분야의 책과 논문들이 쏟아져 나왔고, 지금도 전 세계에서 새로운 발견들이 하루가 멀다 하고 나옵니다. 패러다임의 전형적인 모습이지요. 제 질문은 지적 설계론에서도 이와 비슷한 게 있느냐는 것입니다. 제 대답은 '아니오'입니다.

|포퍼| 글쎄요. 당신이 과학혁명을 이야기할 때 이와는 좀 다른 얘기를 했던 것 같은데요. 새로운 패러다임이 옛 패러다임을 대체하는 과정에서 가장 중요한 것은 과학자들의 심리적 위기감이라고 하지 않았나요?

|쿤| 아주 좋은 말씀하셨습니다. 진화론 패러다임 속에 있는 과학자들이 과연 그런 종류의 위기감을 겪고 있다고 보십니까? 절대 아니죠. 물론 언제나 '투덜이'는 있게 마련입니다. 하지만 절대다수는 진화론은 '아직 갈 때까지도 못 간 이론', 다시 말해 '아직 파먹을 게 많은 지적 자원'이라고 생각합니다. 이런 마당에 창조론자들이 지적 설계론을 들고 나와 혁명 운운하는 것은 과학의 본질에 대한 무지에서 비롯된 오해이지요. 지적 설계론이 진화론에 대한 대안적 과학으로 등장하기 위한 전제 조건들이 전혀 충족되지 않기에 그걸 과학이라고 할 수는 없다는 말입니다.

|파이어아벤트| 배심원 여러분, 보셨죠? 제가 왜 쿤 교수를 '수구

XX'라고 했는지 말입니다. 지금 그의 발언은 '현재 지배적인 이론이 아니면 그것은 과학이 아니다'라는 얘기밖에 더 됩니까? 이게 과연 공정하고 합리적인 태도입니까? 과학자들의 못된 텃세 의식을 부추기는 발언이라고밖에 볼 수 없습니다. 인류의 지적 발전을 가로막는 악한 생각입니다.

 (라운드가 바뀌었는데도 쿤과 파이어아벤트 간의 난타전은 계속되고 있는 듯하다. 이번에는 웬일인지 포퍼가 파이어아벤트를 거든다.)

|포퍼| 맞습니다. 과학에서 기득권을 주장하는 것만큼 위험한 것은 없지요. 진화론이 그 동안 이만큼 성공적이었다고 하더라도 어느 시점에 그것이 나락으로 떨어질 수 있는 가능성은 얼마든지 있습니다. 과학의 역사를 보세요. 배신의 연속 아닙니까? 하지만 과학이 되려면 최소한 반례가 뭔지를 알게끔은 해줘야 하는데, 지적 설계론은 그렇질 못하니…….

|라카토슈| 진화론의 기득권을 인정해주는 게 뭐가 잘못되었다는 건가요? 진화론은 진보적인 연구 프로그램입니다. 그 동안 반례들을 잘 처리해왔고 새로운 예측들도 많이 해냈죠. 물론 그중 많은 것들이 입증되기도 했고요. 이런 점들을 인정해주는 데에서부터 토론이 시작되어야 하는 것 아닙니까? 저는 지적 설계론이 사이비 과학이라고 봅니다. 왜냐하면 그 이론은 도대체 무엇이 반례인지조차 알려주지 않기 때문이기도 하지만, 또 한편으로는 새로운 예측이라고 내놓을 수 있는 것이 사실상 전무하기 때문

이지요. 그들의 주장처럼 '너무 복잡해서 신의 설계로밖에는 설명할 수 없는 현상들이 많다'고 해봅시다. 도대체 이런 믿음에서 어떤 새로운 현상들이 예측된단 말입니까? 결국 '기존의 진화론으로는 잘 설명되지 않는 것들이 많다'라는 비판은 선거 전략으로 치면 '네거티브 캠페인'일 뿐입니다. '흠집 내기' 정도라 할 수 있지요. 그것으로는 선거에서 이겨 과학의 정권을 잡을 수 없습니다. 뭔가 생산적인 것이 필요하지요.

|파이어아벤트| 라카토슈 교수가 방금 '네거티브 캠페인'을 매우 부정적으로 이야기했는데요, 이것 또한 과학 방법론에 대한 편견입니다. 정치사를 보면 네거티브 캠페인으로 정권을 잡기도 합니다!(모두 웃음) 그런 방법도 진보를 위한 한 가지 길이거든요. 라카토슈 교수처럼 새로운 예측만을 강조하게 되면 어떤 문제가 있는 줄 아십니까? 지적 설계론이 지금은 별 볼일 없는 이론이지만 미래의 어느 시점에 어떤 천재가 나와 그 이론을 매우 진보적이도록(새로운 예측들을 할 수 있도록) 발전시킨다고 해봅시다. 라카토슈 교수가 그 가능성마저 부인하지는 않겠죠? 그럼 지금 당장 우리는 지적 설계론자들에게 무슨 조언을 해줄 수 있습니까? 사이비 짓 그만해라? 아니면 훗날을 기약해라? 아닙니다. 사실상 해줄 수 있는 말이 아무것도 없지요. 모든 게 다 지나봐야 알 수 있는 것 아닙니까? 라카토슈 교수대로라면 우리는 만날 뒷북만 치게 되어 있습니다. 진화론도 지금은 과학이지만 언제 사이비로 전락할지 알 수 없게 되지 않겠습니까?

|라카토슈| 무슨 지적인지는 알겠습니다. 좋습니다. 좋아요. 지적 설계론에 대해서 제가 확실히 말할 수 있는 것은 현재 시점에서 그것은 과학이 아니라는 사실입니다. 새로운 사실을 예측하는 것은 고사하고 자신이 어디에 구멍이 나 있는지도 모르는 이론입니다. 어디에 땜질을 해야 할지도 모르는 상황이라고 할까요? 이런 이론이 가까운 미래에 과학의 반열에 오를 만큼 획기적인 성장을 할 것이라고 예상하기는 힘듭니다. 어쨌든 현재로서는 과학이 아닌 것은 분명합니다. 여기에 이의 있습니까, 파이어아벤트 교수?

|파이어아벤트| 진작 그렇게 '겸손' 해지셔야죠.(모두 웃음)

|판사| 예, 좋습니다. 과학이 무엇인가에 대해서는 4인 4색이었는데, 지적 설계론이 과학인지 아닌지의 문제에 대해서는 대체로 합의가 이뤄진 것 같습니다. 물론 파이어아벤트 교수만 빼놓고요. 잘 알겠습니다. 이제 마지막 질문으로 가보죠. 지적 설계론을 진화론과 함께 학교에서 가르쳐야 할까요? 사실 이 문제 때문에 우리가 지난 한 달 동안 재판을 해온 것 아닙니까? 어떻게들 생각하시는지요?

|포퍼| 저는 평생을 과학의 영역으로 불법 이민 오려는 사이비 과학을 몰아내기 위해 앞장서 온 사람입니다. 마르크스 정치경제 이론과 프로이트의 심리 이론이 과학의 영역에서 물러나게 된 것은 부분적으로는 저의 이 같은 노력의 결과라고 봅니다. 물론 아직도 교과서에서 이 이론들이 완전히 사라지지는 않았지만 말이

죠. 우리가 옛것에 대한 집착이 있기 때문에 이런 지체를 이해할 수 없는 것은 아닙니다. 하지만 만일 아직도 이것을 문자 그대로 믿으려는 이가 있다면 그건 좀 정신이 나간 것이겠죠. 이 이론들을 교과서에서 과학 이론으로 가르치는 것은 시대착오적인 발상입니다. 마찬가지입니다. 지적 설계론은 반증 불가능한 진술들로 가득 차 있고 지적 설계론자들은 그 이론을 과학의 영역으로 밀어넣으려 하고 있기 때문에 지적 설계론은 명백히 사이비 과학입니다. 사이비 과학을 과학 교과서에 수록해놓고 진화론과 동등하게 가르치는 것은 인간 지성의 퇴보를 가져올 것입니다.

|파이어아벤트| 인간 지성의 퇴보는 진짜로 어디에서 오는지 아십니까? 그건 포퍼경같이 '배타적인 구별 짓기'를 즐기는 지성인들로부터 시작됩니다. 다른 전제에서 출발한 다른 형태의 지식을 인류 지식의 보고 속에 담지 않으려는 태도야말로 공공의 적입니다. '학교에 마술을 허하라'고 외치는 제가 어찌 지적 설계론을 내칠 수 있겠습니까? 당연히 가르쳐야 합니다. 다르게 생각할 수 있는 것을 가르친다는 것만으로도 인류는 발전할 것입니다.

|라카토슈| '아무렇게나 해도 좋다'라는 파이어아벤트 교수의 결론은 한마디로 무책임한 지식인의 자기모순에 지나지 않습니다. 지적 설계론도 가르치는 김에 교과서에 아예 '외계인이 지구에 소풍을 나와 빵 부스러기를 흘린 것이 진화해서 결국 인류가 탄생했다'는 이론도 수록하지 그러세요, 파이어아벤트 교수. 우리가 당신보다 상상력이 부족해서 그런 이론들을 못 내놓는다고

생각하세요? 문제는 그런 무수한 이론들 중에서 어떤 게 말이 되고 어떤 것이 허섭 쓰레기인지를 가리는 작업이 필요하다는 것입니다. 당신은 늘 상상력만 강조하지 어떤 것이 경험적으로 말이 되는 상상력인시에 내해서는 전혀 관심이 없는 것 같군요. 과학자는 소설을 쓰는 사람들이 아닙니다. 소설은 문학 시간에, 과학은 과학 시간에 배우도록 해야 합니다.

|파이어아벤트| 과학의 역사를 보면 소설이 사실이 되는 게 많죠? SF가 현실화된 게 많지 않아요?

(파이어아벤트의 딴죽은 그칠 줄 모른다. 그의 추종자들은 이것을 그의 재치와 유머라고 받아들이겠지만 말이다.)

|쿤| 어떤 이론을 교과서에 싣고 학교에서 가르친다는 것은 우리가 생각하는 것 이상으로 매우 중요합니다. 제가 패러다임의 가장 중요한 요소로 '범례'라는 것을 소개해드린 적이 있지요? 매우 전형적이고 인상적인 문제 풀이를 일컫는 용어지요. 우리들은 학교에서 교과서를 통해 그 범례들을 학습합니다. 그러면서 적용력을 키우죠. 가령 자유 낙하하는 돌멩이의 운동이나 시계추의 운동이 결국은 동일한 법칙에 의해 설명될 수 있다는 것을 배우는 것이지요. '범례 학습'은 단지 '예제 풀기'가 아닙니다. 세계가 어떻게 조직되어 있고 어떤 법칙들로 움직이며 어떤 관계들을 가지는가를 암암리에 배우는 과정이라고 볼 수 있습니다. 그러니 그럴 자격도 없는 것이 범례로 떡하니 교과서에 등장

할 수는 없습니다. 넣어주고 싶어도 민망해집니다. 지적 설계론이 딱 여기에 해당합니다. 그 이론에 '전형적이고 매우 인상적인 문제 풀이' 같은 것이 없기 때문입니다. 한마디로 무능한 이론이라고 볼 수 있습니다. 교과서에서 가르칠 게 아무것도 없다는 얘깁니다. 물론 그 이론의 역사에 대해서는 몇 마디 쓸 수 있겠죠. 반면 진화론은 범례가 있고 그 범례에서 파생된 또 다른 흥미로운 문제들로 가득 차 있습니다. 제 결론을 정리해보죠. 지적 설계론은 학교에서 가르쳐서도 안 되지만 가르친다 해도 가르칠 내용이 없다는 게 제 결론입니다.

(파이어아벤트는 쓴웃음을 진채 고개를 가로젓고 있다.)

|판사| 오늘의 모든 주제에 대해 네 분의 증언들을 다 들어봤습니다. (방청객을 가리키며) 이제 판단은 여기 앉아 계신 배심원들에게 달렸습니다. 결정은 거수로 하겠습니다. 자…… '지적 설계론도 학교에서 가르쳐야 한다'는 도버 교육위원회의 결정이 위법이라고 결론 내리신 분은 오른손을 들어주세요.

(대부분의 손이 올라가자 오늘 전문가 증언에 나온 네 전문가들의 고개가 움직인다. 물론 한 사람의 고개만이 전혀 다른 방향으로 움직이고 있다.)

> 깊이
> 읽기

다윈의 시대부터 시작된 진화·창조 논쟁에 대해서는 지식인마을 시리즈 1권인 『진화론도 진화론한다: 다윈 & 페일리』(장대익 저, 김영사, 2006년)를 참조하시오. 2005년 미국 펜실베이니아 도버에서 벌어진 재판의 담당 판사는 139쪽에 달하는 판결문을 통해 "지적 설계론은 과학이 아니기에 학교의 과학 수업에서 가르쳐져서는 안 된다"는 결론을 내린다. 다음에서 그 판결문의 전문을 읽어볼 수 있다(http://www.pamd.uscourts.gov/kitzmiller/kitzmiller_342.pdf). 지적 설계론의 대표적 논자들은 미국 캘리포니아 대학(버클리 캠퍼스)의 법학자인 필립 존슨[P. Johnson], 미국 리하이 대학의 생화학자 마이클 비히[M. Behe], 그리고 미국 남서부 침례신학교의 철학자인 윌리엄 뎀스키[W. Dembski]이다. 이들의 저서 중에서 『다윈의 블랙박스』(마이클 비히 저/김창환 등역, 풀빛, 2001년), 『심판대의 다윈: 지적설계 논쟁』(필립 E. 존슨 저/이승엽,이수현 역, 까치(까치글방), 2006년) 등이 국내에 번역되어 있다.

지적 설계 운동이 최근 20년 사이에 미국에서 강하게 일어나자 주류 과학자들은 더 이상 '무시 전략'을 취할 수 없게 되었다. 그래서 최근에는 저명한 학자들이 공동으로 지적 설계 운동을 저지하려고 함께 책을 쓰기도 했다

- Brockman, J.(eds.)(2006), Intelligent Thought: Science versus the Intelligent Design Movement, Vintage.

이와 관련된 흥미로운 사실은 대표적인 진화학자들이 최근 몇 년 사이에 '과학과 종교' 관한 책을 줄줄이 출판하고 있다는 점이다. 그 중 큰 반향을 일으키고 있는 세 권의 저서를 소개하면 다음과 같다.

- Dawkins, R.(2006), The God Delusion, Houghton Mifflin.
- Dennett, D. C.(2006), Breaking the Spell: Religion as a Natural Phenomenon, Viking.
- Wilson, E. O.(2006), The Creation: An Appeal to Save Life on Earth, W. W. Norton.

도킨스의 책은 『만들어진 신』(리처드 도킨스 저/이한음 역, 김영사, 2007년)으로 번역·출간되어 국내 독자들에게도 큰 주목을 받았다. 윌슨의 책은 『생명의 편지』(에드워드 윌슨 저/권기호 역, 사이언스북스, 2007년)로 번역·출간되었다.

사실 '과학과 종교'에 관한 문제는 '뉴키즈 온 더 블록'이라기 보다는 해묵은 '뜨거운 감자'이다. 최근 몇 년 사이에 과학과 종교의 관계에 대한 자료들이 국내에 많이 소개되었는데, 그 중 과학과 종교의 관계짓기에 관한 주요 저서들은 거의 모두 번역돼 나왔다. 가장 표준적인 책으로는 과학과 종교의 관계에 대한 선도적 연구로 1999년에 종교 분야의 노벨상이라 불리는 템플턴 상을 받기도 한 이언 바버의 『과학이 종교를 만날 때』(이언 바버 저/이철우 역, 김영사, 2002년)가 있다. 또한 과학과 종교의 관계에 대한 탐구를 업으로 삼고 있는 일급 학자들의 논문이 수록된 『과학과 종교: 새로운 공명』(테드 피터스 편/김흡영 등역, 동연, 2002년)은 이 분야의 새로운 흐름을 이해할 수 있는 좋은 자료이다. 진화론에 조예가 깊은 존 호트의 『과학과 종교: 상생의 길을 가다』(존 호트 저/구자현 역, 코기토, 2003년)는 둘 간의 조화를 추구하는 경우이다.

저명한 과학사학자들의 논문들이 수록된 『신과 자연: 기독교와 과학, 그 만남의 역사』(린드버그, 넘버스 편/이정배,박우석 역, 이화여대 출판부, 상(1998)/하(1999))는 기독교와 과학의 관계를 과학사적으로 조명한 고전적 자료이다. 특히, "과학과 종교는 당연히 충돌하는 것 아니냐"는 통념을 재고하게 만든다. 진화론과 기독교의 양립가능성만을 중점적으로 다룬

생물철학자 마이클 루스의 『**다윈주의자가 기독교인이 될 수 있는가?**』(마이클 루스 저/이태하 역, 청년정신, 2002년)는 유신론적 진화론의 쟁점들을 살펴보는 데 큰 도움이 된다. 『**피타고라스의 바지: 여성의 시각에서 본 과학의 사회사**』(마거릿 버트하임 저/ 최애리 역, 사이언스북스, 1997년)로 단번에 일급 과학서술가의 반열에 오른 마거릿 버트하임은 그 책에서 현대 물리학의 종교적 연원을 새로운 시각에서 탐구했다. 한편 『**종교와 과학**』(정진홍 외 지음, 아카넷, 2000년)은 이 분야에 대한 국내 최초의 연구서로서 국내의 저명한 종교학자·과학자들의 논문들이 수록되어 있다. 칼 세이건의 소설인 『**콘택트**』(칼 세이건 저/이상원 역, 사이언스북스, 2001년)를 원작으로 한 영화 〈콘택트〉(1997년)는 과학과 종교의 관계에 대한 매우 진지한 대사들로 가득 차 있다.

Thomas S. Kuhn

Chapter 4

이슈
ISSUE

Karl R. Popper

이슈1

과학과 종교는 적인가?

2001년 9월 11일 뉴욕의 국제무역센터가 테러범들에 의해 순식간에 주저앉고 말았다. 도대체 왜 그런 어처구니없는 자살 테러가 자행되었을까. 그것은 분명 죽음이 끝이 아니라고 가르치는 종교 때문이다.

만일 모든 사람들이 '죽으면 모든 게 끝'이라고 생각한다고 치자. 그러면 자살 테러 같은 만행은 지금보다 훨씬 더 줄어들 것이고 어떻게든 협상을 통해 문제를 해결하려 들 것이다. 내세를 가르치는 종교는 사람들을 언제든 살인 무기로 만들 수 있는 정신 바이러스의 일종이다.

9·11테러 직후에 영국의 일간지 《가디언》에 실린 논평 기사의 일부이다. 종교에 대한 적대감을 이렇게까지 노골적으로 드러낸 용감한 사람은 누구일까? 그는 노벨상 수상자인 동물행동학의 아버지 니코 틴버겐 Nikolaas Tinbergen, 1907~1988 의 뒤를 이어 훌륭

한 업적을 남긴 진화생물학자요, 현재는 영국 옥스퍼드 대학에서 '과학의 대중적 이해' 석좌 교수이며, 왕성하게 활동하고 있는 과학저술가이기도 한 리처드 도킨스다. 일급 과학자이면서 과학 대중화를 위해 두신한 그에게 왜 종교는 한갓 바이러스일 뿐일까? 종교는 과학과 적대적일 수밖에 없는가?

과학과 종교의 관계에 대한 통념은 뭐니 뭐니 해도 그 관계가 적대적이었고 적대적일 수밖에 없다는 생각일 것이다. 즉 과학과 종교 중 하나만 참이라는 것. 이런 입장은 과학과 종교가 늘 전쟁 중에 있고 따라서 언제나 상대방은 제거의 대상일 뿐임을 주장하기 때문에 일종의 '제거론'이라 할 수 있다.

과학적 유물론scientific materialism과 종교적 근본주의religious fundamentalism는 제거론적 관점의 두 가지 대표적인 사례이다. 흔히 과학적 유물론은 과학주의scientism라고도 하는데 이 견해에 따르면 우리가 알 수 있는 모든 지식은 과학이 제공하며 초자연적인 것들에 대한 지식을 추구하는 종교는 단지 허상일 뿐이다. 그래서 과학주의자들은 신과 초자연적 세계를 인정하는 유신론을 제거해야 할 대상으로만 여긴다. 예컨대 영국 BBC 방송의 시청자들에게 "과학이 우리에게 말할 수 없는 것을 인간은 결코 알 수 없다"고 말했던 20세기의 위대한 철학자 버트란드 러셀이 바로 그 대표적인 인물이다.

또한 9·11테러에 대한 도발적 해석에서도 엿보이듯이 종교를 정신 바이러스쯤으로 치부하는 도킨스도 이미 『눈먼 시계공The Blind Watchmaker』(1986)이라는 책에서 "다윈은 인간이 지적으로 충만한 무신론자가 되는 것을 가능하게 했다"고 주장한 바 있다. 그렇다면 도킨스는 왜 진화론이 유대교, 가톨릭, 개신교, 이슬람교로 대표되는 유신론과 양립할 수 없다고 단정할까?

간단히 말해 도킨스는 진화론이 참이라면 신은 존재할 수 없다고 주장한다. 왜냐하면 진화론에 따르면 생명의 복잡성과 다양성은 창조자의 개입 없이도 자연 선택이라는 자연적인 과정에 의해 생길 수 있기 때문이다. 도킨스는 다윈 이전에는 잘 통했던 '설계 논증'이 그 뒤에 도통 힘을 못 쓰게 되었다고 주장한다. 더 이상 설계자로서의 신 따위는 필요하지 않다는 말이다.

과학과 종교를 갈등 관계로 본 영향력 있는 과학자는 도킨스만이 아니다. 다큐멘터리 시리즈의 새 장을 연 〈코스모스〉의 작가 칼 세이건은 비록 도킨스만큼 전투적이지는 않았지만 공공연히 종교에 대한 회의적 견해를 표시한 대표적인 천문학자였다. 그는 〈코스모스〉에서 현대 천문학의 놀라운 발견들을 환상적으로 보여주면서 자신의 무신론적 세계관을 간간이 드러내곤 했다. 그리고 말년에는 점성술, UFO학 등과 같은 사이비 과학의 정체를 폭로하는 작업을 하면서 과학의 보편성과 우월성을 위협하는 듯이 보이는 갖가지 미신과 종교(기독교를 포함해서)를 강하게 비판했다. 대신 그가 늘 대문자로 표기하는 'NATURE'를 경외했다.

그의 소설 『콘택트』와 이를 각색해 만든 같은 제목의 영화에서 세이건은 주인공인 천문학 박사 엘로웨이와 복음 전도자 자스를 통해 과학과 종교에 대한 문제를 진지하게 다루고 있다. 짐작할 수 있겠지만 세이건의 메시지는 엘로웨이 박사를 통해 잘 전달되고 있다. 다음은 영화의 한 장면이다.

|자스 위원| 엘로웨이 박사, 당신은 자신을 영적인 사람이라고 생각합니까?

|엘로웨이 박사| 무슨 질문이신지? 전 도덕적인 사람이긴 합니다만……

|자스 위원| 당신은 신을 믿습니까?

|엘로웨이 박사| 저는 과학자로서 경험적인 증거만을 사실로 받아들입니다. 하지만 그 문제에 관해서는 그런 종류의 자료가 있다고 믿지 않습니다.

|위원장| 그러면 신을 믿지 않는다는 말씀이십니까?

|엘로웨이 박사| 이런 질문이 이번 일과 상관이 있는지 잘 모르겠습니다.

|다른 위원| 엘로웨이 박사, 세계 인구의 95퍼센트는 어떤 형태로든 절대자를 믿고 있습니다. 그렇다면 충분히 상관이 있는 질문이지 않겠습니까?

|엘로웨이 박사| …… 저는 이미 답을 했습니다.

이 장면은 외계에서 온 메시지를 해독해 만든 운반체에 탑승할 사람을 선발하기 위해 시행된 인터뷰 장면이다. 선정 위원이 된 복음 전도자 자스의 신앙적 양심과 과학자 엘로웨이 박사의 신념이 뚜렷이 대조를 이루고 있다. 이 영화 곳곳에서 세이건은 엘로웨이 박사의 입을 통해 우주와 자연의 광대함에 대한 경외심과 그 신비들을 조금씩 벗겨 나가는 인간 정신의 능력에 대한 강한 신뢰감을 인상적으로 피력한다. 반면 '오컴의 면도날'이 뭔

세이건의 소설을 원작으로 한 〈콘택트〉는 과학과 종교의 관계에 대한 매우 진지한 대사들로 가득 차 있다. 엘로웨이와 자스의 시선이 같은 방향을 향해 있는 영화 포스터가 인상적이다.

지도 모르는 복음 전도자 자스는 엘로웨이 박사의 신념과 열정을 점점 더 깊이 이해하게 되는 역할로 그려져 있다. 이런 이미지는 과학과 종교의 관계에 대한 전형적인 모습, 즉 '종교는 아무것도 모르면서 언제나 과학에 딴죽을 걸다가 결국에는 과학을 이해하게 된다'는 낡은 리듬의 변주이다. 운반체를 타고 베가성에 다녀왔다는 엘로웨이 박사의 진술에 감동받은 자스의 다음과 같은 결론은 표면적으로는 과학과 종교의 정당성을 동시에 주장하는 듯이 보이지만, 실제로는 과학에 항복하고 변명하는 종교의 궁색함을 드러내주는 것 같다.

|기자들| (자스에게) 당신은 무엇을 믿습니까?

|자스| 신앙인이기 때문에 저는 엘로웨이 박사와 입장은 다르지만 우리의 목표는 동일합니다. 진리의 추구입니다. 저는 엘로웨이 박사를 믿습니다.

도대체 과학과 종교의 관계에 대한 이런 전형적인 이미지가 어떻게 생기게 되었을까? 그리고 이런 이미지는 정당한 것일까?

'갈릴레오 재판'은 과학과 종교 사이에 근본적인 갈등이 존재한 다는 믿음을 널리 유포시킨 대표적 사례이다. 하지만 그 재판의 진상을 잘 들여다보면 이야기는 달라진다.

잘 알려져 있듯이 갈릴레오는 1610년경에 자신이 직접 고안한 망원경을 통해 아리스토텔레스·프톨레마이오스 우주 구조에 위배되는 많은 사실들을 발견하고 마침내 코페르니쿠스의 지동설을 강력하게 옹호했던 인물이다. 그런데 가톨릭교회 당국은 코페르니쿠스의 우주 구조가 안정된 우주 구조 즉, 인간이 사는 지구가 중심에 있고 맨 바깥에 신이 사는 하늘이 있는 조화된 우주 구조를 깨뜨리고 결국에는 기독교의 교리마저도 위협하게 될 것이라고 믿었다. 그래서 결국 1616년에는 코페르니쿠스의 우주론에 대한 금지령을 내린다. 이에 대응하여 갈릴레오는 코페르니쿠스의 우주론을 직접적으로 옹호하기보다는 아리스토텔레스의 우주론을 반박하는 형식으로 논쟁의 전략을 바꾸게 된다. 이런 상태가 계속되는 가운데 학식이 높고 진보적이며 이해심이 많고 과학에도 조예가 깊다는 평판이 있었던 우르바누스 8세가 1628년에 새 교황으로 즉위했다. 그리고 교회의 공정성과 관용을 과시하기 위해 아리스토텔레스·프톨레마이오스 우주론과 코페르니쿠스 우주론을 비교하는 책을 출판할 수 있도록 허가해주었다.

그러나 갈릴레오는 교황의 참뜻을 오해한 나머지 『두 가지 주된 우주 구조들에 관한 대화』라는 책을 출판하여 코페르니쿠스 우주론의 우월성을 매우 설득력 있게 제시했다. 이에 당황한 교회 당국은 뒤늦게 자신들의 실수를 깨닫게 되었고, 갈릴레오가 자신들을 철저히 우롱한 격이 된 것에 대해 격노했다. 더욱이 그 책에서 시종일관 멍청한 사람으로 등장하는 인물이 바로 교황을 표상한다는 소문이 퍼지면서 교회 당국의 분노는 극에 달했다. 1632년 마침내 가톨릭교회는 그에게 유죄 판결을 내렸고 실질적으로 그가 더 이상 우주 구조를 연구하지 못하도록 만들어버렸다. 이것이 과학사가들이 대체로 동의하는 '갈릴레오 재판'의 간략한 개관이다.

이렇듯 갈릴레오 재판은 통념과는 달리 과학과 종교의 충돌을 보여주는 전형적인 사건이라고 보기 어렵다. 상당히 복잡한 여러 요인들이 실제로 크게 작용했기 때문이다. 우선 당시의 가톨릭교회는 16세기의 종교 개혁 이후에 계속된 개신교 측의 공격에 직면하고 있었기 때문에 자신들의 신학적 배경이 약화되는 일은 그것이 철학적인 것이든 아니면 과학적인 사실이든 간에 방치할 수 없는 상황이었다. 둘째, 갈릴레오가 학문적 자존심을 갖고 있었던 교황을 본의 아니게 자극했던 것도 이 사건의 직접적 원인 중 하나이다. 셋째, 갈릴레오 자신의 낙관적이고 순진한 기대도 이에 한몫을 했다. 그는 자신이 철저한 가톨릭 신자라는 자신감과, 신이 창조한 우주에 대한 참된 지식을 밝혀내는 것이 신에 대한 거역이 될 수는 없다는 믿음, 그리고 교회 당국도 자신의 합리적인 주장에 결국 동조할 것이라는 순진한 기대를 갖고 있었던 것이다. 마지막으로 가톨릭교회 당국도 신학 이론을 억누르듯이 과학 이론을 억누르기만 하면 과학 이론의 발전과 전파를 막을 수 있을 것이라는 순진한 생각을 뛰어넘지 못했다. 이와 같이 갈릴레오와 가톨릭교회의 충돌은 관련자 개개인의 독특한 개성과 교회를 둘러싼 그 당시 특유의 정치적 상황들이 뒤범벅이

된 복잡한 사건으로서 단지 과학에 대한 종교의 억압 혹은 과학과 종교의 충돌만으로는 제대로 이해할 수 없는 경우이다.

그렇다면 다윈의 진화론과 기독교의 관계는 어떤가. 명백하게 서로 충돌하는 경우가 아닌가? 실상을 들여다보면 이 경우도 그리 간단하지가 않다. 역사가들에 따르면 소심했던 다윈은 자신의 진화론과 기독교 신앙 사이에 존재하는 긴장으로 인해 죽을 때까지 고민하기는 했지만 대외적으로 무신론을 표한 적은 없었다. 아마 그는 불가지론자였거나 침묵하는 무신론자였을 것이다. 하지만 다윈의 이론을 사회·정치적으로 활용하고자 했던 당대 지식인들이 오히려 기독교에 대한 반감을 노골적으로 표시했다. 특히 '다윈의 불독'이라는 별명을 마다하지 않으며 당시 성공회 대주교인 윌버포스 S. Wilberforce 와 설전을 벌였던 토마스 헉슬리 Thomas Henry Huxley, 1825~1895 가 그런 일에 가장 적극적이었다. 사회 진화론의 창시자로 볼 수 있는 스펜서 Herbert Spencer, 1820~1903 도 같은 부류의 사람이었다.

그들이 다윈의 진화론을 널리 선전함으로써 얻어내려 했던 것은 빅토리아 사회의 전반적인 개혁이었다. 당시는 러시아와 벌였던 크림 전쟁(1853~1856)과 인도의 벵갈에서 벌어진 폭동(1857~1859)의 여파로 영국 사회가 개혁의 목소리를 필요로 했던 시기였다. 당대의 영향력 있는 지식인이었던 헉슬리와 스펜서 등은 진보와 개혁의 걸림돌이었던 성공회의 영향력을 떨어뜨리고 자신들의 가치를 이념적으로 지지해줄 버팀목이 필요했다. 냉엄한 경쟁과 진보를 이야기하고 기독교에 도전장을 내민 것같이 보이는 다윈의 진화론은 그런 그들에게 차라리 성서나 다름 없었다. 그렇게 탄생하고 공고해진 것이 사회 진화론이요 자유방임형 사회경제 철학이다. 이런 역사적 맥락을 고려해볼 때 다윈의 진화론이 원래부터 기독교와 원수지간이었다는 통념은 재고되어야 할 것이다.

이런 복잡한 역사적 상황은 인정하더라도 진화론과 기독교가 그 내용상 '네모난 원'일 수밖에 없다고 반박하는 이들도 있을 것이다. 앞서 언급된 도킨스나 진화론과 종교의 양립 가능성 문제를 넘어 인간 종교성의 진화론적 기원 문제로 우리의 관심을 돌리려 하는 하버드 대학의 사회생물학자 에드워드 윌슨^{E. O. Wilson}과 터프츠 대학의 인지철학자 대니얼 데닛^{Daniel C. Dennett} 등이 그 대표적인 사람들이기는 하지만, 많은 기독교인들도 기독교와 진화론의 충돌에 대해서는 이들과 동일한 입장을 갖고 있다. 여기서는 진화론에 대한 그들의 반감 중 가장 핵심적인 두 가지만 검토해보기로 하겠다.

그중 하나는 성서를 문자 그대로만 믿으려는 신자들의 경향과 관련되어 있다. 문자주의^{literalism}란 텍스트의 내용을 문자로만 이해하는 독해의 한 방식으로 기독교 근본주의의 중심 전제이며 창조과학의 근간이다. 이런 방식으로 「창세기」를 보면 처음 몇 장은 마치 우주와 인간의 기원에 대한 역사적·과학적인 언급이 되어버린다. 문자주의에 빠져 있는(의도적이든 무의식적이든 간에) 상당수의 기독교인들이 「창세기」의 내용이 진화론과 결코 양립할 수 없다고 믿는 이유가 바로 여기에 있다. 그들에 의하면 성서는 과학 책이요 역사 책이기도 하기 때문에 거기서 언급된 창조의 방법과 순서들은 문자 그대로 사실이다. 예컨대 「창세기」

1~2장을 통해 여러 번 등장하는 '종류대로 after its kind', '날 day of creation'과 같은 단어들은 각각 오늘날의 '생물종 species'대로, '24시간'을 뜻한다는 것이다. 물론 요즘은 연대 측정법의 발전으로 인해 '날'을 '24시간'으로 해석하려는 고집은 다소 줄어들긴 했지만 아직도 대다수의 신자들은 '종류대로'라는 구절을 '생물종대로'라는 의미로 해석하고 있다. 그러나 창세기의 '종류'가 오늘날 생물학에서 사용되는 '생물종'과 같은 개념일 필요는 없다. 게다가 「창세기」의 처음 몇 장을 그런 식으로 읽기 시작하면 명백히 '상징'으로 읽어야 할 것 같은 부분들(가령 이브를 꼬인 뱀, 생명나무 등)도 문자 그대로 이해해야 하는 이상한 상황이 발생할 수 있다.

기독교사 초기부터 기독교인들은 성서에 다양한 형태의 글들이 수록되어 있기 때문에 글마다 나름의 방식으로 읽어야만 정확한 의미를 알게 된다고 생각해왔다. 따라서 유독 문자주의적 해석에 근거해 진화론이 기독교와 양립할 수 없다고 말하는 것은 공정하지 못하다. 게다가 문자주의적 해석법이 성서에 대한 역사·비평적 연구에 대한 방어 전략 차원으로, 그리고 개신교 내의 '현대주의 대 근본주의' 논쟁의 결과로 빚어진 20세기 작품이라는 사실을 기억할 필요가 있다.

다른 하나는 '신적 행위 divine action'에 관한 특정한 이해와 관련되어 있다. 예컨대 어떤 기독교인들은 생명의 기원이 신비로 남아 있는 것이 아니라 과학으로 모조리 설명된다면 그것은 신의 창조 행위와 자동적으로 충돌한다고 생각한다. 이들에게 신적 행위는 신 스스로 자신이 만든 자연 법칙을 깨거나 보류하는 방식으로 자연 과정에 개입하는 그런 행위이다. 하지만 신적 행위가 자연적·역사적인 과정들 '안에서' 그리고 그 과정들을 '통해서' 일어난다고 보는 해석은 기독교권 내에서 전혀 낯설지 않다.

진화론에 대한 기독교인의 반감들이 이런 식으로 재고될 수 있다면 기독교에 대한 도킨스류의 반감은 어떤 식으로 해소될 수 있을까? 도킨스의 주장은 한마디로 자연의 설계자는 자연 선택이지 신이 아니라는 것이다. 하지만 자연 선택이 설계자라는 주장과 신이 없다거나 개입하지 않았다는 주장이 과연 동일한 주장인지를 의심해볼 수 있다. 왜냐하면 '궁극적 설계자'인 신이 자연 선택이라는 기제를 통해 이 자연계를 자신의 뜻대로 빚어냈을 가능성은 열려 있기 때문이다. 도깨비 방망이를 들고 있어서 "인간 나와라 뚝딱" 하는 신은 도킨스의 말대로 다윈 이후에 노숙자 신세로 전락했지만, '인격 신 personal God' 개념과는 다른 자연 법칙을 설계·작동·유지하는 존재로서의 신 개념은 다윈 이후에도 여전히 건재해 보인다. '유신론적 진화론 theistic evolutionism'이 바로 그런 신 개념을 옹호하는 견해 중 하나이다. 유신론적 진화론자들은 과학으로서의 진화론이 형이상학으로서의 무신론에 자동적으로 연동되지는 않는다고 주장한다.

과학과 종교의 관계에 대한 제거론이 갖는 또 다른 문제점은 과학주의와 종교적 근본주의가 모두 각자의 지식만이 의미 있는 유일한 지식이라고 주장한다는 데 있다. 하지만 이 책에서 살펴보았듯이 이런 생각은 과학에 대한 최근의 연구 성과들에 잘 부합하지 않는다. 20세기 중반부터 과학학자들은 경험적 사실들에 대한 믿음뿐만 아니라 사물의 존재 양식에 대한 신념과 종교적 신앙 등도 과학 이론 속에 녹아 있을 수 있다는 사실에 대해 토론해왔다. 따라서 과학적 믿음이 순전히 경험적인 진술들로만 가득 차 있다는 주장이나 종교적 믿음에 경험적 진술들이 전혀 없다는 주장은 적어도 현재로선 당연하게 받아들일 수 없게 되었다. 한편 종교적 근본주의는 경험적으로 잘 입증된 이론들조차도 자신의 교리에 위배된다는 이유만으로 배척함으로써 자신들의 종교를 세상으로부터 더욱 고립시키고 있다.

지금까지 살펴본 것처럼 제거론은 한마디로 '과학 아니면 종교'라는 식의 양자택일적 관점이다. 하지만 이 입장의 대표적 사례들로 인용되곤 하는 갈릴레오 재판이나 다윈 진화론의 경우를 자세히 들여다보면 과학과 종교의 단순한 충돌로 간주되기 어려운 복잡 미묘함이 숨어 있다. 현대 물리학도 사정은 비슷해 보인다.

현대 물리학의 종교적 기원을 탐구한 과학 저술가 버트하임 Margart Wertheim에 따르면 고대 그리스에서부터 시작된 수리 과학이 수와 신성을 연관시키고 주변 세계에서 발견되는 수학적 관계들을 '신적인 것'의 표현으로 간주하는 전통을 오랫동안 유지해왔으며, 특히 13세기부터 18세기까지는 수리물리학의 기수들이 기독교와의 제휴를 의식적으로 원했다. 그녀는 물리학자들이 신학자들을 대신하여 인식 능력의 열쇠를 쥐게 된 것은 그 뒤이며, 심지어 물리학과 종교가 공식적 유대 관계를 맺지 않고 있는 오늘날에도 우주에 대한 수학적 탐구를 신적인 과업으로 여기는 문화는 여전히 호소력을 지닌다고 주장한다. 예컨대 그녀의 말대로 천체물리학자 스티븐 호킹 Stephen Willian Hawking의 '신의 마음'

에 관한 발언이라든가, 『신의 마음』, 『신과 새로운 물리학』, 『신과 천문학자들』, 『신은 주사위놀이를 하는가?』, 『신의 입자』 등 제목에 '신'이라는 단어가 들어가 있는 일련의 물리학 서적들을 보면 현대 물리학이 여전히 종교적 감성에 깊이 물들어 있음을 짐작할 수 있다.

아직도 종교가 과학의 적이라고 생각하는가? 지금까지 살펴본 바와 같이 과학주의와 종교적 근본주의로 대표되는 제거론은 그 지배적 이미지와는 달리 현대의 과학철학과 실제 과학사에 잘 부합하지 않는다. 과학주의는 과학을 지나치게 신봉하고 종교적 근본주의는 과학을 턱없이 무시한다. 따라서 우리는 '과학을 어떻게 이해할 것인지'가 과학과 종교의 관계를 정립하는 데 가장 중요한 항목 가운데 하나라는 것을 알 수 있다.

또 다른 항목으로는 '종교를 어떻게 이해할 것인지'이다. 특정 종교(기독교)와 과학의 관계만을 논의하는 것으로는 충분하지 않다. 물론 기독교와 과학의 관계에 대한 논의가 그 동안 종교와 과학에 대한 논의를 실제적으로 이끌어왔음을 부인할 수는 없다. 하지만 불교, 유교, 힌두교, 이슬람교 등의 종교 전통이 과학과 어떻게 만날 수 있는가를 논의하는 것도 필요하다.

종교가 과학의 적이라고 말하려는가? 그렇다면 과학이 대체 무엇인지에 대한 생각부터 정리해야 할 것이다. 그리고 과학의 역사에서 실제로 어떤 과학이 어떤 종교와 충돌해왔는지를 살펴봐야 할 것이다. 이런 맥락에서 과학철학의 지형도가 펼쳐진 이 책을 통해 우리는 과학과 종교의 관계에 대한 논의 수준을 한 단계 격상시킬 수 있을 것이다.

이슈2

이공계 학생들이
과학철학을 배워야 하는 이유

"제 수업의 일차 목표는 과학에 대한 여러분의 생각을 혼돈스럽게 만드는 것입니다. 그리고 마지막에는 여러분이 과학에 대한 철학적 사유를 스스로 할 수 있도록 만드는 일입니다." 대학에서 수년째 과학철학을 강의하고 있는 나는 늘 이렇게 비장한 각오로 한 학기를 시작한다. 그리고 중간쯤 가서는 과학에 대한 학생들의 고정관념들이 얼마나 '흔들렸는지'를 체크해본다.

사람들마다 철학이 무엇인지에 대한 생각이 조금씩 다르겠지만, 나는 철학이 사람들로 하여금 질문을 세련되게 할 수 있도록 생각을 훈련시키는 학문이라 생각한다. 그러니 생각할 수 있는 능력만 있다면 누구나 철학도가 될 수 있는 것이다. 앞에서 자세히 살펴보았듯이 '과학철학'은 인류의 삶을 이끌어온 과학에 대해 세련된 질문을 던지는 분야이다.

별로 어려울 게 없다. 예컨대 서로의 혈액형과 성격을 맞춰보다가 '야, 그런데 이런 게 과학이야?'라고 묻는 것이 과학철학의 시작이다. 물리학 수업에서 상대성 이론과 양자역학을 배우다가 문득 '우리가 지금 이렇게 기묘한 세계에 살고 있단 말이야?'라고 깨닫는 순간, 그리고 발생학 수업에서 유전자 발현이 얼마나 복잡한 과정을 통해 벌어지는가를 배우다가 '인간의 모든 행동을 유전자의 관점에서 이해할 수 있는가?'라는 질문이 머리를 스치는 순간 우리는 이미 과학에 대한 철학적 물음을 던지고 있는 것이다.

과학철학은 이공계인들의 일상에서 제기되는 이런 막연한 의문들을 좀 더 세련된 질문들로 진화시키는 법을 가르쳐준다. 가령 과학철학을 공부한 학생들은 'B형 남자'라는 단어들이 유행할 때 "혈액형 유전학이라는 이론이 과연 반증 가능한가?"라는 식으로 세련된 질문을 할 수 있다. 또한 그들은 양자역학을 공부하다가 "거시 세계의 속성은 미시 세계의 속성으로 환원되는가 아니면 창발하는가?"라는 식의 묵직한 질문도 던질 수 있다. 질문이 세련되면 대개 대답의 수준도 올라간다.

저명한 물리학자 리처드 파인먼이 한때 이런 말을 한 적이 있다. "조류학이 새에게 유용한 만큼만 과학철학은 과학자에게 유용하다." 무슨 뜻인가? 과학자에게 과학철학이 아무런 도움이 되지 않는다는 말이다. 물론 어떤 유형의 과학철학이냐에 따라 철학을 보는 과학자의 시각이 달라질 수 있을 것이다. 흔히 과학도들은 과학에는 다른 지적 탐구와는 달리 뭔가 특별한 것이 있다고 믿는다. 즉 과학자들만이 사용하는 특별한 방법론이 있다는 생각이다. 하지만 과학자 자신은 그것이 무엇인지를 탐구하지 않는다. 그들은 구체적인 과학 활동, 즉 실험실 생활을 할 뿐이다. 그 방법론이 무엇이고 실제로 과학자들이 어떠한 종류의 지적 활동을 하는지를 메타적인 관점에서 보는 사람들이 바로 과학철학자들이다.

메타적인 관점을 갖는다는 것이 꼭 위에서 밑을 내려다본다는 의미는 아니다. 이 책에서 이미 자세히 살펴보았듯이 20세기 전반부를 풍미했던 논리 경험주의 철학사상은 과학자에게 일종의 '규범'을 제시했다. 그래서 포퍼는 자신의 반증주의 절차를 따르지 않는 활동은 사이비 과학일 뿐이라고 말하면서 프로이트의 정신분석학과 마르크스 이론마저도 강등시켜버렸다. 하지만 역사적으로 과학철학이 늘 과학자에게 잔소리를 해대는 시어머니 역할만 한 것은 아니다. 『과학혁명의 구조』를 통해 패러다임의 중요성을 알린 쿤에 따르면 과학은 과학자 공동체의 자율적 기준들에 의해 잘 굴러가는 최고의 지식 활동이다.

하지만 쿤이 그린 과학자의 이미지는 비판과 반증을 두려워하지 않는 용감한 합리적 과학자의 이미지와는 사뭇 달랐다. 쿤에 의하면 과학자는 변칙 사례들이 나와도 자신의 이론을 즉각적으로 폐기하지 않으며, 오히려 언젠가 그런 불일치가 해소될 것이라는 다소 '맹목적인' 신념을 가진 존재이다. 그리고 획기적인 생각들을 내기보다는 대가들이 던져준 부스러기 문제들을 푸는 데 여념이 없다. 자신이 타고 있는 배가 다 침몰해가고 있는 데도 탈출할 보트가 없다면 절대로 뛰어내리지 않는 매우 고집스런 사람들이 바로 과학자인 것이다.

이렇게 쿤의 과학철학은 '과학자도 과학자이기 이전에 사람'이라는 생각을 하게 만들었다. 파인먼의 말대로 이런 과학철학적 내용들이 과학자로 하여금 자신의 고유한 과학 활동을 더 잘 할 수 있게 만들지는 못할 것이다. 즉 과학철학을 공부한 과학자라고 해서 그렇지 않은 과학자에 비해 반드시 더 좋은 연구 성과를 낼 것이라는 기대는 금물이다. 하지만 그가 한 사람의 과학자로서 자신이 매일 하고 있는 활동을 과학철학의 도움으로 더 깊이 숙고하고 반성할 수 있다면 과학철학은 단지 특수 직종인으로서의 과학자scientist가 아닌 '과학의 사람 a man of science'에게는 꼭 필요한 거울이 될 것이다.

이런 맥락에서 과학과 과학철학의 관계는 새와 조류학의 관계보다는 문학과 문학비평의 관계와 더 유사해 보인다. 예를 들면 소설가가 문학비평을 잘 알아야만 더 좋은 소설을 쓰는 것은 아닐 것이다. 하지만 어떤 소설가가 '도대체 내가 어떤 부류의 사람이며 내 소설이 독자와 문학계에서 어떤 자리를 차지하는지'를 묻기 시작한다면 그는 소설가인 동시에 문학비평을 암암리에 하고 있는 것이다.

그런데 놀랍게도 과학에 대한 철학적 성찰이 과학 자체의 발전에 큰 공헌을 하는 경우도 적지 않다. 과학혁명을 이끈 위대한 과학자들은 대개 나무와 숲을 동시에 볼 수 있는 시각이 넓은 사람들이었다. 과학철학자 파이어아벤트의 말대로 "철학(형이상학)은 더 창조적인 과학을 증식시키는 배양기"인지 모른다. 철학은 '그 반찬에 그 나물'인 과학을 새로운 니치niche로 인도하는 가장 강력한 추동력이 되곤 했다.

어떤 분야이든 지도자는 기본적으로 그 분야의 역사와 철학, 그리고 사회적 함의들을 잘 숙지하고 있는 사람이라고들 한다.

이런 의미에서 과학철학은 이공계 분야에서 리더가 되고자 하는 사람들에게는 선택이 아니라 필수이어야 마땅한 것 같다. 현란한 수식의 숲에서 잠시 빠져 나와 내가 지나온 길을 관조할 만한 여유가 필요하지 않을까?

에필로그
Epilogue

1 지식인 지도

2 지식인 연보

3 키워드 찾기

4 깊이 읽기

5 찾아보기

Epilogue1
지식인 지도

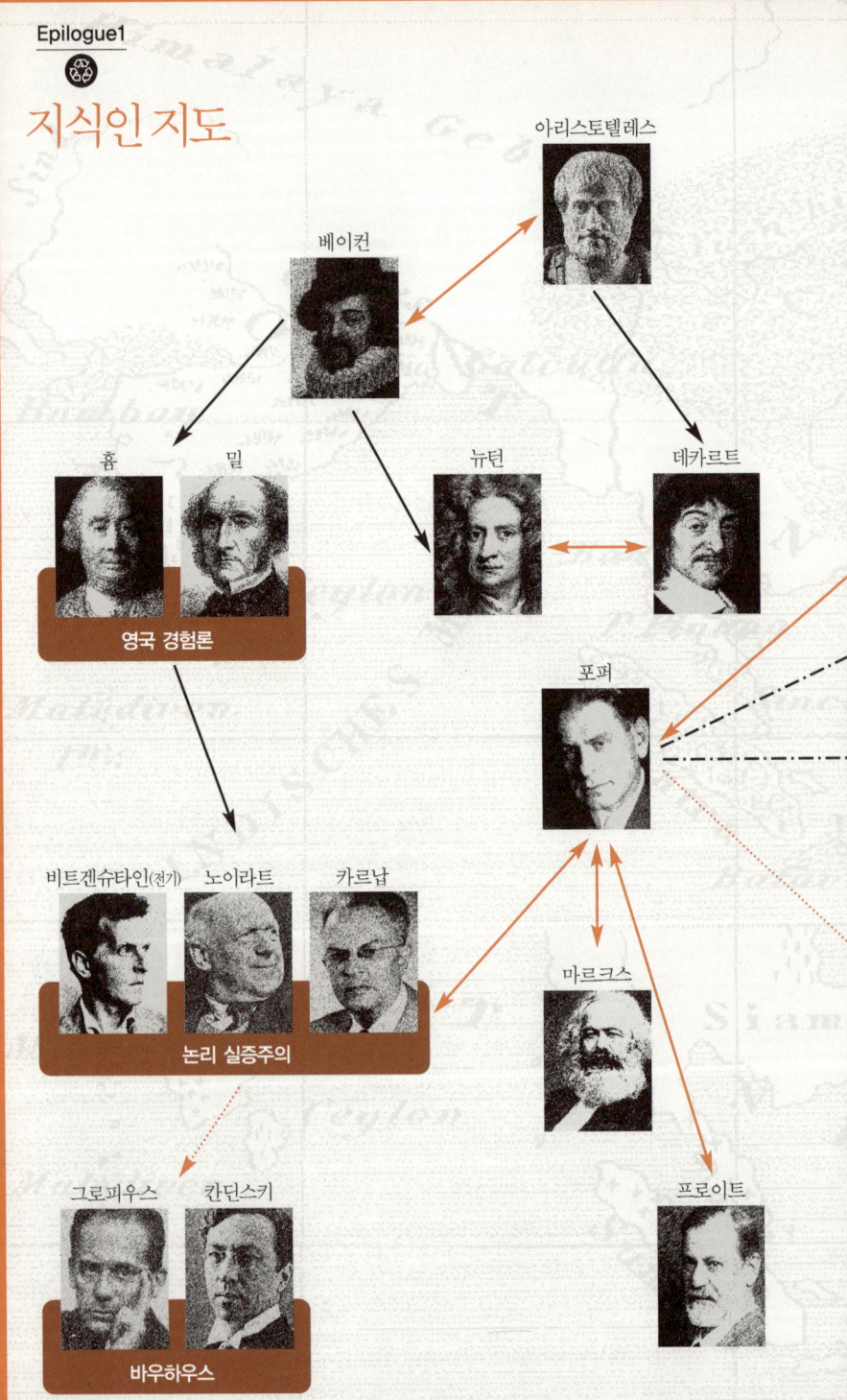

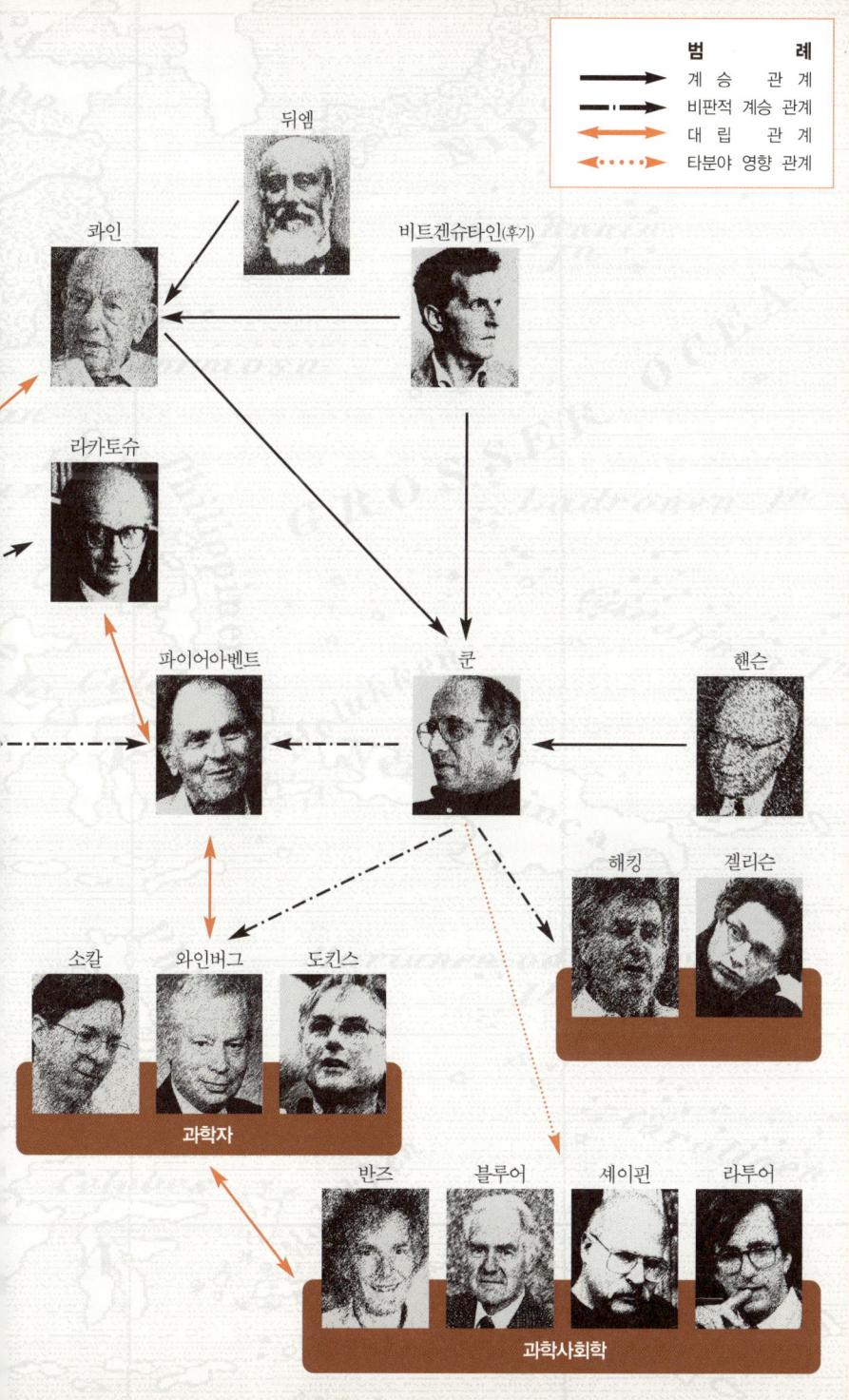

Epilogue2

지식인 연보

• 토머스 사무엘 쿤

1922	미국 신시내티에서 출생. 같은 해 헝가리에서 라카토슈 출생
1924	오스트리아 비엔나에서 파이어아벤트 출생
1943	미국 하버드대학교 물리학과 학부를 최우등으로 졸업
1946	하버드대학교 물리학 석사
1948	하버드대학교 총장인 제임스 코난트의 추천으로 하버드대학교 인문학 학부에서 1956년까지 과학사를 가르침
1949	양자역학을 고체물리학에 적용하는 연구로 하버드대학교 물리학과에서 박사를 받음
1953	비트겐슈타인이 『논리철학논고』(1918)에서 펼친 초기 철학을 완전히 뒤집는 『철학적 탐구』를 출간
1956	캘리포니아대학교(버클리 캠퍼스) 과학사학과와 철학과에서 교수생활 시작
1957	첫 번째 저서인 『코페르니쿠스 혁명』 출간
1958	스탠포드대학교 행동과학 고등연구소의 방문 교수로 있으면서 그곳에 와 있었던 분석철학자 콰인에게 큰 영향을 받음. 과학철학자 핸슨이 관찰의 이론 적재성 논제를 처음으로 정식화한 『발견의 패턴』을 출간
1959	스노우의 『두 문화와 과학 혁명』 출간
1960	콰인이 자신의 전체론을 집대성한 『말과 사물』을 출간

1961	캘리포니아대학교(버클리 캠퍼스)의 역사학과 종신 교수가 됨. 파이어아벤트와 동료가 됨
1962	시카고대학 출판부에서 『과학혁명의 구조』 초판 출간
1964	프린스턴대학교의 과학사 및 과학철학과의 석좌 교수가 됨
1965	영국 런던에서 열린 국제 과학철학 콜로퀴엄에 참석히여 포퍼, 라카토슈, 파이어아벤트, 툴민 등과 『과학혁명의 구조』에 관해 논쟁을 벌임
1970	긴 분량의 '저자 후기'가 추가된 『과학혁명의 구조』 2판 출간 1965년 국제 과학철학 콜로퀴엄에서 발표된 논문들과 추가 논문들이 라카토슈와 무스그래이브에 의해 『비판과 지식의 성장』이란 제목으로 출간
1976	과학사회학자 블루어의 『과학과 사회의 상』 출간
1977	『과학혁명의 구조』 이후에 씌어진 논문들이 수록된 『본질적 긴장』 출간
1979	미국 매사추세츠 공과대학(MIT)의 철학과 석좌 교수로 옮김. 과학사회학자 라투어와 울가의 『실험실 생활』 출간
1987	『흑체 복사 이론과 양자 불연속성, 1894-1912』 출간
1996	1994년에 진단받은 기관지암으로 사망. 물리학자 소칼이 '소셜 텍스트'라는 저널에 의도된 엉터리 논문을 발표함
2000	『과학혁명의 구조』 이후에 출간된 중요한 논문들을 쿤의 사후에 묶어낸 『구조 이후의 길』 출간

• 카를 포퍼

1902	오스트리아 비엔나의 유대인 가정에서 출생
1918	비엔나 대학에서 공부하기 시작(정식 입학은 아니었음). 논리실증주의의 바이블인 비트겐슈타인의 『논리철학 논고』 출간
1919	좌파 학생조직인 사회주의 학생단에 가입하여 마르크스주의자가 되었으나 마르크스주의에서 독단성을 느껴 모임 탈퇴. 또한 프로이트와 아들러 심리학에 심취하기도 했으나, 상대성 이론에 대한 아인슈타인의 비엔나 강연에 깊은 인상을 받음. 마르크스, 프로이트, 아들러의 이론과는 달리 상대성 이론에는 독단이 없다고 생각하게 됨. 건축가 그로피우스가 독일 바이마르에 바우하우스 학교를 세움
1922	슐릭이 비엔나 대학의 철학 교수로 임용됨. 슐릭을 비롯하여 노이라트, 한, 프랭크, 카르납 등이 중심이 되어 비엔나 학파가 형성됨
1928	비엔나 대학교 물리학과에서 박사학위를 받음
1929	중등학교 수학 및 물리 교사 자격증 취득. 비엔나 학파가 공식적으로 자신의 철학적 입장을 선언문 형식으로 발표함
1934	논리실증주의의 과학관을 비판한 『탐구의 논리(Logik der Forschung)』 독일어판 출간
1937	독일과 오스트리아에서 강력해진 나치주의를 피해 뉴질랜드로 이민. 캔터베리 대학 철학과의 조교수 자리를 얻어 제2차 세계대전 종전까지 학문 활동
1944	사회·정치철학서 『역사주의의 빈곤』 출간
1945	자유민주주의를 옹호한 『열린 사회와 그 적들』(1,2권) 출간
1946	영국 런던정경대학의 논리 및 과학방법론 담당 부교수로 임용
1949	런던정경대학의 교수로 승진
1952	비트겐슈타인의 학생이 되고자 영국에 온 파이어아벤트가 비트겐슈타인의 사망으로 포퍼가 있는 런던정경대학으로 감.
1959	반증주의 과학관을 제시한 『과학적 발견의 논리』를 출간. 이것은 『탐구의 논리』의 영어판이라 할 수 있음

1960	케임브리지 대학에서 박사학위를 끝내가던 라카토슈를 런던정경대학에 교수 요원으로 영입함
1965	엘리자베스 II세로부터 작위를 받음
1969	런던정경대학에서 정년퇴임
1972	진화론적 인식론을 발전시킨 『객관적 지식: 진화론적 접근』 출간
1974	라카토슈가 심장마비로 사망함
1975	파이어아벤트가 자신의 아나키즘적 과학론을 펼친 『방법에 반하여』 출간
1976	자서전인 『끝나지 않은 질문』 출간. 라카토슈의 『증명과 반박』 출간
1977	뇌과학자 에클스와 함께 심리학 및 뇌과학의 주제들을 다룬 『자아와 뇌』 출간
1982	물리학의 철학적 쟁점을 다룬 『열린 우주: 비결정론 논증』 출간
1994	과학의 합리성 문제를 다룬 『틀거리의 신화: 과학과 합리성 옹호』 출간. 인식론과 심신문제를 다룬 『지식과 심신 문제: 상호작용론 옹호』 출간. 사망

Epilogue 3

키워드 찾기

- **구획 기준(문제)** demarcation criteria 과학과 과학 아닌 것(비과학 또는 사이비과학)을 나누는 기준. 포퍼가 처음으로 사용한 표현임.

- **논리 실증주의(논리 경험주의)** logical positivism 1920~30년대 오스트리아 비엔나에서 슐리크를 중심으로 한 일군의 철학자들이 펼친 철학적 사조. 논리적 분석, '분석·종합 명제'의 구분, 검증가능성 원리, 형이상학 배제 등을 기치로 내걸고 무의미한 지식 체계를 영구히 추방하려했던 지성 운동. 20세기의 과학철학은 논리 실증주의(또는 논리 경험주의)로부터 시작됨.

- **빈 학파** 논리 실증주의의 수장격인 비엔나 대학의 슐릭이 이끌었던 토론 그룹으로서 노이라트, 카르납, 괴델, 라이헨바흐, 헴펠 등의 20세기 과학철학자들에 지대한 영향을 줌.

- **분석철학(언어철학)** analytic philosophy 특정한 철학적 주장을 내세우기 보다는 철학자의 주장과 논증에 사용된 언어들을 논리적으로 분석하는 데 그 목표를 두고 있는 철학 흐름. 논리학이 중요한 도구로 사용됨.

- **분석 명제** analytic statement 참/거짓이 그 명제의 의미 분석을 통해서만 결정되는 명제. 수학과 논리학이 대표적인 사례임.

- **종합 명제** synthetic statement 경험을 통해서만 그 진위가 결정되는 명제. 자연과학에서 사용되는 명제들이 대체로 여기에 속함.

- **검증 가능성 원리** verifiability principle 명제의 의미를 안다는 것은 그 명제를 '검증할 수 있는' 방법이 무엇인지를 안다는 것과 동일하다고 보는 견해.

- **바우하우스** Bauhaus 20세기 초 베를린 남서쪽 데사우 지방에서 시작된 새로운 예술(조형, 건축, 미술, 공예, 디자인 등) 학파임. 건축학자 그로피우스가 '바우하우

스(Bauhaus)'라는 건축물을 짓고 뜻을 같이하는 유망한 건축가와 화가들을 영입하여 실용성에 기초한 예술과 테크놀로지의 새로운 통합을 추구했음. 현대 추상미술의 아버지라 불리는 칸딘스키를 비롯하여 클레, 파이닝거 등의 훌륭한 화가, 예술 이론가를 배출했음.

- **모더니즘**modernism 20세기 초(제2차 세계대전 이전까지) 서양의 예술, 문학, 철학을 비롯한 지성계 전반에 걸쳐졌던 사조로서 지식의 보편성과 객관성, 그리고 인간 이성의 합리성을 강조함.
- **귀납주의**inductirism 편견 없는 자료 수집과 귀납추론을 통해 과학 지식을 축적한다는 견해로서 프랜시스 베이컨에 의해 정식화된 과학 방법론. 이후에 논리 실증주의 과학 방법론으로 확장됨.
- **귀납 추론**inductive inference 전제들이 결론의 참을 이끌어내는 데 긍정적인 역할을 하는 추론.
- **연역 추론**deduction 전제들이 참이기만 하면 결론이 항상 참인 추론.
- **가설연역주의** 문제 해결을 위해 가설을 세우고 그로부터 연역된 예측들이 실제 사례와 잘 들어맞는지를 점검하는 방식으로 과학적 탐구가 진행된다고 보는 견해.
- **입증(확증)**confirmation 증거가 가설을 높은 정도로 지지하는 경우.
- **검증**verification 경험적인 '모든' 증거들이 가설이 참임을 밝혀주는 경우.
- **반증**falsification 경험적 증거가 가설의 거짓을 드러내주는 경우.
- **귀납의 문제** 귀납 추론이 논리적으로 정당화될 수 없다는 문제.
- **확인** 포퍼가 논리 실증주의의 '입증' 개념을 반대하면서 내놓은 용어로서 가설이 혹독한 시험을 잘 견뎌냈음만을 뜻함.
- **반증주의**falsificationism '귀납 없이도 과학을 할 수 있다'며 포퍼가 내세운 과학 방법론으로서, 가설을 정당화하는 맥락에서 반증의 여부만을 따짐. 즉, 과학 지식은 추측과 논박을 통해 성장한다고 보는 견해.
- **반증가능성**falsifiability 경험적으로 반박이 가능한 경우. 포퍼는 반증가능한 진술만이 과학적 진술이라고 봄.
- **경험적 전체론(의미 전체론)**empirical holism 이론은 수많은 진술들로 구성되어 있어서 경험과 맞닿는 부분은 하나의 진술이 아니라 이론 체계 전체라는 견해.

따라서 경험적 전체론이 사실이라면, 이 이론 체계가 반증 사례에 직면했을 때 이론 체계 내의 어떤 부분이 틀렸는지를 정확히 끄집어내기가 힘듦.

- **패러다임** paradigm 넓게는 일군의 과학자들이 공유하고 있는 신념, 가치, 기술 등을 망라한 총체적 집합을 뜻하며, 좁게는 그들이 공유하고 있는 매우 인상적인 문제 풀이 사례를 뜻함.
- **형태주의 심리학** Gestalt Psychology 20세기 초 독일의 심리학자들이 주장한 이론으로서 마음의 작동 원리가 전일적(holistic)이고 병렬적이라는 견해. 전체가 부분의 합을 넘어선다고 주장함. 동일한 점들의 연결인데도 불구하고 전혀 다른 형태들로 보이는 여러 사례들을 설명함.
- **관찰의 이론 적재성(의존성)** theory ladenness of observation 관찰자들의 망막에 맺히는 상은 동일함에도 불구하고 그들의 배경 지식에 따라 관찰 자체가 달라지는 경우.
- **범례** exemplar 일군의 과학자들이 공유하고 있는 그들만의 매우 인상적인 문제 풀이 사례들. 쿤은 범례를 패러다임의 가장 중요한 요소라고 주장함.
- **정상 과학** normal science 이 시기의 과학자들은 자신들이 공유하고 있는 패러다임을 절대로 의심하지 않고 이른바 '퍼즐 풀이'에 몰두함. 현대 물리학의 정상 과학은 상대성 이론과 양자 역학이라 할 수 있음.
- **과학혁명** scientific revolution 계속되는 변칙 사례들로 인해 패러다임의 위기가 오고 때마침 대안적 패러다임이 등장하게 되면 과학자들은 옛 패러다임을 버리고 새 패러다임을 받아들이게 되는데, 쿤은 이 과정을 과학 혁명이라 부름.
- **퍼즐 풀이** puzzle solving 정상과학 시기에 과학자들은 특정 패러다임에 기반한 지적 활동을 펼치는데 이 과정에서 패러다임 자체에 대해서는 전혀 의심하지 않으며 패러다임이 제시해주는 문제만을 풀게 됨. 쿤이 이런 행동을 은유적으로 표현한 용어임.
- **변칙사례** anomaly 이론 혹은 패러다임과 모순되는 경험 사례를 뜻하지만, 이것이 곧바로 '반증사례'를 의미하지는 않음.
- **공약불가능성** incommensurability 동일한 표준 상으로 비교가 불가능함을 뜻함. 두 패러다임이 공약불가능하다는 것은 둘 간의 우열을 가릴 객관적이고 독립적인 기준이 없다는 것임.
- **상대주의** relativism 어떤 이론이 참이거나 다른 것들에 비해 더 옳다고 주장할

만한 객관적이고 독립적인 기준이 없다는 견해로서 진리의 상대성을 주장함.

- **자연주의적 과학철학**naturalistic philosophy of science 과학철학적 주장을 경험 자료에 근거해서 평가해야 한다는 견해. 가령, 과학의 역사와 인지 심리학을 통해 과학방법론들을 재조명함.
- **역사적 선회**historical turn 쿤 이후로 과학철학적 작업에 과학사의 사례들을 진지하게 연관시키는 흐름이 생겨나게 되었는데 이를 가리키는 용어임.
- **인지적 선회**cognitive turn 1990년대 이후로 과학철학적 작업에 인지심리학적 연구(가령, 과학자들의 인지 과정에 대한 연구)를 진지하게 적용하려는 흐름이 생겨났는데 이를 가리키는 용어임.
- **연구 프로그램**research program 견고한 핵과 보호대로 이뤄진 이론들의 시리즈.
- **견고한 핵**hard core 연구프로그램의 근간이 되는 명제 혹은 이론으로서 과학자들은 변칙 사례들의 도전에도 이것을 보호하려 애씀.
- **보호대**protective belt 일종의 보조가설로서 변칙 사례들에 직면했을 때 견고한 핵을 고수하기 위해 변경될 수 있는 부분임.
- **연구 프로그램 방법론**methodology of research program 과학이 '연구프로그램'의 성장과 퇴행을 통해 진행된다고 보는 라카토슈의 과학방법론.
- **진보적 프로그램**progressive program 연구프로그램이 변칙 사례에 직면했을 때 그것을 해결할 뿐만 아니라 그 과정에서 새로운 사실을 예측해낼 때(이론적으로) 진보적이 됨. 그 예측들 중에 일부가 경험적 사실로 밝혀지면 그 프로그램은 경험적으로 진보적이 됨.
- **퇴행적 프로그램**degenerative program 연구프로그램이 변칙 사례조차 해결하지 못하거나, 겨우 변칙사례만 해결하고 새로운 예측은 내지 못하는 경우.
- **이론 다원주의(인식론적 아나키즘)**theoretical pluralism 어떠한 지식에도 인식론적 특혜를 주지 않고 모든 지식의 형태를 동등하게 취급하는 견해. '어떤 것도 좋다'라는 파이어아벤트의 명제가 이런 입장을 잘 대변해줌.
- **반규칙**counter rule 사실들과 잘 어울리지 않을 것 같은, 또는 잘 확립된 가설들과 모순되는 가설들을 개발하라는 규칙.
- **증식 원리** 지식 시장에 나온 이론들이 어떠한 방법론적 제약도 받지 않지 않고 자연스럽게 증식할 수 있도록 내버려두라는 원리.

- **두 문화** ^(the two cultures) 1950년대에 영국의 과학자이며 소설가인 스노우(C. P. Snow)가 쓴 용어로서, 과학과 인문학이 서로 다른 지적 문화를 형성해왔고 그 골이 더욱 깊어지고 있다는 뜻까지 포함함.
- **과학 전쟁** ^(science war) 1996년에 미국의 물리학자 소칼의 자작극으로 인해 촉발된 대논쟁으로서 과학의 객관성과 합리성에 관해 과학자들과 포스트모던 사상가들이 정면으로 충돌한 일련의 사건들을 지칭함. 이후에는 과학자와 과학기술학자들 간의 논쟁으로도 번짐.
- **포스트모더니즘** ^(post-modernism) '모더니즘'에 '후(後)'를 뜻하는 접두어('포스트')가 붙은 용어로서 지식의 객관성이나 합리성을 의심하고 진리의 상대성을 주장함. 1960년대 이후에 문학, 예술, 철학 등 지식계 전반에서 드러나기 시작한 사조로서 특히 프랑스의 현대 인문학이 그 대표적 형태임.
- **과학사회학** 과학 지식이 사회적으로 어떻게 형성되고 수용되는지를 탐구하는 사회학의 한 분야임. 최근에는 사회 자체가 과학 지식에 의해 어떻게 형성되는지도 탐구함.
- **경험적 동등성** 두 이론 체계의 경험적 내용이 동일한 경우.
- **미결정성 논제** ^(underdetermination thesis) 경험적으로 동등한 두 이론 체계가 존재할 경우, 경험만으로는 그 이론들의 우열을 가릴 수 없게 된다는 논제.
- **사회 구성주의** ^(social constructivism) 과학 지식이 기본적으로 당사자들의 이해관계에 따라 사회적으로 구성된다고 보는 견해.
- **행위자 연결망 이론** ^(actor-network theory) 과학 논쟁은 인간 행위자 및 그 동맹들(인간이 아닌 실험 기구, 장치, 이론까지 포함)간의 충돌이며 어떤 편이 동맹을 더 잘 활용하는가에 따라 승자가 결정된다는 라투어의 견해.

Epilogue 5

찾아보기

ㄱ

가치 value p107, 114, 116, 149
『객관적 지식: 진화론적 접근 Objective Knowledge: An Evolutionary Approach』 p82
검약성 원리 principle of parsimony p92
검증 가능성 원리 verifiability principle p32, 61-63
검증 verification p16, 61-63, 125
겔리슨, 피터 Galison, Peter p35, 40
견고한 핵 hard core p164, 166, 168, 169
경험적 전체론 empirical holism p94, 100. 141
경험적 진보 p166
『경험주의의 두 독단 two dogmas of empiricism』 p140
골상학 p196, 197, 206
공약 불가능성 incommensurability p137, 138, 146, 194
『과학과 사회의 상 Knowledge and Social Imagery』 p195
『과학적 발견의 논리 Logik der Forschung』 p78, 84
과학적 유물론 p243
과학적 진술 scientific statement p75, 76, 224
과학혁명 scientific revolution p116, 120, 127, 130, 135-138, 141-148, 152, 155, 168, 179, 228, 230
『과학혁명의 구조 The structure of Scientific Revolutions』 p34, 99, 101, 102, 107, 112-114, 120, 130, 133, 138, 141, 142, 152, 159, 176, 177, 183, 210, 211, 257
관찰 이론의 적재성 theory ladenness of observation p110, 124, 194, 217
괴델, 쿠르트 Gödel Kurt p29-39
구획 기준 demarcation criteria p125, 165, 169, 170, 174
굴드 S. J. Gould, S. J. p167
귀납의 문제 p53, 56, 63, 64, 67, 72, 74, 91, 94, 96, 98, 108
귀납주의 inductivism p39, 43, 44, 47-60, 63-65, 73, 86, 108, 144
귀납추론 inductive inference p65
『끝나지 않은 탐구 Unended Quest』 p68
『기관 Organum』 p45
기호적 일반화 symbolic generalization p114, 116, 119

ㄴ

노이라트 O. Neurath, O. p29, 112
논리 경험주의 logical empiricism p29, 33, 94, 108, 112, 121, 124, 132, 140, 144, 257
논리 실증주의 logical positivism p29-39, 41-43, 56, 61-63, 70, 72, 87, 98, 99, 105, 107, 108, 112, 140
『논리철학 논고 Logisch-philosophische Abhandlung』 p30, 33, 38, 70, 72
『눈먼 시계공 The Blind Watchmaker』 p243
뉴턴, 아이작 Newton, Isaac p51-53, 66, 87-91, 95, 100, 103-105, 116, 119, 136-138, 147, 166, 206, 208, 213,

늙은 지구 창조론 p19

ㄷ

다산성 p115, 147, 148

다윈, 찰스 Darwin, Charles Robert p49, 77, 140, 166-168, 206, 229, 243, 244, 249, 252, 253

단속평형론 punctuated equilibrium theory p167

단순성 p38, 92, 115, 147, 148

데닛, 다니엘 Dennett, Daniel C. p250

데카르트, 르네 Descartes, Rene p52, 53, 91

도그마 dogma p107. 123, 125, 126, 226-228

도버 판결문 p221

뒤엠-콰인 논제 p94, 95

ㄹ

라캉, 자크 Lacan, Jacques p188, 189

라이프니츠 Leibniz, Gottfried Wihelm von p87

라이헨바흐, 한스 Reichenbach, Hans p29, 31, 39, 48, 87, 88

라카토슈 아카이브 p172, 182

라카토슈, 임레 Lakatos, Imre p39, 113, 152, 161, 174-186, 201

러셀, 버틀란드 Russell, Bertrand p54, 68, 70, 243

ㅁ

마르크스주의 p80, 126, 187

『말과 사물 Word and Object』 p142

모럴 사이언스 클럽 p68

모형 model p114, 115

무스그래이브 A. Musgrave, A. p113

뮐러-라이어 착시 현상 p207, 208

미결정성 논제 underdetermination thesis p192-194, 207-209

ㅂ

바우하우스 운동 Bauhaus p35-39

반규칙 counter rule p179

반즈, 배리 Barnes, Barry p195

반증 가능성 falsifiability p75, 77

반증 사례 p73, 77, 80

반증주의 falsificationism p56, 67, 72, 73, 78, 79, 226, 257

발견의 맥락 context of discovery p48, 56, 57

『방법에 반하여 Against Method』 p175, 177, 178, 183, 184

버트하임, 마가르트 Wertheim, Margart p239, 253

범례 exemplar p114, 116-119, 125, 126, 235, 136

범주화 p158

베이컨, 프란시스 Bacon, Francis p43-48, 50

변증법 Dialectic p101

보조 가설 auxiliary hypotheses p90, 164, 166, 168

보호대 protective belt p164, 168, 169

부지깽이 스캔들 p68, 69, 71, 176

분석 명제 analytic statement p32, 33, 140, 141

분석철학 analytic philosophy p31, 40

브라헤, 티코 Brahe, Tycho p48, 109

브로드 C. D.Borad, C. D. p64

브리크몽, 장 Bricmont, Jean p188, 189

블루어, 데이비드 Bloor, David p195, 203

비트겐슈타인, 루드비히 Wittgenstein, Ludwing Josef Johann p30, 33, 37, 38, 68,-72, 140, 176

『비트겐슈타인은 왜? Wittgenstein's Poker』 p70

『비판과 지식의 성장 Criticism and the Growth of Knowledge』 p113, 163

비판적 합리주의 critical rationalism p83, 96

빈 학파 p29, 30-38, 70, 71, 176

ㅅ

사회 구성주의 social constructivism p195-198, 201, 205-216
상대성 이론 p21, 42, 78, 105, 114, 119, 136, 138, 206, 208, 256
세티 프로젝트 SETI project p20, 121
『세계의 논리적 구조 Der Logische Aufbau der Welt』 p30
셰이핀, 스티븐 Shapin Steven p196, 197, 203
소로스, 조지 Soros, George p82
《소셜 텍스트 Social Text》 p187
소칼, 앨런 Sokal, Alan D. p187-190
소칼의 날조 p188
슐리크, 모리츠 Schlik, Moritz p28, 29
스트롱 프로그램 strong program p195, 198, 209, 203
승화 sublimation p79
『신기관 Novum Organum』 p45, 65
신플라톤주의 p107, 147
쏠림 현상 p133, 134, 144

ㅇ

아들러, 알프레드 Adler, Alfred p79, 80
알고리듬 algorithm p144, 145, 148
언어철학 philosophy of language p31
〈X파일〉 p20, 21
『역사주의의 빈곤 The poverty of historicism』 p72, 79
연구프로그램방법론 methodology of research program p165
연역 추론 deduction p44-46, 75
『열린 사회와 그 적들 The Open Society and its Enemies』 p71, 72, 78, 79, 84, 176
와이즈, 노턴 Wise, Norton p190
와인버그, 스티븐 Weinberg, Steven p190, 202
왓킨즈 J. W. N Watkins J. W. N. p113, 152
원거리 작용 action at a distance p53, 91

윌슨, 에드워드 Wilson, E. O. p250
유사성 관계 p117, 118, 119
UFO학 p20, 21, 181, 244
의미 전체론 meaning holism p141
이론 다원주의 theoretical pluralism p175, 177, 180
이론적 진보 p165
인격 신 p252
일관성 p106, 115, 147, 148, 179, 180, 182
일관성 규칙 consistency rule p179, 180
입증 confirmation p60, 63, 73, 74, 80, 91, 94, 96, 99, 108, 158, 164, 165, 168,

ㅈ

젊은 지구 창조론 p19
점성술 p41, 80, 81, 91, 125, 126, 170, 183, 225, 244
정당화의 맥락 context of justification p48, 57, 60
정상 과학 normal science p120-122, 124, 125, 130
정신분석학 p79-81, 91, 126, 189, 257
정확성 p148
종교적 근본주의 p243, 252, 253
종합 명제 synthetic statement p32, 33, 140, 141, 153, 155, 163
주니어 펠로우 junior fellow p103
주전원 p106, 147, 148
증명 proof p61, 62, 79
『증명과 반박 Proofs and Refutations』 p174
증식 원리 principle of proliferation p181
지적 설계론 p221, 224, 228-236
집단 선택 group selection p166

ㅊ

창조과학 creation science p18-20, 23, 41, 126, 181, 250
창조론 p18-20, 24, 136, 208, 224, 230

『철학적 탐구 Philosophical Investigations』 p70

ㅋ

카르납, 루돌프 Carnap, Rudolf p29, 31, 37, 39, 112
칼 세이건 Carl Edward Sagan p20, 244
케쿨레 Kekule p57, 58
케플러, 요하네스 Kepler, Johannes p48, 109, 150
『코스모스』 p244
『코페르니쿠스 혁명 The Copernican Revolution』 p105, 206
콰인, 윌러드 Quine, Willard Van p30, 94, 95, 140-142, 191, 192
〈콘택트〉 p20, 244
쿤, 토머스 Kuhn, Thomas Samuel p34, 101-107, 112-127, 130-148, 151-159
쿤의 손실 Kuhnian loss p105
크리스테바, 줄리아 Kristeva, Julia p189

ㅌ

퇴행 p165
툴민, 스티븐 Toulmin, Stephen p113, 151
TRF 호르몬 p199, 206
틴버겐, 니코 Tinbergen, Nikolaas p242

ㅍ

파이글, 헤르베르트 Feigl, Herbert p29, 39
파인먼, 리처드 Feynman, Richard Phillips p59
패러다임 전이 paradigm shift p116, 149, 211
패러다임 paradigm p120, 131, 134, 137, 147, 299, 230
포퍼, 카를 Popper, Karl Raimund p29, 30, 34, 56, 67, 83, 86, 87, 90, 92, 94, 96, 98, 99, 101, 107, 108, 122, 124-127, 132, 143-145, 151-157, 161-163, 166, 168-171, 176-186, 191, 201, 215, 216, 257

풀러 S. Fuller, S. p160, 222
프로이트, 지그문트 Freud, Sigmund p79, 80, 91, 154, 233, 257
프톨레마이오스 Ptolemaeos p103-107, 116, 136, 140, 148, 208, 247
『프랑스의 파스퇴르화』 p200
플로지스톤 이론 phlogiston theory p136, 211
『프린키피아 Principia』 p53, 87, 88

ㅎ

하이데거, 마르틴 Heidegger, Martin p31, 156, 160
핸슨 N. R. Hanson, N. R. p109, 110, 194
행위자 연결망 Actor-network theory p200
헉슬리, 토마스 Huxley, Thomas Henry p249
헤겔, 프리드리히 Hegel, G. W. Friedrich p31
헴펠 C.Hempel, C p29
형태주의 심리학 Gestalt Psychology p109
확인 corroboration p32, 49, 60, 61, 73, 76, 96-98, 133, 135, 192, 199
확증 편향 confirmation bias p158
흄, 데이비드 Hume, David p54

깊이 읽기

❖ 과학철학 입문

과학철학(philosophy of science)은 과학에 대한 철학적 분석이라고 간단히 말할 수 있겠다. 시를 쓰는 사람과 시를 비평하는 사람의 역할이 다르듯이, 실제로 과학을 수행하는 과학자와 그 수행된 과학의 본성에 대해 분석하는 과학철학자의 역할은 구별된다. 하지만 현대의 과학철학이 과학문명(혹은 기술)에 대한 비평은 아니다. 물론 넓게 보면 그것도 포함되지만, 이 책에서 다루고 있듯이 과학철학이란 대개 20세기 초엽부터 논리 실증주의라는 이름으로 시작된 '현대의 (영미)과학철학'을 지칭한다.

과학철학은 크게 두 영역으로 나뉜다. 하나는, '과학적 합리성이란 무엇인가?', '과학이론이 어떻게 경험적 지지를 받는가?', '과학이론이 지시하고 있는 대상들이 실재하는가?' 등과 같은 물음에 답하는 '일반 과학철학(general philosophy of science)'이다. 다른 하나는, '양자역학이 말하는 세계는 과연 어떠한 세계인가?', '진화론은 인간의 이타성을 어떻게 설명하는가?', '인공지능은 가능한가?'와 같이 구체적인 과학(가령, 물리학, 생물학, 인지과학 등)들이 제기하는 문제들을 철학적으로 다루는 '개별 과학의 철학(philosophy of special sciences)'이다. 이 책은 포퍼와 쿤을 중심으로 한 '과학 방법론 논쟁' — '과학이란 무엇인가?'에 관한 논쟁 — 을 다루고 있기 때문에 '일반 과학철학'에 해당된다. 지난 20여 년 동안 과학철학에 대한 유용한 입문서들이 꾸준히 번역되었고 국내 학자에 의해 집필되었다. 그 중에서 이 책과 함께 읽으면 좋을만한 참고도서를 소개하면 다음과 같다.

- 차머스 저/신중섭, 이상원 역, 『과학이란 무엇인가』 - 서광사, 2003년

표준적인 입문서로서 과학방법론뿐만 아니라 법칙, 설명, 실재론, 실험의 역할 등도 비교적 쉽게 다루고 있다.

- 브라운 저/신중섭 역, 『새로운 과학철학』 - 서광사, 1988년

논리 실증주의와 쿤의 과학철학을 대비시켜 논의하고 있다.

- 제임스 래디먼 저/박영태 역, 『과학철학의 이해』 - 이학사, 2003년

동일한 주제에 대해 다양한 과학철학적 견해들을 소개한다.

- 이언 해킹 저/이상원 역, 『표상하기와 개입하기』 - 한울아카데미, 2005년

1970년대까지의 과학철학이 '이론 중심'적이었다고 비판하며 '실험'을 중요하게 다루는 새로운 유형의 과학철학을 제시한다.

- 한양대학교 과학철학교육위원회 편, 『과학기술의 철학적 이해1, 2』 - 한양대학교출판부, 2008년, 4판

국내의 소장 학자들이 과학기술학(과학철학/과학사/과학사회학 등)의 다양한 주제들을 다룬다.

- 이상욱·홍성욱·장대익·이중원 저, 『과학으로 생각한다』 - 동아시아, 2006년

위대한 과학자와 과학기술학자의 삶과 사상을 당시의 시대적 정황과 연결시켜 소개함으로써 과학이 어떻게 사상을 만들어내고 사상 속에 과학이 어떻게 녹아 있는가를 드러내고 있다.

- 고인석 저, 『과학의 지형도』 - 이화여대출판부, 2007년

과학, 과학철학, 그리고 과학사를 통해 과학의 큰 지형도를 그려보고 있다.

- 홍성욱 저, 『과학은 얼마나』 - 서울대학교출판부, 2004년

이 책은 최신의 과학기술학 흐름을 반영하여 "과학이 얼마나 객관적이고 합리적인가?"를 묻고 대답하는 식으로 구성되어 있다.

- 조인래 외, 『현대 과학철학의 문제들』 - 아르케, 1999년

과학철학을 전공하는 대학원생 수준의 교재로서 국내의 대표적인 중진 과학철학자들이 집필에 참여했다.

- 과학철학 분야의 국내 학술지로는 대표적으로 『과학철학』 - 한국과학철학회 발간, 1998~ 이 있는데 이것은 연구 논문과 서평 등을 수록하여 일 년에 두 차례 발간된다. 또한 과학사상연구회 편, 『과학과 철학』 - 통나무, 1989~ 은 일반인들도 접근

할 수 있는 관련 학술지로서 특집 논문과 연구 논문, 그리고 서평과 연구 동향 등을 소개하며 일년에 한 차례 발간된다.

한편 과학철학 관련 영문 개론서로는 다음과 같은 책들이 유용하다.

• Godfrey Smith. P.(2003), *Theory and Reality*, University of Chicago Press.

최근 해외 유수 대학에서 주로 사용되고 있는 과학철학 교재이다. 주요 쟁점에 대한 매우 간결한 설명이 돋보인다.

• Cover, J. A. & Cured, M.(1998), *Philosophy of Science: The Central Issues*, W. W. Norton & Company.

과학철학 분야의 고전적인 논문들을 주제별로 수록해놓은 선집으로 해외에서 강의 부교재로 많이 사용되고 있다.

❖ 포퍼와 쿤의 저서들(국내 번역서)

과학철학 분야의 고전을 직접 읽어보는 일은 개론서에서는 느낄 수 없는 지적인 생생함을 안겨준다. 포퍼와 쿤의 대표 저작들을 직접 읽어보는 것은 어떨까? 국내에 번역·소개된 그들의 주요 저서는 다음과 같다.

• 카를 포퍼 저/이한구 역, 『추측과 논박 1, 2 : 과학적 지식의 성장』 - 민음사, 2001년
책의 제목처럼 반증주의 철학이 집대성 되어 있는 포퍼의 대표작이다. 원서는 Popper, K. R.(1963), *Conjectures and Refutations: The Growth of Scientific Knowledge*, Routledge.

• 카를 포퍼 저/이한구 역, 『열린 사회와 그 적들 1』 - 민음사, 2006년, 카를 포퍼 저/이명현 역, 『열린 사회와 그 적들 2』 - 민음사, 1998년
플라톤, 헤겔, 마르크스의 사상들에 내재된 전체주의를 비판하고 자유주의에 근거한 열린 사회로 나아갈 것을 촉구한 포퍼의 출세작이다. 원서는 Popper,

K. R.(1945), *The Open Society and Its Enemies*, Routledge.

• 토머스 S. 쿤 저/김명자 역, 『과학혁명의 구조』 – 까치, 개역판, 2002년
과학사의 사례들을 통해 과학에 대한 전통적인 견해(논리 실증주의와 반증주의)를 공격한 책으로서 과학철학의 혁명을 몰고 온 20세기의 고전이다. 영어에 자신이 있는 사람은 원서[Kuhn, T.(1970), The Structure of Scientific Revolutions, University of Chicago Press]를 직접 읽어보는 것도 도전해볼 만한 일이다.

❖ 포퍼와 쿤의 과학사상에 관한 연구서(국내)

• 신중섭 저, 『포퍼와 현대의 과학철학』 – 서광사, 1992년
포퍼를 비롯한 20세기의 대표적인 과학철학자의 견해들을 비판적으로 검토한다.

• 박은진 저, 『칼 포퍼 과학철학의 이해』 – 철학과 현실사, 2001년
포퍼의 과학철학과 사회철학에 대한 전체적인 조망을 제공한다.

• 조인래 편, 『쿤의 주제들: 비판과 대응』 – 이화여자대학교출판부, 1997년
쿤이 과학철학계에 던진 화두가 무엇이고 그에 대한 어떤 논쟁들이 있었는지를 소개한다. 관련 논문들이 번역되어 있다.

⊙ 이 책의 저자와 김영사는 모든 사진과 자료의 출처 및 저작권을 확인하고 정상적인 절차를 밟아 사용했습니다. 일부 누락된 부분은 이후에 확인 과정을 거쳐 반영하겠습니다.